富爸爸投资指南

Rich Dad's GUIDE TO INVESTING

[美] 罗伯特·T·清崎　莎伦·L·莱希特　著
王丽洁　朱云　朱鹰　译
王丽洁　马清扬　审校

世界图书出版公司
北京·广州·上海·西安

图书在版编目（CIP）数据

富爸爸投资指南/［美］清崎，［美］莱希特著；王丽洁，朱云，朱鹰译. －北京：世界图书出版公司北京公司，2001.1（世图财商系列）
ISBN 7－5062－4277－X
Ⅰ.富… Ⅱ.①清… ②莱… ③王… ④朱… ⑤朱… Ⅲ.私人投资－指南
Ⅳ.F830.59－62
中国版本图书馆 CIP 数据核字（2000）第 86317 号

富爸爸投资指南

作　　者：［美］罗伯特·T·清崎　莎伦·L·莱希特
译　　者：王丽洁　朱　云　朱　鹰
审　　校：王丽洁　马清扬
责任编辑：陈　非
装帧设计：董　利

出　　版：世界图书出版公司北京公司
发　　行：世界图书出版公司北京公司
（北京朝内大街 137 号　邮编 100010　电话 64077922）
销　　售：各地新华书店和外文书店
排　　版：北京中文天地文化艺术有限公司
印　　刷：北京中西印刷厂

开　　本：711×1245 毫米　1/24　印张：19.5
字　　数：350 千字
版　　次：2001 年 3 月第 1 版　2001 年 8 月第 8 次印刷
版权登记：图字 01－2000－4314

ISBN 7－5062－4277－X/F·89　　定价：39.80 元

世图财商系列之
《“富爸爸”丛书》策划组

张晶义　雷玉清　邹晓东

汤小明　李兴华　胡　凡

朱　鹰　马清扬　陈　非

出版者的话

“富爸爸”系列图书出版后，在读者中引起了非常强烈的反响，也得到了众多媒体的热情关注。从大量的读者来信和各种方式的反馈信息中我们感受到了广大读者给予我们工作的高度评价和赞誉，这是对我们出版工作者的最好奖赏，同时也会鞭策我们加倍努力，为社会奉献更多更好的精神食粮。

迄今为止“富爸爸”系列产品的《富爸爸，穷爸爸》、《富爸爸财务自由之路》和《富爸爸投资指南》三种书已经付梓。《现金流》系列财务教育游戏及第四本书也将于近期与广大读者见面。同时应广大读者的要求，世图北京公司“富爸爸”项目组将与有关单位和媒体密切配合，邀请国内外财经教育专家及企业界、投资界成功人士在全国主要城市开展丰富多彩的财商教育培训活动；同时我们筹建了“富爸爸”中文网站(www.fubaba.com)，提供给广大读者作为相互交流的场所；我们还与中央电视台经济部和中央实验话剧院联合编排了“富爸爸”大型社会评论剧。希望通过我们的种种努力，让更多的人了解到“富爸爸”的观念。

“富爸爸”系列产品中文版的推出，得到了许多人士的热情支持和帮助，特别是欣启国际有限公司（香港）的段坚忍先生、国际会计师培训专家章轲先生、资深财务专家丘创先生以及著名学者黄泰岩先生为我们项目的进展提供了非常宝贵的意见和帮助，在此特向他们表示衷心的感谢！另外，蒲红江、马家迪、杨斌、赵娟、张艳菊、王祥、李艳梅等诸君热心参与了本书的翻译和初审工作，在此也一并向他们表示诚挚的谢意。

与此同时，我们遗憾地看到市场上出现了大批质量低劣的“富爸爸”盗版图书。为了保护著作权人和广大读者的合法权益，我公司已经配合原著作权所有人及各地版权执法机构采取了必要的法律行动，一切侵权行为都将受到有力的惩处。同时我们也希望更多的读者行动起来捍卫自己的合法权益，配合国家版权管理部门严厉打击盗版行为，凡举报盗版者一经查实都将给予重奖。

再次感谢广大读者对我们的关心和厚爱！并对所有参与“富爸爸”系列产品的策划、引进、翻译、审校、出版、制作、宣传和发行的人士表示衷心的感谢！

目　录

第二阶段

你想成为哪一类的投资者？

第三阶段

怎样建立一个强大的企业

序 言

从本书中您将学到什么

美国证券交易委员会（The Securities and Exchange Commission，简称 SEC）规定，一个合格的投资者应至少具备以下条件之一：

1. 年收入在 20 万美元以上；
2. 夫妇两人年收入达到 30 万美元以上；
3. 拥有 100 万美元以上的净资产。

美国证券交易委员会提出的这些要求，虽然可以使普通投资者避免被卷入世界上最冒险的投资游戏中去，但同时也让普通的投资者远离了那些世界上最好的投资项目。这也就是《富爸爸丛书》反复告诫普通投资者的“不要做普通人”的原因。

白手起家

本书要从 1973 年我从越南回国时写起，当时我还有不到一年的时间就要从海军陆战队退役了。这意味着在不到一年之后我将没有工作，没有钱，也没有资产。所以本书开始时所要描述的我当时的境况就是大多数人都了解的一种境况，就是白手起家的阶段。

写这本书对我而言是一个艰苦的过程，我曾经四易其稿。第一稿是以最低年收入至少为20万美金的美国证券交易委员会规定的特许投资者的标准起头来写的。但当第一稿完稿后，我的合著者莎伦·莱希特提醒我富爸爸的90/10金钱规律。她说："你现在的这本书讲的是富人进行的投资项目，但事实上在美国只有不到10%的人年收入在20万美元以上，而符合美国证券交易委员会规定的这个所谓资格的特许投资者的人数还不足我们总人口的3%。"由此我开始意识到写这本书的困难之处就在于不仅要写年收入在20万美元以上的富人的投资，还要兼顾所有的读者，无论他们当前是否有实力进行这样的投资。这确实很具挑战性，这也是我将本书重写了四遍的原因。

现在呈献在您面前的这本书将从最基础的投资水平讲起，逐渐上升到最高级、最复杂的投资者水平，不以"特许投资者"为开篇，而是从1973年时的我谈起。因为那时的我没有工作，没有钱，没有资产，那种情况是我们中很多人都曾经历或正在经历着的。1973年时，我惟一的梦想就是有一天变得很有钱并且有资格和富人做相同的投资。那些投资是鲜为人知的，是写在财经报纸上的，是被投资经纪人在店头推销的项目。本书就是从我一无所有但心存梦想并心中牢记着富爸爸的指导，带着我要与真正的富人一样做同样投资的理念写起。

所以不管现在你到底有没有钱去投资，也别管你对投资这码事知道多少，你都会对这本书感兴趣。在本书中我们尽可能地用最简单的语言去探讨那些非常复杂的投资问题。本书正是要献给那些无论有多少钱，但希望成为更聪明的投资者的人们。

如果本书是你读到的第一本关于投资的书，请不要为书中的内容太复杂而担心。我和莎伦所希望的就是你有意愿以开放的思想把本书从头至尾读一遍。如果你感到有些部分实在难以理解，读一下里面的词语也行，但请读完全书。即使你以往对投资一无所知，通过阅读本书，你也有可能比那些正在市场上投资的人知道得更多。实际上，通过阅读本书，你甚至在某些方面会比那些以给别人投资建议为生的人更加通晓投资的智慧。本书先易后难，但不过多地探讨细节和复杂的问题。我们试图通过多种角度，力求始终以朴实的语言对深奥的投资策略加以阐述。本书是一个富人指导一个年轻人投资的故事，辅以图表，定会有助于你弄懂很多容易混淆的投资问题。

90/10 金钱规律

我的富爸爸很欣赏意大利经济学家帕雷托的 80/20 准则，即众所周知的“最少努力原则”。但论及金钱时，富爸爸则更加推崇 90/10 规律，即 10% 的人赚了 90% 的钱。

1999 年 9 月 13 日，《华尔街日报》刊登了一篇文章，这篇文章可以进一步说明富爸爸关于“90/10 金钱规律”的观点。这篇文章有一段这样写道：

> “无论是有关民众投资共同基金的讨论还是为理发师、擦鞋工等普通人提供的投资建议都认为，股票市场是那些相对来说所谓的精英人群的领地。纽约大学经济学家爱德华·沃尔夫提供的最新数据表明，1997 年仅有 43.3% 的家庭拥有股票，且其中许多投资组合的规模相对较小，近 90% 的股票已为最富有的 10% 的人所拥有，而那 10% 最富有的人拥有国家资产净值的比例从 1983 年的 68% 上升到了 1997 年的 73%。”

换句话说，尽管今天有更多的人在投资，富人却依旧变得更富有。至于股票市场，“90/10 金钱规律”仍然适用。

我个人对此越来越忧虑，因为越来越多的家庭将依赖于投资回报以维持今后的生计。问题在于尽管有越来越多的人投资，但其中很少有人接受过良好的投资教育。如果有一天市场崩溃，这些新投资者们将遇到什么样的问题？要知道联邦政府只保证我们的储蓄免受灾难性的损失却并不保护我们的投资。因此当我问富爸爸："您给普通投资者的建议是什么？"他的回答是："不要太普通。"

怎样才能不普通

我在 12 岁时对投资产生了浓厚的兴趣。在那以前，我头脑里从未真正有过"投资"这个概念，满脑子都是棒球和橄榄球。我听说过"投资"这个词，但没太注意，直到我看见投资所带来的回报所表现出的巨大力量时才有所触动。我还记得和富爸爸以及他的儿子、我的好朋友迈克一起漫步于一个小海滩时，富爸爸向我们展示了他新近买下的一块地产。尽管当时我只有 12 岁，但我却知道富爸爸买下了我们镇里最具价值的地产之一。虽然那时我很年轻，但我却知道面对大海且有一片沙滩的海滨地产要比没有沙滩、看不见海的地产值钱得多。我的第一个念头是迈克的爸爸怎么买得起这么昂贵的地产？我立在沙滩上，阵阵浪花抚过脚背，望着这个和我爸爸同龄的人，他正在做的事是他一生中最大的金融投资之一。我对于他能够买得起这样一块土地充满了敬畏之情。我知道我爸爸挣的钱也很多，因为他是一个收入颇丰的政府官员。但我也清楚地知道我爸爸绝对没有能力买下这样的海滨地产。那么为什么我爸爸付不起而迈克的爸爸却付得起呢？我所没有想到的是我的职业投资者的生涯竟是从我意识到"投资"这个词的力量那一刻开始的。

现在，距我与富爸爸和迈克在海滩上散步已有大约 40 年的时间了，又有许多人问我 40 年前我所提过的相同的问题。我在给学生上投资课时，人们也问到过类似的问题：

1．"我没钱时怎样进行投资？"

2．“我有一万美元，您建议我做什么样的投资？”
3．“您建议我投资于不动产、共同基金和股票吗？”
4．“没资金可以买不动产或股票吗？”
5．“钱能生钱吗？”
6．“投资不是有风险性吗？”
7．“怎样以最小的风险获取最大的回报？”
8．“我能和您一起投资吗？”

今天，有越来越多的人开始意识到蕴藏于“投资”一词中的巨大力量，许多人希望自己能够找出获取这个力量的途径。我的目的就是让您在读完本书后能够找到问题的答案，即使找不到答案，也希望能激励您做更深入的研究，以找出适合于您的方法。四十多年前，富爸爸对我最重大的影响就是激发了我对投资的好奇心，当我意识到我好友的爸爸，一个比我亲生父亲赚钱还少的人，至少从工资收入来说是这样的，居然能够获得只有富人才支付得起的不动产，这时，我的好奇心被唤醒了。我感到富爸爸拥有一种我亲生父亲所没有的力量，而这种力量也正是我想拥有的。

这种力量使懦弱的人感到惧怕，远远地躲避它，有些人甚至成为它的牺牲品。我没有从这个力量中逃离，也没有对它横加指责，说什么“富人剥削穷人”、“投资有风险”或“我对变富没兴趣”之类的话，而是变得十分好奇。正是因为这种好奇心和对获取这种力量，即获取投资知识和能力的强烈欲望，引导我走上了一生不断探索与求知的漫漫长路。

学富人投资

本书也许不能为你提供所有的专业性答案，它意在让你看清靠自己力量致富的人是在怎样赚钱，然后怎样继续获得更多的财富。当我12岁那年站在海滩上，望着富爸爸新购置的不动产时，我的思想从此开启，开始思索那些从不会在我家发生的种种可能出现的美景。我意识到不是金钱让富爸爸变成了富有的投资者，而是富爸爸有一种与我的亲生父亲截然不同甚至相悖的思维方式；我意识到如果我想得到同样的能力，我就需要理解富爸爸的思维方式。我知道如果我能像富爸爸那样思考问题，我将终生富有；若不能像他那样思考，不管多有钱，我也永远无法达到真正的富有。富爸爸没有什么工资收入，却购买了镇上最昂贵的一块土地。这使我明白：真正的财富是一种思维方式，而不是存在银行里的钱。我和莎伦力求在本书中阐明这种富人的投资思维模式，这也是我们四易书稿的主要原因。

富爸爸的回答

40 年前在海滩上，我最终鼓足勇气问富爸爸："您怎么会买得起这块 10 英亩地的昂贵的海岸，可我爸却做不到呢？"富爸爸的一席话让我永生难忘。他的手搭在我的肩上，我们踩着沙滩上细碎的浪花漫步，然后，他热心地向我解释了他关于金钱和投资的基本理念。他说："我也买不起这块地，但我的企业买得起。"那天，我们三人在海滩上走了一个小时，我的投资课就此开始了。

几年前，我在澳大利亚的悉尼教了三天的投资课，我用了一天半的时间讲解建立一个企业的细节问题。最后，一个深感困惑的学生举手问："我是来学投资的，您为什么一直在讲企业经营的事呢？"

我的回答是："有两个原因。其一，我们最终投资的对象是一个企业。如果你投资股票，你是投资于企业；如果你买了一处房地产，例如一套公寓，那么这套公寓也是一项经营；如果你购买的是证券，那么也同样事关企业经营。若想成为好的投资者，首先要熟知企业是如何经营的。其二，最佳的投资方式是让你的企业为你投资，以个人名义进行投资是不明智的。

普通投资者对企业知之甚少，因而经常以个人方式投资。这就是我花这么多时间在投资课上谈企业问题的原因。”同样，本书也不惜笔墨谈论很多关于建立企业和分析企业的方法，我会用一定的篇幅介绍如何通过企业进行投资，因为富爸爸就是这样教导我的。正如富爸爸40年前所说的：“我也买不起这块土地，但我的企业买得起。”换言之，富爸爸的准则就是“让我的企业为我投资，大多数人不富有是因为他们是作为个人而不是作为企业所有人进行投资的”。本书中，你会看到为什么拥有90%股票的10%的人，他们大多是企业主，都会通过企业进行投资。并且，你也会明白该怎样像他们一样去做。

在课程的后半部分，这个学生明白了我大谈企业的原因。随着课程的继续，学生们开始明白世界上最富有的投资者并不是在买投资，而是在创造他们自己的投资。为什么世界上有二十多岁的亿万富翁？因为他们不是在购买投资，他们是在创造投资，这种投资就是人们都想购买的企业。

几乎每一天，我都会听见有人说：“我有一种新产品，可以赚大钱。”遗憾的是，大多数独创性的创意却从没有转化为财富。本书后半部分将集中探讨那10%的人是怎样利用别人的投资，将他们的想法转化为价值几百万甚至几十亿资产的企业的。这就是为什么富爸爸要花很多时间教我如何建立企业，如何分析打算投资的企业的原因。如果你有一个可能使你致富，甚至可能让你晋升入90/10那个群体的好创意，本书的后半部分将会助你梦想成真。

购买、持有和祈求

多年以来，富爸爸都认为投资要因人而异。今天，我仍常听到人们说：

1. “我刚以每股5美元的价格买进500股XYZ公司的股票，价格就升到了每股15美元，我立刻抛掉。不到一星期我就赚了5000美元!”

2.“我和丈夫专买旧房，装修翻新后再卖掉，能赚大钱呢。”

3.“我做商品期货买卖。”

4.“我的退休金账户中有100万美元。”

5.“钱存在银行里最安全。”

6.“我有多样化的投资组合。”

7.“我是做长期投资的。”

正如富爸爸所说：“投资要因人而异。”上面的说法反映了不同的投资类型和手段，富爸爸却不会做这样的投资。他说：“大多数人都不是真正的投资者，而是旁观者或投机者。他们购买并持有投资后不断祈求价格上涨。他们生活在对牛市的希望之中，同时又因为市场崩溃的可能性而感到惶惶不安。真正的投资者却不论市场繁荣与否，无论是赢是输，投资期是长是短，他都能发家致富。普通投资者不知道怎样去做，因此输给了人口仅占10%却赚取到90%的钱的人。”

购买、持有和祈求之外

对富爸爸来说，投资不仅意味着购买、持有和祈求，本书将揭示以下几个主题：

1. 十大投资控制工具：许多人说投资很冒险，富爸爸则说：“投资本身不会有风险，失控的投资才有风险。”本书将详细阐述富爸爸的“十大投资控制工具”，这“十大投资控制工具”可以减少风险，增加收益。

2. 富爸爸教给我的从没钱投资到有很多钱投资的五阶段计划。计划的第一步就是让我在思想上做好成为一个富有的投资者的准备，这个阶段对于那些想充满自信地进行投资的人来说是一个简单却至关重要的阶段。

3. 对不同投资者的税收法规不同。在“富爸爸系列”的第二本《富爸爸财务自由之路》里，我谈到了商界中的四类人。

他们是：E代表雇员；S代表自由职业者或小企业主；B代表企业主；I代表投资者。（请读者牢记此图象所表达的意思，它将在本书中反复出现。——译者）

富爸爸之所以鼓励我从B象限开始投资是因为税法对B象限极为有利。他总是说：“税法是不公平的，它是富人为富人而制订的。如果你想致富，你就得使用富人适用的税法。”之所以10%的人控制了大部分财富就是因为只有10%的人知道如何使用税法。

1943年，美国联邦政府堵住了所有雇员的大部分税收漏洞。1986年，政府又堵住了S象限，诸如医生、律师、会计师、工程师和建筑师等类人所能钻的税法空子。

换言之，10%的人能赚到90%的钱的另一原因，就是只有10%的人知道如何在四个象限投资，以便在税收方面取得不同的税收优惠政策，而普通投资者通常仅在一个象限投资。

4. 为什么一个真正的投资者，无论市场繁荣与否，他都能获取财富。

5. 初级投资者和专业投资者的差别。

6. 在《富爸爸财务自由之路》一书中，我讨论过六种水平的投资者。本书将讨论后两种水平的投资者并将他们细分为以下几种类型：
* SEC 认定的特许投资者
* 资深投资者
* 智谋型投资者
* 内部投资者
* 终极投资者

在本书结尾部分，您将了解到不同的投资者应该具有的不同的技巧和教育程度。

7. 许多人说："我挣到很多钱后，金钱问题就不存在了。"他们却未能认识到，有很多钱和钱不够同样有麻烦。本书会告诉你这两种人所面临的不同的金钱问题，即钱不够和钱太多所带来的不同的问题。尽管极少有人意识到钱太多同样是个大问题，但是许多人发财后又破产的重要原因之一，恰恰就在于不知道如何解决钱太多的问题。

本书中，你将学到如何从资金不足的情况下开始运作，然后是怎样赚钱，最后是怎样解决钱多的问题。也就是说，不仅让你知道如何挣到很多钱，而且更重要的是还要让你懂得如何留住这些钱。正如富爸爸常说的："如果留不住钱，那么挣钱又是为什么？"

我的一个作股票经纪人的朋友曾对我说："普通投资者并没有在市场上赚到钱。他们倒不一定赔钱，但一定没有赚到钱。我曾目睹了众多的投资者今年挣到了钱明年又全部赔光。"

8. 怎样才能挣到 20 万美元这个通常作为富人开始投资的最低收入标准？如何挣到更多的钱？富爸爸对我说："钱就是一个观念。如果你认定 20 万美元是一大笔钱的话，你就一定挣不到 20 万美元！要成为富有的投资者，你就必须把 20 万美元看成是 SEC 认定的特许投资者的最低收入标准，是水桶中的一滴水。"所以，本书的第一部分至关重要。

9. 本书将会在第一部分为你做好成为富有投资者的思想准备，以后每章末尾都有一些有趣的意向测试题。

尽管测试题很简单，但它们旨在启发你思考。如果可能的话，请与你的朋友们讨论你的答案。这些都是当初富爸爸启发我思考并帮助我找到答案的一些问题，而这些思索后得出的答案指引着我一步步获得了财务自由。实际上，许多我们苦苦寻求的关于投资方面的答案早已经在我们内心深处很久了，只是需要我们用全身心的思考去发现它们。

什么使 90/10 投资者与众不同？

本书所要讲述的最重要的方面之一就是普通投资者与 90/10 投资者的思维差异。富爸爸常说："要想富，就要先看看每个人正在做什么，然后做与他们完全相反的事。"阅读本书时，你会发现那些获得90%财富的10%的人与仅获得10%财富的90%的人之间的差异并非在于投资对象的不同，而是他们的思维有异。例如：

1. 大多数投资者会说："不要冒险。"而富有的投资者却恰恰在寻找那些被一般人认为是"冒险"的机会。
2. 大多数人强调"多样化"，而富有的投资者却喜欢专心一意。
3. 普通投资者尽力将债务减至最少，而富有的投资者却增加对他有利的好债务。
4. 普通投资者尽量削减开支，而富有的投资者却知道如何通过增加开支使他们变得更富有。
5. 普通投资者拥有工作，而富有的投资者创造工作。
6. 普通投资者拼命工作，富有的投资者工作得越来越少，财富却越来越多。

"硬币"的另一面

所以在阅读本书时，请注意你和富爸爸的指导思想经常背道而驰的地方。富爸爸说："只有极少数人变富的原因之一，就在于大多数人的思维方式已成定式，他们认为想问题做事情只有一种方法。普通投资者会想'做事要安全点，别太冒险'。富有的投资者却在考虑怎样提高技巧，使他们能冒更多的险。"富爸爸称这种思维为"双面硬币思维"。他强调"富有的投资者有比普通投资者更灵活的思维。例如，普通投资者与富有的投资者同样需要考虑安全性，而富有的投资者却会同时考虑如何冒更多的险。当普通投资者想着要减少债务的时候，富有的投资者却在思考如何增加有利的债务。当普通投资者担心市场崩溃时，富有的投资者却想方设法从低靡的市场中获取财富。这一切听起来与普通投资者的做法截然不同，但就是这些矛盾，让富有的投资者变得富有。”

当你阅读本书时，请务必注意普通投资者与富有的投资者在思维上的差异。正如富爸爸所说的：“富有的投资者十分注意事物的两面性，而普通投资者仅仅看到硬币的一面，而没有看到硬币的另一面，可恰恰是这另一面让富有的投资者变得更富有，让普通投资者依然普通。”本书的第二部分将着重讲述“硬币”的另一面。

你想超越普通的投资者吗?

本书所谈的不只是投资技巧、小窍门及神奇的致富妙方。写作本书的主要目的之一是为您提供一个拥有另类投资观念的机会。本书从 1973 年我从越南回来后希望自己也像富有的投资家一样投资开始讲起。1973 年，富爸爸开始教我如何拥有他所具有的财务能力，这种能力是我在 12 岁那年意识到的一种神奇的力量。40 年前当我站在沙滩上，面对着富爸爸的最新投资——一片夏威夷最昂贵的地产时，我就认识到在投资方面，我的富爸爸和穷爸爸的巨大差异并不仅仅是谁有多少钱这么简单，他们之间的第一个深层差异是：富有投资者比一般投资者有更强烈的投资欲望。如果您也有这种欲望，请继续往下读。

第一阶段

你做好成为富有的投资者的思想准备了吗？

投资家的首要控制工具：自我控制

第 1 章 我该投资什么？

1973 年，我结束越南之行回家。所幸的是，我被派往离家较近的夏威夷基地而不是较远的东海岸基地。在海军陆战队航空站安置妥当后，我让迈克约个时间与他的父亲、也就是被我称为“富爸爸”的那个人共进午餐。迈克则急着要让我看他的房子和刚出生的小宝宝，因此我们约定在下个周六去他家吃午饭。当迈克派来的豪华轿车停在我们基地的单身军官营地时，我忽然意识到自从 1965 年我们高中毕业以来，已发生了多么巨大的变化。

“欢迎回家，”当我迈入镶着大理石地板的门厅时，迈克冲我说。抱着他 7 个月大的儿子，迈克全身上下都焕发着神采：“真高兴你能平安地回来。”

“我也是。”我边回答边望着迈克身后那波光粼粼的蓝色太平洋，轻柔的浪花正悠闲地冲刷着屋前的白沙滩。这栋房子真是棒极了！这是一栋热带地区一层的宅子，兼具夏威夷新旧生活的迷人魅力。地面上铺着漂亮的波斯地毯，高大的墨绿盆景，被房子三面环绕的大游泳池，而房子的第四面面海。房子很宽敞、通风，堪称迷人的海岛生活之典范。它与我想像中夏威夷的奢华的生活不谋而合。

“看看这是我儿子詹姆斯。”迈克打断了我的思绪。

“哦，”我惊了一下，一定是因为这美丽的宅子使我神思遐想，使得我喜不自胜。“多漂亮的孩子啊。”我说了一句任何人看见新生婴儿时都会说的话。当我手舞足蹈扮着鬼脸逗弄这个神情茫然的小家伙时，我的思绪却仍处于这八年巨大变化的遐思当中。此刻我住在军事基地破旧的营房中，和另外三个邋遢的飞行员、一群酒鬼共住一屋，而迈克呢，却和他的美妻娇儿住在价值数百万美元的豪宅中。

“进去吧，”迈克说，“爸爸和康妮在露台上等我们呢。”

午餐很丰盛，由专职女佣随侍左右。我在此享受着美味佳肴，欣赏着美丽的风光，而此时我那三个室友可能正在乱糟糟的军官饭厅里就餐。因为是周六，基地的午餐很可能就是劣质三明治和一碗汤。

轻松愉快的叙旧之后，富爸爸说：“你看，迈克的企业经营得很成功，投资获利良好。我们在过去两年里赚的钱比我头20年赚的还多。第一个100万不容易得到这种说法看来真的很有道理。”

“那么，生意一直不错吧？”我问，想进一步将谈话深入，想了解他们如此迅速地积累财富的方法。

“生意很好，”富爸爸回答道，“新型的波音747飞机把世界各地大量的游客运到夏威夷，生意不好都不行。但我们真正的成功是我们的投资而不是生意，迈克就在管理这些投资。”

“祝贺你，”我对迈克说，“干得好。”

“谢谢，”迈克说，“但这并不完全是我个人的功劳，因为是爸爸的投资方式起了作用。我只是按照这些年他教给我们的做生意和投资的方法去做而已。”

“我们终于得到了回报，”我说，“我简直不敢相信你能住在这个城市最富的富人区。你还记得我们还是穷孩子的时候，我们夹着冲浪板，躲躲闪闪地奔跑于富人们的房子之间，想要跑到海滩上的情景吗？”

迈克笑了，“记得。我还记得被那些坏脾气的吝啬的有钱人追赶的情景，现在我也成了赶孩子的凶恶的有钱人了。谁又会料到你和我会住在……？”

他忽然意识到他的话，停了下来。或许他想起了只是他自己住在这儿，我还住在对面海岛破旧的军营里。

“对不起，”他说，“我……不是想说……”

“不必道歉，”我露齿一笑，“我为你高兴，看到你这么富有、这么成功，我很高兴。这是你应得的，因为你花了时间学习怎样经营生意。再过一年，我和海军陆战队的合同期满后，我就会走出军营。”

富爸爸感到迈克和我之间的尴尬，打断了我们的谈话：“他做得比我好，我为他感到骄傲，为我的儿子和儿媳感到骄傲。他们是很棒的组合，他们挣得了现在拥有的一切。现在你也从战场上回来了，该轮到你了，罗伯特。”

能跟着你们一起投资吗？

“我想和你们一起投资，”我急切地说，“我在越南时存了三千美元，我希望在我花掉它之前能拿它做投资，我能和你们一起投资吗？”

“嗯，我会给你介绍一个很不错的股票投资经纪人，”富爸爸说，“我肯定他能给你好的建议，甚至还能提供给你一些投资窍门。”

“不不不，”我反对道，“我想投资你们所投资的东西。好啦，你们知道我认识你们多久了。我了解，无论你们干什么，投资什么，都会有回报。我可不想去找一个股票经纪人，我想和你们一起做生意。”

房间里一阵沉默，我等待着富爸爸或是迈克的回应，但这种沉默渐渐变得令人紧张起来。

“我说错什么了吗？”我终于打破沉默问道。

“没有，”迈克说，“我和爸爸正在投资一些令人兴奋的新项目，但我认为你最好还是先和我们的一个股票经纪人谈谈，然后在他的帮助下投资。”

又是一次沉默，只有佣人收拾桌子时杯碟发出的叮叮铛铛的声音。迈克的妻子康妮起身告辞带着孩子进到另一个房间去了。

“我不懂，”我说道。转过身面向富爸爸，继续说道，“这些年当你们在创建事业时我一直照着你们的建议在做，但我却濒于一无所有的境况。你说我该上大学，我就进了大学；你说一个年轻人应该为他的祖国而战，我就去参军打仗。现在我已经很大年龄了，而且有一点钱可以投资了，但当我说要跟着你们投资时，你们就这样犹犹豫豫。我真搞不懂，为什么你们老是给我泼冷水——是想冷落我还是想把我推开？难道你们不想我也像你们一样富有吗？”

“这不是浇冷水，”迈克回答说，“我们也从未冷落你或不希望你富有，而是因为现在一切都不同了。”

富爸爸缓缓地点了点头，没有作声表示同意。

“我们很乐意你投资我们所投资的项目，”富爸爸最后说，“但那是不合法的。”

“不合法？”我难以置信地大叫出声，“你们两个在干违法的事吗？”

“不是，不是，”富爸爸轻笑道，“我们决不做任何违法的事。以合法手段致富太容易了，用不着冒蹲监狱的危险去做违法的事。”

“正因为我们所做的投资都是合法的，所以如果让你和我们一起投资，那就是违法的了。”迈克说。

“我和迈克做我们现在做的投资是合法的，但你做就是非法的。”富爸爸试图总结迈克的话。

“为什么？”我问道。

“因为你不够富，”迈克轻声说道，“我们做的投资是富人才有资格做的投资。”

尽管迈克的话很直接，但我明白，作为我最好的朋友，他说出这些话是很困难的。尽管他们的语调尽可能地轻柔一些，这些话却仍然像利刃一样插进我的心房。我开始感受到存在于我们之间的经济鸿沟。虽然我的父亲和他的父亲同样是白手起家，但迈克和他父亲却获得了巨大的财富。正如他们所说，我和我父亲仍然走在与他们不同的道路上。我能感到，这幢拥有白沙滩的房子离我还很远，这段距离甚至不能以英里来衡量。我抱着双臂，靠在椅背上，陷入沉思之中。我静静地点了点头，我在那一刻对我们的生活做了一个总结。同样是25岁，但在财务方面，迈克已领先我25年。那时，我父亲等于是被政府辞退了，于是在他52岁这年，他变得一无所有不得不重新开始自己的事业。而我甚至还没有开始。

“你没事吧?”富爸爸轻声问道。

“哦，没事，”我回答，并尽可能地掩饰由于对自己和家庭深感愧疚而带来的伤害，“我只是想思考一些事情，理清我的思路。”我勇敢地咧嘴笑了笑。

屋里一片沉静，只听到外边浪花拍打海岸的声音，感到和风吹过这座美丽的房子。迈克、富爸爸和我坐在那里，我努力诠释着我听到的信息和我要面对的现实。

“那么因为我不够富有，我就不能跟着你们一起投资了，”出了一阵神后，我无奈地说，“如果投资你们所投资的项目，我就会犯法?”

富爸爸和迈克点了点头。“在某些情况下是这样的。”迈克补充道。

“谁制订的法律?”我问。

“联邦政府。”迈克答道。

“还有证券交易委员会。”富爸爸补充道。

“证券交易委员会?”我问道，“证券交易委员会是什么机构?”

“证券交易委员会是在前总统约翰·肯尼迪的父亲约瑟夫·

肯尼迪的倡导之下于30年代创立的。”富爸爸答道。

“那么为什么要建立这个机构呢？”我问。

富爸爸笑了：“是为了保护民众，免受不法的疯狂的交易商、商人、经纪人和投资人的欺骗。”

“您笑什么？”我问，“这看起来是件好事啊。”

“是啊，非常好，”富爸爸答道，仍带着笑意，“1929年股市暴跌之前，有许多可疑的、不可靠的、劣质的投资向公众出售；谎言与误报层出不穷。因此成立证券交易委员会以便于进行监督。这个机构制订并负责执行一些条例，扮演着极其重要的角色，没有证券交易委员会，股票市场将一片混乱。”

“那您为什么要笑呢？”我紧追不放。

“因为它在使公众免受最坏的投资之苦的同时，也将他们挡在了最好的投资以外。”富爸爸用严肃一些的语调说。

“既然证券交易委员会使公众避免了最坏的投资又使他们与最好的投资无缘，那么公众投资的都是些什么项目呢？”我问。

“净化了的投资，”富爸爸回答，“也就是在证券交易委员会指导下的投资。”

“那有什么不对吗？”我问。

“没有，”富爸爸说，“我想这是个好主意。我们必须有法规，必须执法，而证券交易委员会就这样做了。”

“那您笑是怎么回事呢？”我问，“我认识您已这么多年了，我知道您还有些事没说，那才是引您发笑的原因。”

“我已经说了，”富爸爸答道，“我笑是因为在保护公众远离最差的投资的同时，证券交易委员会同时也使公众与最好的投资无缘。”

“这就是富人变得更富的原因之一？”我轻声问道。

“说对了，”富爸爸说，“我笑就是因为看见这个颇具讽刺性的状况。大家投资都是想变富，但由于有些人本身不富有，所以就被禁止投资那些可以让他们变富有的东西。只有当你是富人时，你才能投资富人投资的东西，所以富人越来越富。在我看来，这很具讽刺意味。”

“为什么要这样做呢?”我问，“这不是在阻止穷人和中产者变富吗?”

“不，也不是的，”迈克说，“我认为它确实是为了保护穷人和中产者的利益。”

“什么意思?”我问。

“因为在现实中坏交易比好交易多得多。如果一个人不够清醒，将所有交易无论好坏都一致对待，等待他们将是巨大的损失和可怕的危机，而要想把众多复杂的投资区分为好和坏，需要足够的知识和丰富的经验，你需要老练地辨别导致投资成败和导致投资风险的原因。但多数人都没有这种知识和经验，”富爸爸说，“迈克，为什么不把我们最近正在考虑的商业计划拿出来看看呢?”

迈克从他的办公室里拿出了一本大约两英寸厚的活页夹，纸上满是数字、图片和地图。

“这就是我们正在计划投资的一个项目，”迈克坐下说，“这是一种不用登记的证券，这种投资有时也被称作证券私募协议。”

迈克翻过一页一页的曲线图、表格、地图及说明此项投资风险与收益的文字，我头脑一片麻木。当他向我滔滔不绝地解释这些内容，并告诉我他为什么认为这是一个绝好的投资机会时，我却反应迟钝，昏昏欲睡。

看到我一下子被塞了这么多陌生信息而感到晕头转向，富爸爸打断迈克的话说道：“我想还是先让罗伯特看看这些东西比较好。”

说着富爸爸拿过一本名为《1933年证券法案中的免税》的书，并从中挑出一段文字指给我看。

“这是你首先要弄懂的地方。”他说。

我朝前倾了下身子，以便更清楚地读到他手所指的文章。

文章写道：

“本投资仅适用于经过认定的特许投资者。经过认定的特许投资者是被普遍认可的、具有下列条件之一的人：

- 净资产为100万美元或100万美元以上的人；
- 在最近几年中每年收入20万美元或20万美元以上（或夫妇年收入30万美元）并能保持此收入水平的人。”

我靠回椅背，说道：“这就是你们不让我与你们一起投资的原因了。这种投资只适用于有钱人。”

“或是收入高的人。”迈克补充了一句。

“并非是这些规定太苛刻，即使你能投资这个项目，所需最低限额也得要3.5万美元，这还只是一个投资单元的成本，即所谓的单元成本。”

“3.5万美元！”我倒吸了一口冷气，“真是高风险投资。你是说要投资这个项目每个人最少要投这么多钱？”

富爸爸点点头：“政府付给你这样的海军陆战队飞行员多少工资？”

“飞行费加上在越南的战斗费每年能挣1.2万，但还不知道如今在夏威夷驻军能得多少工资。我也许还能有些生活津贴，但肯定没多少，还不够在夏威夷的生活费。”

“所以对于你来说能存下3000美元已经是一个不错的成绩了”富爸爸尽力想让我高兴起来，“你竟然节约了总收入的25%。”

我默默地点了点头，意识到自己距特许投资者的标准是如此的遥远。即使在海军能坐上将军的位子，挣到的工资也够不上特许投资者的标准。就算是美国总统，除非他已经很富有，否则单靠薪水也很难达到这个标准。

“那我该怎么做？”最后我问，“我可不可以给你们3000美元和你们一起做投资，然后等生意成功后分红？”

“可以，”富爸爸说，“但我不会建议这种做法，特别是对你。”

“为什么？”我问，“为什么我不行。”

“你已经有很好的财务教育基础了，你的才能远不止成为一个特许投资者。如果你愿意，你完全可以成为一个智谋型的成功投资者，你有能力获得远远超出你梦想的财富。”

“特许投资者？智谋型的投资者？有什么区别？”我问，似乎看到了新生的希望之光。

“问得好，”迈克笑着说，感到他的朋友正走出萎靡状态。

“特许投资者的概念是用于定义因为有钱而有资格投资的人的，因此也被称作为特许投资者。”富爸爸解释道，“但光是有钱还称不上是智谋型的投资者。”

“他们的区别是什么？”我问道。

“你有没有看到昨天报纸的头条新闻？一个好莱坞电影明星因为投资诈骗而损失了几百万美金。”富爸爸说。

我点头答道：“看了，他不仅损失了几百万美元，而且他还得向税务部门缴纳这场交易中未交的税金。”

“这就是一个特许投资者或是叫作合格投资者的典型例子。”富爸爸继续说道：“仅仅有钱，并不意味着就你是一个智谋型的投资者。所以这也就是我们常听到许多高收入者如医生、律师、摇滚歌星、职业运动员在一些不可靠的投资中损失惨重的原因。他们虽然有钱但不够有谋略；他们富有却不知如何安全投资获取高额回报。一切商业活动在他们眼里并没有什么差别，他们难辨其中的优劣。所以他们就喜欢做‘净化’了的投资或是雇一个他们信任的专业财务经理替他们投资。”

“那么您对智谋型投资者如何定义？”我问。

“智谋型投资者具备3个E。”富爸爸说。

“3个E。”我重复着，“什么是3个E？”

富爸爸将我们正在看的《证券私募协议》翻过来，在背后写下了几个字。

1. 教育（Education）

2. 经验（Experience）

3. 充足的现金（Excessive cash）

“这就是3个E。”富爸爸抬起头说，“只有具备了这三个条件，你才有可能成为智谋型投资者。”

望着这三个条件，我说：“所以说那个电影明星虽然有了充足的现金但缺乏前两个条件。”

富爸爸点头表示同意：“还有很多人受过良好的财务教育却缺乏经验，没有亲身经历，而且他们通常也缺乏充足的现金。”

“当你向这类人解释一些事情时，他们总爱说‘懂了’，但实际上做起事来他们还是外行。”迈克补充道，“我们的银行家总是对爸爸和我所做的事说‘我知道’，但由于种种原因，他总也不去做他宣称所知道的事情。”

“所以你们的银行家不会像你们一样有充足的现金。”我有所领悟。

富爸爸和迈克点头同意。

谈话结束了，屋中又是一片沉默。我们三个人各自陷入了沉思当中。富爸爸示意女佣端来咖啡，迈克把文件夹拿回去放好。我交叉双臂坐在那里，透过迈克漂亮的房子凝视着窗外深蓝色的太平洋，为我今后的发展方向细细打算。我已按父母所期望的完成了大学学业，服役期也结束在即，我可以自由地选择最适合我的道路了。

“在想什么？”富爸爸轻啜着新煮好的咖啡问道。

“我在想我应该去做哪种人，我现在已经长大了。”我答道。

“那么你想做哪种人？”迈克问。

“我在想，或许我应该成为智谋型的投资者。”我平静地回答。

“明智的选择，”富爸爸说，“你已经有了好的开始，因为你已具备良好的财务教育基础，接下来的就是经验问题了。”

“我怎样才能知道到什么时候我就具备了这两个条件呢？”我问。

“当你有了充足的现金时。”富爸爸笑了。

我们三人都笑了，各自举起手中的玻璃杯：“为充足的现金。”

然后富爸爸又说：“为成为智谋型投资者。”

“为充足的现金，为成为智谋型投资者。”我在心中默默重复。我喜欢这串萦绕于头脑中的话语。

迈克叫来司机，把我送回到昏暗脏乱的单身军官营房。一路上，我一直在思考我今后的路该如何走。我已成人，已完成了父母的期望……得到了大学教育也在战争期间报效了祖国。是该自己决定做点什么的时候了。学习成为一个智谋型投资者的想法深深吸引着我，我将有机会继续向富爸爸学习直到获得所需的经验。而这次，富爸爸将会给一个成人以引导。

20 年后

到 1993 年，富爸爸把他的财产分配给了他的儿子、孙子以及他们将来的孩子，在未来大约 100 年的时间里，他的继承者们将不用再为钱犯愁。迈克得到了公司最主要的财产，并不断地为这个由富爸爸一手创建的金融王国添砖加瓦。

我用了 20 年取得了原以为 10 年就能获得的东西。正如富爸爸所说：“第一个 100 万最难赚。”

回想一下，其实 100 万并没有这么难，难的是留住这 100 万，并让它为你赚到更多的钱。尽管如此，我还是得以在 1994 年我 47 岁时退休，因为我已有足够的钱去享受生活。

然而并非是退休在家让人激动，真正令人激动之处是可以作为一个智谋型的投资者自由自在地去投资。能够像迈克和富爸爸那样投资是一个值得努力的目标。早在 1973 年的那一天，富爸爸和迈克说我还没富裕到能跟他们一起投资时，我就下定决心要成为一个智谋型的投资者，这一天成为了我一生的转折点。

以下所列的是所谓的“特许投资者和智谋型投资者”的投资项目：

1. 私募证券
2. 不动产组合与有限合伙公司
3. 上市新股
4. 首次公开发行（虽然对所有的投资者开放，但很难买到）
5. 次级融资
6. 兼并与收购
7. 创业贷款
8. 对冲基金

对普通投资者来说，这些投资有太多的风险。不是因为它们本身风险大，而是因为普通投资者常常因缺乏知识、经验和充足的现金而不明白他或她到底从事的是什么项目。我现在站在证券交易委员会一边了，因为证券委员会确实通过禁止非特许投资者投资一些项目从而实际上保护了投资者，而我本人就在投资之路上亲身经历了一些错误和挫折。

今天，作为一个智谋型的投资者，我正投资于这些项目。如果你清楚自己所做的事并始终保持清醒的头脑，那么风险性就会降低而潜在的回报也会很丰厚。这就是富人们经常进行的投资。

尽管我也曾有所损失，但经营良好的时候回报是可观的，并远远超过了少数的几次损失。正常情况下资本回报率为35%，而1000%以上的回报率偶尔也有过几次。我更喜欢做这样的投资，因为我发现它是如此让人兴奋，如此具有挑战性。它不是简简单单地“买进100股或是卖出100股”的问题，也不是“收益高低”的问题，这都不是作为一个智谋型投资者所要关心的，做这样的投资将离资本主义的“引擎”越来越近。上述的一些投资均为风险投资，至少对普通投资者来说，风险太大了。而事实上，这些投资并不冒险，之所以普通投资者认为其充满风险是由于缺乏知识、经验和充足的现金造成的。

本书不讲投资，本书专讲投资者

道　路

本书不讲投资，专讲投资者以及成为智谋型投资者之路。现在该是你想办法获得 3E 的时候了，就是知识、经验和充足的现金。

《富爸爸，穷爸爸》是写我小时候接受财务知识教育的历程。《富爸爸财务自由之路》是《富爸爸，穷爸爸》的续集，讲的是我从 1973 年到 1994 年间作为一个年轻人所走的财务教育之路。这本《富爸爸投资指南》则是根据我早年亲身经历的教训，以及怎样通过这些教训获取 3E 进而成为一个智谋型投资者的经历而写成的。

1973 年，我用我仅有三千美元去投资，也没有太多的投资知识和现实生活经历。但到了 1994 年，我成为了一名智谋型的投资者。

20 多年前，富爸爸曾说：“正如对富人、穷人和中产阶级提供的房子不一样那样，对每一种人提供的投资种类也是不同的。如果你希望像富人一样投资，你不仅仅要变得富有，还需要成为一个智谋型的投资者，而不是仅仅作一个投资的富人。”

成为智谋型投资者的五个阶段

富爸爸将我的发展计划分为界限分明的五个阶段，这五个阶段已被我放在各部分、每一课和每一章节分别讲述，这五个阶段分别是：

1. 你已做好成为投资者的思想准备了吗？
2. 你想成为哪种类型的投资者？
3. 如何创立强大的企业？
4. 谁是智谋型的投资者？
5. 财富的社会回馈。

本书仅仅是一本指南，它不会给你具体的答案。本书的目的在于帮助你了解该提哪些问题。若本书在此方面确实对你有所助益，那么它就完成了自己的使命。富爸爸说："你不可能教会别人成为一个智谋型投资者，但人们可以通过一些指导自己学会并成为智谋型投资者，就好比学骑自行车，我不可能教会你骑，但你可以自己去学着骑。学骑车需要冒险、磨练，甚至出错，当然，还要有适当的指导，学投资也是一样的道理。如果你说你不想冒险，那么就等于是说你不想学。如果你不想学，那么我也无法教你。"

如果你想找一本关于投资技法的书，或想找一本关于快速致富秘诀的书，这本书就不适合你，甚至可以说不会有任何一本书真的适合你。其实与其说本书讲的是关于投资的事情不如称之为关于学习的书，是专为那些希望探寻自己的致富之路而不是盲目追逐别人的致富捷径的人而写的。

本书介绍了富爸爸讲的投资发展的五个阶段。这些阶段他曾亲身经历，也是我目前正在经历的。如果你正在学习如何获得巨大财富，阅读本书时你就会注意到富爸爸的五个阶段是世界上最富有的商人和投资者们所必须经历的阶段。微软的创立者比尔·盖茨、美国最富的投资者沃伦·巴菲特、通用电气创始人托马斯·爱迪生都经历了这五个阶段。这五个阶段也正是现在那些年轻的互联网界的百万富翁、甚至亿万富翁们、或是正处于二三十岁的新一代网络精英们正在经历的阶段。当然现今的信息时代与过去的工业时代是有区别的，这些年轻人更加快速地经历着这些阶段。当然，或许你也可以做到。

你们是革命的一部分吗？

工业革命造就了巨大的财富和一大批家财万贯的名门望族，而在信息革命的今天，历史又在重新上演这一幕。

我发现有一个有趣的现象：当今社会既有在二十、三十、四十岁创业成功的百万和亿万富翁，也有四十岁以上靠每年5万美元工资拮据过日子的人。造成这种巨大差异的原因之一是从工业时代向信息时代的转变。当我们进入工业时代时，像亨利·福特、托玛斯·爱迪生这类人成了亿万富翁；而今天当我们进入到信息时代，比尔·盖茨、迈克尔·戴尔，以及众多网络公司的创始人们纷纷成为了百万富翁甚至是亿万富翁，并且这些二十几岁、三十几岁的精英分子很快会在财富方面超越前人。这就是时代变迁的力量——从工业时代向信息时代转变的力量。人们常说：再没有一种力量比适时出现的新思想更强大，也再没有比墨守陈规更有害的事了。

对于你来说，本书也许能帮助你反思旧观念，寻求新的致富之法，它也许能够成为你生活中的一次巨大转变的开始。而这种转变一旦发生，就如同从工业时代进入到信息时代那样迅速。它也许会帮助你为自己的生活定义出一条财务之路。它介绍的思维方式更像企业主和投资家的思维模式，而不会像雇员或自由职业者那样思考问题。

多年以来我经历了这些阶段，而且现在仍在经历着。读完本书后，你将可以决定是经历相同的五个阶段还是放弃这个不适合你的发展道路。假如你最终决定踏上与我相同的道路，你经历这些阶段的速度也全在于你自己。请记住这本书不是讲快速致富的，如果你选择经历这样的个人发展和教育阶段，我们就开始谈谈第一阶段——思想准备的阶段。

你做好当投资者的思想准备了吗？

富爸爸经常说："你想钱是什么东西它就是什么东西。"

他所要表达的意思是说钱来自我们的思想，来自我们的头脑。如果有人说"赚钱真难"，那么钱也许真的就会很难赚。如果他说"哦，我永远也富不了"，或是"要富太难了"，那么他的这些话有可能就会变成现实。假如有人说"致富的惟一途径就是拼命工作"，那么他就可能始终是在拼命工作。假如他又说"如果我有很多钱，我会把它存进银行，因为我实在不知道该怎么用它"，那么他也就只会把钱存入银行。也许，你会惊讶，为什么结果总和思想一致，就好像假如有人说"投资有风险"，投资果真就遇到了风险。正如富爸爸所说的："你想让钱做什么它就会做什么。"

富爸爸曾提醒我说："要成为智谋型投资者需要做的思想准备其程度类似于为攀登珠穆朗玛峰所做的思想准备或是为做僧侣所要进行的思想准备。"当然，他是在开玩笑，但同时也是在提醒我：在思想上不要轻视这个阶段。他对我说："你的起步和我相同，我们都是白手起家，我们拥有的只有希望和得到财富的梦想。虽然有很多人梦想着致富，却只有极少数人能够梦想成真。你务必要仔细考虑，做好思想准备，因为你要学的是只有少数人才有资格投资的投资方式。你将从内部而不是从外部洞悉这个投资世界，在这里，你将学到使生活和投资更为容易的方法。所以，当你已决定走上这条投资之路时，一定要慎重考虑，做好准备。"

第 2 章

为财富奠基

那晚，回到基地昏暗的单身军官营房后，我度过了艰难的一夜。其实那天早晨我离开时，我还觉得营房是一个不错的地方，但在迈克家度过了一天后，我忽然感到它是如此的破旧、脏乱。

如我所料，我的三个室友又在边喝啤酒边看棒球比赛转播，屋里到处是装比萨饼的盒子和啤酒罐。我从共用的起居室经过时，他们没有说什么，只是继续盯着电视。我走进房间关好门，我多么庆幸还有个属于自己的私人房间，我真的有许多事情需要好好想一想了。

在我 25 岁时，我终于理解了我 9 岁那年，第一次向富爸爸学习时无法理解的问题。我认识到富爸爸多年来不懈地努力为他的财富筑下坚实的基础。他们以镇里穷人的身分起步，极尽节简，创立事业，购买地产，制定走上富裕之路的计划。当我和迈克还在读中学的时候，富爸爸就已经把自己的业务扩展到夏威夷群岛的其他岛屿，购置不动产，购买公司，向他的目标坚实迈进。当我和迈克上大学时，他的事业又向前迈进了一大步，成为了火奴鲁鲁和怀基基海滩主要的私人投资商之一。当我在越南为海军陆战队飞行时，他已完成了自己强大的财富基础，坚不可摧的财富基础。现在他和迈克正在享用他们的劳动果实，他们再也不用住在外岛的贫民区，他们现在住在火奴鲁鲁最富的富人区。我知道，他们不仅是表面上看起来很有钱，如同住在那儿的人一样，重要的是实际上他们的确很富有，我这样说是因为他们让我看了他们审计过的财务报告，这可不是人人都能得到的特权。

与此相反的是，我的亲生父亲这时却失业了。他一直在政府里工作，努力地向上爬，然而却最终失宠，被夏威夷政府的政治机器所抛弃。当他反对他的上司竞选州长时，他失去了他一直在争取的一切。他上了政府的黑名单，他试图重头开始，但是他没有财富基础，尽管他 52 岁了，而我刚过了 25 岁，我们竟完全处于相同的经济状况，我们都没有钱。我们都曾受过大学教育，都有能力找到另一份工作，但说到财产，我们却一无所有。那夜，我静静地躺在床上，想着自己的生活道路该怎么走。的确，很少有人有这样宝贵的机会通过对比两个父亲的道路来选择适合自己的道路。我庆幸，我不是轻率地选择了人生之路。

富人的投资

尽管那晚有很多事情涌入我的脑海，但我还是对这样一个事实感到好奇：我们有仅为富人提供的投资，还有为其他人提供的投资。我记得小时候为富爸爸工作时，他所谈的全是如何创建企业。那么现在他富有了，他所谈的全都是投资，而且是有钱人的投资。那天午饭后，他解释道："我创建企业的惟一原因，就是这样做能使我像富人那样做投资；创建企业可以让你的企业为你购置资产。如果没有企业，我就无法投资那些富人投资的项目。"

富爸爸接着特别解释了雇员投资和企业投资的差别。他说："作为一个雇员，大多数的投资项目对他们来说都是很昂贵的，但如果让我的企业为我买下这些投资就会变得容易许多。”当时我不懂这句话的含义，但我知道这种区分是很重要的。现在我充满好奇并希望尽快了解区别所在。富爸爸研究过公司法和税法，并找到了利用法律为他赚很多钱的方法。我整晚都漂浮在种种梦想中，激动得想在第二天一早就给富爸爸打电话，并且一直在轻声地对自己说：“富人的投资。”

课程重新开始

小时候，我曾经在富爸爸的小餐馆里一坐就是几个小时，听他讨论生意方面的事情。他们在讨论时，我就坐在一边喝苏打水，而富爸爸和他的银行家、会计师、律师、股票经纪人、不动产经纪人、财务计划者和保险代理人一起商讨着生意上的事情。这就是我商业教育的开始。在我 9 到 18 岁期间，我有很多时间是在听这些男男女女讨论处理生意中的难题。但这些课程在我去纽约读大学时就终止了，而后我又为海军陆战队服役了五年。现在我的大学教育已完成，军旅生涯也将结束，我已准备好继续富爸爸的课程。

第二天当我打电话给他时，他表示乐意继续我的课程。他已经把生意交给了迈克，现在正处于半退休状态，他正想找些事情来做，而不是整天打高尔夫球。

当我还年轻时，我不知道在金钱问题上该听哪个爸爸的话。他们都是勤劳而善良的人，坚强而具有个人魅力；他们都希望我上大学，又让我参军为国家服务。但在金钱问题以及我长大后该做什么的问题上，他们的建议却相差甚远。现在，我可以自己去比较穷爸爸和富爸爸各自选择的职业道路所带来的不同结果了。

我曾在《富爸爸，穷爸爸》及其续集《富爸爸财务自由之路》中提到，穷爸爸建议我“去上学，争取好成绩，然后找一份有各项福利的安全而稳定的工作”。他所建议的职业道路是这样的：

相反，富爸爸说：“学会创立企业，学会通过你的企业去投资。”他所建议的道路如下：

《富爸爸财务自由之路》一书讲述了每个象限中的人在情感和专业上的本质不同。这些不同至关重要，因为它们最终决定了一个人趋向于采纳哪个象限作为自己的发展道路。例如：想找一份安全工作的人大多会选择 E 象限。E 象限里的人包括从公司里的大楼管理员到公司老总。想自由自在地为自己做事的人常属 S 象限，他们是自由职业者或小企业主。我曾说 S 代表“独立”和“聪明”，因为在此象限中你会发现很多诸如医生、律师、会计师或其他专业顾问之类的人。

《富爸爸财务自由之路》详细介绍了 S 象限（为大多小企业主选择）和 B 象限（代表大企业）之间的不同。这本书里，我们将更加详细地介绍不同象限操作技巧上的不同，因为富人和其他人的不同之处也就在这里。

税法是不同的

本书将着重讲述各象限之间的差异。所处象限不同，适用的税法也有所不同，对一个象限来说是合法的对另一个象限却不合法。这种细微的不同会造成投资问题上的巨大差异。在讨论投资问题时，富爸爸总是十分谨慎地问我计划从哪个象限赚钱。

开始授课

当迈克正忙于经营他的商业王国时，我和富爸爸正在怀基基海滩的一个旅馆午餐。这里阳光和煦，微风徐徐，海面上泛着美丽的浪花，好似让你置身于天堂之中。富爸爸惊异地看着我身军装服走进来，因为他没见过我穿军装，他一直把我看作是身着休闲服，穿着短裤、牛仔裤和 T 恤的孩子。我猜他终于意识到高中毕业后我已经长大，现在的我已看见了大千世界的诸多方面，也已在战争中经历了考验。这次见面我穿着军装是因为我正在飞行期，而且不得不在当晚返回基地飞行。

“这就是你高中毕业后一直在做的事吧。”富爸爸说。

我点头答道：“我在纽约的军事学院呆了 4 年，又在海军陆战队呆了 4 年，还有一年退役。”

“我真为你骄傲。”富爸爸说。

“谢谢。”我答道，“但我想不穿军服感觉会更好些。被那些嬉皮士和反战的人唾弃、怒视或被称做‘儿童杀人犯’真的很难受。我只希望早点结束战争。”

“我庆幸迈克不用去。”富爸爸说，“他也想入伍，但他身体差而没能入选。”

“他很幸运。”我说，“我在战争中失去的朋友已经够多了，我可不愿再失去迈克。”

富爸爸点头问道：“明年退役后有什么打算？”

“我有三个朋友被分到航空公司作驾驶员。现在去航空公司工作相当困难，不过他们说可以通过一些关系让我进去。”

“那么你想到航空公司当飞行员了？”富爸爸问。

我慢慢地点了点头。“嗯，这是我一直在做的事情，我也确实一直都想作飞行员。薪水不错，津贴也很好。此外，我的飞行训练一直很紧张。”我说，“战争已把我变成一个很优秀的飞行员。如果我为一个小航空公司飞行一年，又能有一些飞多引擎飞机的经验，我也许就能驾驶大型飞机了。”

“这就是你对未来的打算吗？”富爸爸问。

“不。”我答道，“当我看到我爸爸身上发生的事还有那天在迈克的新家午餐后，一切都变了。那夜我辗转难眠，一直在考虑你说的投资问题。我知道如果我为航空公司工作，那么有一天，我也许会变为一个特许投资者，但我也知道也许我将永远无法超越这个水平。”

富爸爸静静地坐着，轻轻地点头，低声说：“看来我的话击中了要害。”

“正中要害，”我答道，“我想起我还是小孩子时你教给我的东西。现在我已成人，这些课程对我来说又有了新的意义。”

“你还记得什么？”富爸爸问。

“我记得你拿走了我每小时 10 美分的工资，然后让我义务劳动。”我答道，“我记得这堂不让我成为财迷的课。”

富爸爸笑道："这堂课上得很费劲呢。"

"是啊，"我说，"但相当重要。当时我爸爸对你大为光火，而他现在却是一个因为没有工资而挣扎着过日子的人。他和我的不同之处是上这一课时他 52 岁我 9 岁。在迈克家吃过午饭后，我就发誓决不因为需要工资就把一生拴在一个安全的工作上，这也是我选择在航空公司工作时迟疑不决的原因。我想重温你教过我的怎样让钱为我工作的那些课程，这样我的一生就不会在为钱而奔忙中度过。不过，这次我想要您以成人的标准来授课。请教我更难的课程，教给我更多的知识。"

"那我第一课该讲什么呢？"富爸爸问。

"富人不为钱而工作，"我立刻回答，"他们知道怎样让钱为他们工作。"

富爸爸露出开心的笑容。他知道这些年我一直像个孩子一样听他的话。"很好，"他说，"这就是成为投资者的基础，所有的投资者都要学习怎样让钱为他们工作。"

"这也是我想学的。"我平静地说，"我想学习，可能的话还想把这些东西告诉我爸爸，他目前境遇很不好，52 岁了还要试着重新开始。"

"我知道，"富爸爸说，"我知道。"

因此在这个阳光灿烂的一天，冲浪的人在深蓝色的海上浪花间飞舞，我的投资课程开始了。课程分为五个阶段，每个阶段都让我上升到一个更高的认识水平……进而我可以从一个更高的层次去理解富爸爸的思维过程和他的投资计划。课程首先是讲思想上的准备与自我控制，因为不管在什么情况下投资，一旦开始，自始至终都需要自我控制。

富爸爸投资计划的第一阶段是要在实际投资前做好思想准备。就在 1973 年当我躺在昏暗营地的床上时，我已开始了思想上的准备工作。迈克拥有一个积累了巨大财富的父亲是何其幸运，我却没那么幸运。在很多方面，比起我来他早起步了 50 年，而我还没有起步。那晚，通过对穷爸爸选择安全工作和富爸爸选择为财富奠定基础之间做出抉择，我已开始了思想准备。这就是真正的投资过程中的起步，也是富爸爸投资课程的开始，它开始于一个人的选择……在思想上你决定是变富、变穷还是变成中产阶级，这是一个重要的决定，因为无论你选择什么样的经济地位，是富，是穷还是中产，你生命中的一切将从此改变。

第3章

投资第1课：选择

富爸爸的投资课开始了。“说到钱和投资，人们通常有三个理由去投资，它们分别是：

1. 安全；
2. 舒适；
3. 富有。”

富爸爸接着说：“这三种理由都很重要，一个人的选择不同，他的生活道路也就因此而不同。”他又继续说：“大多数的人，挣钱和投资时都严格按照以上的顺序。也就是说当谈及钱时，他们的第一选择是安全，第二选择是舒适，第三选择才是变富有。这就是为什么大多数人把有安全保障的工作列为最优先考虑的原因。在他们拥有一份安全的工作或职业后，他们开始关心舒适，变富有是多数人最后的选择。”

1973年的那一天，富爸爸说：“多数人都梦想着致富，但这并不是他们的第一选择。”他又继续说道：“在美国，100个人中只有三个人算作富有，其原因就在优先选择什么上。对大多数人来说，如果致富破坏了他们的舒适，或是让他们感到不安全，他们就会放弃致富。这也就是会有那么多的人想获得一个投资窍门的原因。那些把安全和舒适作为第一和第二选择的人，力图寻找快速、简单、不冒风险又舒服的致富之路。但实际上极少有人在符合这些要求的投资上幸运地变富，更多的时候，他们全盘皆输。”

富有还是快乐

我常听见人们说：“快乐和财富比起来我宁愿选择前者。”这样的评论在我听来非常奇怪，因为我曾经亲身经历贫穷和富裕。在这两种经济状况下，我也经历了不快乐和快乐。我不明白人们为什么总在快乐和财富之间作取舍。

当我回想这一课时，忽然想到其实大家真正的意思是说：我宁愿放弃富有而选择安全和舒适。因为倘若他们没有安全感和舒适感，他们就不会快乐。对我来说，我愿以感到不安全不舒适为代价而变得富有。我曾富过也穷过，快乐过也伤心过；但我向你保证，当我既穷又不快乐的时候，感到比富有但不开心时还不快乐。

我永远不能理解的另一句话是：“钱不能让你快乐”。尽管它有些道理，但我总感觉当我有钱时，会比较开心。有一天，我在牛仔裤兜里发现了10美元钞票。尽管只是10美元，我还是感觉好极了。找到钱的感觉总是比找到一张我欠下的账单好上许多。至少，这是我自己对金钱的感觉。有钱时我高兴，当它离我而去时我感到伤心。

在1973年时，我把我的选择重新调整为以下顺序：

1. 富有
2. 舒适
3. 安全

如前所述，在钱和投资方面，这三个顺序很重要。怎样进行排序是很个人化的决定，你应该在开始投资前就做好此项工作。我的穷爸爸把安全排在首位，富爸爸却把富有排在第一位。开始投资前，决定你的首选很重要。

意向测试

富有、舒适、安全这三者间的顺序体现了一个人的价值取向。其中某一个排序并非一定比其他好，但我知道，你选择哪一个作为你最重要的部分，会对你所选择的生活产生重大而深远的影响。因此说知道你最看重三者中的哪一个对你来说最关键，特别是当谈及钱和财务计划的时候尤为如此。

意向测试

按你所认为的重要性列出上述三个选择：

1. ______________________________
2. ______________________________
3. ______________________________

你们应该按照自己的真实想法列出顺序，然后认真地和你的妻子或丈夫或是顾问讨论，列出你的赞成与反对的清单。列出你的首选，将使你以后不再面对令人心烦的选择和失眠的困扰。

90/10 金钱规律之所以适用的原因之一，也许就是因为90％的人把舒适和安全列在了富有之前。

第4章

投资第2课：你眼中的世界是什么样的?

富爸爸和穷爸爸最显著的差异之一就是他们眼中的世界是不同的。穷爸爸总是看到一个金钱稀缺的世界。这种观点反映在他的谈话中："你觉得钱长在树上吗?"或者说："你觉得我在印钞票吗?"或说："我可付不起。"这个时候，他的思想观点就会表现出来。

我和富爸爸一起的时候，我逐渐意识到富爸爸眼中是一个截然不同的世界，他能看到一个有很多钱的世界。这一观点同样表现在他的话语中，比如："不要担心钱的问题，如果我们把自己的事做好，我们自然会有很多钱。"或："不要以没钱为借口而不去争取我们想要的东西。"

1973年，富爸爸在教我的一堂课上说："一般只有两种金钱问题，一种是钱太少；另一种是钱太多。你想碰到哪种问题呢?"

我现在开设的投资课也同样有很多时间是在解释这个问题。大多数来听课的人都存在着钱太少这个问题。其实金钱就是一种观念，如果你总认为钱太少的话，那么你的现状就真的会是那样了。我所拥有的优势是，我来自两个家庭，这样我就可以感受到两种金钱问题，并且相信这两种都是问题。穷爸爸有缺钱的问题，富爸爸则是钱太多而产生的问题。

富爸爸对这种奇怪的现象是这样评论的："有些人通过继承遗产、中彩票或去拉斯维加斯赌博而一下子暴富，而后又突然一贫如洗，这是因为他们从心理上认为只存在一个金钱匮乏的世界。所以他们很快会失去已经到手的财富，然后又回到他们熟悉的金钱匮乏的世界中去。"

改变"这个世界是个金钱匮乏的世界"的观念曾是我个人奋斗的目标之一。从 1973 年起，富爸爸就让我清醒地认识一旦涉及金钱、工作和变富的问题时，我到底应该怎样想。富爸爸确信穷人之所以贫穷是因为他们只知道一个到处缺钱的世界。富爸爸说："你有什么样的金钱观念，你就会有什么样的金钱现状。直到你改变了金钱观念，你才能改变你的金钱现状。"

富爸爸就他所看到的不同的观念所带来的不同情况的财务匮乏的原因做了概述：

1. 你需要的安全保障越多，你在生活中的稀缺就会越多。
2. 在你一生中，你越是竞争，例如，在单位为工作、为晋升而竞争，在学校为分数而竞争，你就会越匮乏。
3. 一个人越想得到更丰富的物质，就越需要技能，就更需要创新精神和合作精神。有创新精神的人通常有很好的财务和业务技能，有合作精神的人，通常能为自己不断地增加财富。

我可以看到我两个爸爸的不同态度，我的亲生父亲总是叮嘱我做事要寻求保障和安全；富爸爸则鼓励我要提高技能并具有创新的能力。这本书的后半部分将讲述如何培养你的创新观念，怎样创造一个丰富的物质世界而不是一个贫乏的物质世界。

在我们讨论匮乏这个问题时，富爸爸突然拿出一枚硬币说："当一个人说'我负担不起'的时候，这个人只看到了硬币的一面。当你说'我怎样才能付得起'的时候，你就已经开始看到硬币的另一面了。问题是甚至有些人看到了事物的另一面，他们也只以眼睛去看它，而不用脑子去进行深层次的思考。那就是为什么有些人只看到富人表面上做的事，而不知道他们真正在想什么。若你真心想看到事物的另一面，你就必须要知道富人脑子里真正在想什么。”本书的后半部分也将介绍富人的思维过程是怎样的。

中彩票的人几年后往往会破产，我问富爸爸这是怎么回事。他回答道：“一个人突然拥有很多钱，而后破产，是因为他们仍然只看到了事物的一面。也就是说，他们仍沿用过去一贯的方式来管理钱，这就是为什么他们苦苦奋斗但依然很穷的最基本原因。他们只看到了一个金钱匮乏的世界。最安全的做法莫过于把钱存进银行靠利息过活了。而能看到事物另一面的人，就会拿着这笔意外之财使它安全并迅速地增值。他们之所以能做到这点，就是因为他们看到了现实的另一面，在那一面是个金钱遍地的世界。他们能用他们的钱产生出更多的财富，从而更快地变富，而其他人却不会利用他们手中的钱从而迅速地再次变穷。

80 年代末，富爸爸退休了，将他的公司全部交给了迈克，之后他找我小聚了一次。会面时，他给我看了一份 3900 万美元现金的银行报表。我吃惊地吸了口气，他说：“其实这仅仅是在一个银行里的。我现在退休了，因为我要全心全意地去做我的事，我将把钱从银行里取出来，并把它们投入到更有效益的投资中去。我想说的是这是我的专职工作，而且每年我都将使它变得更富有挑战性。”

会面结束了，富爸爸说：“我花了多年心血培养迈克去管理这个能产生出更多钱的机器。现在我退休了，由他来管理这个机器。我能放心地退休，是因为迈克不仅懂得怎样经营这个机器，而且如果出了毛病，他还知道怎样去修理它。一些富家子弟之所以会赔掉他们父母留下的钱，是因为他们虽然在宽裕的环境中成长，但他们从来没有真正地学会怎样去建造一个造钱机器，也不知道如果它坏了该怎样去修理它。实际上，正是这些富家子弟破坏了这个造钱机器。他们本身成长在金钱富足的世界里，却从来不知道要进入这个世界该怎么做。现在你就有机会用我的建议转变自己并进入富有的世界。”

自我控制的很大部分就是改变个人的内在金钱观念。我不得不时常提醒自己：这个世界充满财富，因为从骨子里我常常觉得自己还是个穷人。

每当缺钱的恐惧与焦虑在我的五腑六脏翻腾，并且这感觉越来越强烈时，我就会做富爸爸教我的练习，我对自己说：“世上有两种金钱问题。一种是钱太少的问题，另一种是钱太多的问题。你选择哪一种？”我会在脑海里不断地问自己，即使我已处在财务恐慌中。

我不是那种不根据事实、一厢情愿做事的人，也不是爱草率行事的固执的人。我这样问自己是为了与我本身固有的金钱观念作斗争。一旦平静下来，我会命令自己去寻找解决问题的办法。出路可能是寻找新的答案、找新的顾问或参加一个我不擅长领域的培训班。与我内心深处的恐慌作斗争的主要目的，是为了使我能够平静下来，然后继续前行。

我注意到很多人都被金钱匮乏而引起的恐慌所吓倒，这种恐慌占据并主宰了他们的生活，并进而影响到他们对金钱和风险的态度。如我在《富爸爸财务自由之路》中所写的，人们的感情经常操纵着他们的生活，恐惧、怀疑这样的情感会导致自我贬低和缺乏自信。

90 年代初，唐纳德·特朗普个人债务有近 10 亿美元，公司债务有 9 亿美金。一位记者曾问他是否很焦虑，特朗普回答说：“焦虑只会浪费时间，焦虑会阻止我想出解决问题办法。”我也注意到阻碍人们变富的主要原因之一，是他们往往担心太多不太可能发生的事情。

富爸爸的投资第 2 课就是教我们选择不同角度去看两个世界：钱太少的世界和钱太多的世界。然后，富爸爸进入到财务计划这个重要的话题。富爸爸坚信，钱少时有个财务计划与钱多时有个财务计划是同等重要的。他说："如果你钱多时没有计划，那么你就会失去所有的钱，并且回到你的原来计划中去，回到没有钱的世界，这是90%的人都熟悉的世界。"

保障与匮乏

富爸爸说过："人们得到的保障越多，他们的生活就越不富裕。"保障与匮乏是结伴而行的。这就是为什么寻求安全保障的人，通常都是物质生活不丰富的人。90/10金钱规律之所以是正确的，是因为很多人花了毕生精力去寻找安全与保障，而不是努力获得更多的财务技巧。你学到的财务技能越多，你一生中的物质生活就会越丰富。

就是凭着这些财务技能，使得富爸爸在即使没有多少钱的情况下，也能在夏威夷买到价值昂贵的不动产。当然这些财务技巧，也能使大家得到机会并带来更多的钱。很多人能看到机会，但不能把握机会来赚钱，所以只有去寻找更多的保障了。富爸爸还说过："一个人寻求的安全保障越多，他们变富的机会就越少。他们仅仅只能看见事物的一面，而不能看到事物的另一面。正如伟大的棒球运动员约吉·贝拉说的那样："只要在十次击球中有七次打出全垒打，那么你就已经进入成功的殿堂了。"换句话说，若在他的棒球生涯中，他挥棒千次，并击回700次，那么他就一定会成名。读了约吉·贝拉的话后，富爸爸说："就因为很多人的保险意识过于强烈，使得他们终其一生也不曾挥棒一次。"

意向测试

我是来自一个持"金钱匮乏"观念的家庭。我个人的自我挑战是不停地提醒自己：还存在着另一个世界，我需要解放思想去看到两种世界都有可能发生在我身上。

这里有两个意向测试问题：

1. 你能同时看到两个金钱世界的存在吗？一个是金钱匮乏的世界，一个是金钱遍地的世界。

是________不是 ________

2. 如果你生活在一个金钱匮乏的世界里，你想知道你有生活在金钱遍地的世界里的可能性吗？

想________不想 ________

第5章

投资第3课：为什么投资常令人困惑?

一天，我在富爸爸的办公室等他，他正在打电话。我听到他说："……所以今天你要做多头，是吗?""如果市场跌盘，你怎么平仓?""好，好，现在我明白了你购买双重期权来轧平头寸。""这只股票你要卖空吗?""你为什么不用卖出期权代替卖空?"

富爸爸放下电话时，我对他说："我简直听不懂你在说什么，投资看起来让我感到困惑。"

富爸爸笑着说："我刚才所谈的并不是真正的投资。"

"不是投资，那是什么呢?听起来就像电视、电影里的投资家说的话。"

富爸爸哈哈笑着说："首先，投资对于不同的人来说，意味着不同的东西。这就是投资看起来让人困惑的原因。大多数人知道的投资其实并不是真正的投资。人们在谈论不同事物时，还以为是在谈论相同的事物。"

"什么?"我皱了皱眉头，疑惑地说道："人们在谈论不同事物时，总认为是在谈论相同的事物?"

富爸爸又笑了，开始上这一课。

投资对于不同的人来说，意味着不同的东西

那天富爸爸讲课时，再三强调了投资中非常重要的一点："投资对于不同的人来说，意味着不同的东西。下面是这重要一课中的一些核心部分：

不同的人投资不同的东西

1. 富爸爸解释了不同的投资在价值上的不同体现。

①一些人投资于大家庭，大家庭是赡养年迈父母的好方法。

②一些人投资于良好的教育、工作保障和各种福利。这样，个人和他们的技能都成了资产。

③一些人投资于外部资产。在美国，约 45％的人拥有公司股票。这个数字还会不断地增长，因为人们会意识到工作的保障和终生雇佣将会越来越变得不牢靠。

存在许多不同的投资产品

2. 这里有一些不同类型投资的实例：

a. 股票、债券、共同基金、不动产、保险、商品、储蓄、贵金属、对冲基金等等。

b. 上面提到的每一项还能再分为不同的小项。现在让我们举几个例子。

股票投资可再细分为：

①普通股票

②优先股股票

③有担保股票

④小盘股票

⑤蓝筹股票
⑥可兑换股票
⑦科技类股票
⑧工业股票
⑨其他股票

不动产投资可再细分为：

①单个家庭
②商行
③商业零售业
④多个家庭联合
⑤仓库
⑥工业
⑦未开发土地
⑧场外交易的未开发土地
⑨其他不动产

共同基金投资可再细分为：

①指数基金
②积极成长型基金
③部门基金
④收益型基金
⑤封闭型基金
⑥平衡基金
⑦市政债券基金
⑧国家基金
⑨其他资金

保险投资又可细分为：

①无限期、限期、可变的人寿保险
②通用保险、可变通用保险
③混合保险（同一政策上的有期限和无期限保险）
④第一保险、第二保险、死亡保险

⑤提供买卖合约资金的保险
⑥行政津贴和延缓补偿保险
⑦不动产税金的保险
⑧不合格养老金的保险
⑨其他保险

c. 有许多不同种类的投资产品，每一种都用来做不同的事情。这也是投资令人困惑的另一个原因所在。

不同的投资程序

3. 富爸爸用“程序”这一词来描述买卖、交易或者持有投资项目的技术、方法和法则。以下是一些不同类型的投资程序：

①购买、持有、待市（多头）
②先买后卖（不断地交易）
③先卖后买（作空头）
④双向期权
⑤美元成本平均法（作多头）
⑥经纪行（不持有头寸）
⑦储蓄

4. 根据程序、项目的不同，又可将投资者分为几个种类。例如：

①股票交易者
②不动产投机者
③收集稀有钱币
④商品期货交易者
⑤日常交易者
⑥把钱存在银行里

以下为不同类型投资者以及他们的产业种类、投资程序的实例。所有这些都增加了投资的困惑感，因为在投资的旗号下，确实存在着下面这些人：

①赌徒

②投机商

③交易者

④储蓄者

⑤梦想家

⑥失败者

然而他们中许多人都称自己为投资者，的确，从技术上讲他们确实是投资者，这也正是投资项目令人困惑的原因。

没有人是全能专家

“投资对于不同人来说意义不同。”富爸爸又说，“没有一个人是所有投资项目的专家，因为存在着太多的投资产品和投资程序。”

每个人都有偏见

擅长股票投资的人会说：“股票是最好的投资办法。”喜欢不动产的人会说：“不动产是所有财富的基础。”而不喜欢黄金的人会说：“黄金是过时的商品。”

这样一来，你就会加深偏见，真的变得迷惑不解。有人说要“多样化，不要把所有的鸡蛋放在一个篮子里”。然而，美国最伟大的投资者沃伦·巴菲特等人又会说：“不要多样化，要把所有的鸡蛋放在一个篮子里，然后密切关注这个篮子。”

所有这些所谓的专家的意见都大大加重了投资的迷雾。

相同的市场，不同的取向

增加困惑感的因素还有：每个人对市场走向和世界未来发展的方向的问题持有不同的观点。如果你看财经台的新闻节目，那里就会有所谓的专家说："股市过热，6周后会暴跌。"10分钟后，另一个专家又会说："股市将会继续上扬，不会发生暴跌。"

高位买入

最近，我的一个朋友问我："每次当我听说一种热门股票时，我刚刚把它买下，股市就开始下跌。也就是说，我在股票最热时买下它，然而一天之后，股市就开始下跌。为什么我总是高位买入呢？"

我也经常听到另一些人抱怨："我在股票价格下降时卖掉了股票，可第二天股价就又上升了。怎么会出现这种情况呢？"

我把这类情况称为"跟风"现象或者是"你出售得太早"现象。投资于过去两年内受欢迎的、排名第一的股票会出现问题，这个问题就在于真正投资者已经在那项投资中赚了钱。他们早早地潜伏在股市里，但是在股价最高时提前退出了。对我而言，最让我恼怒的就是听到有人说："我以2美元一股买进，现在已经涨至35美元一股了。"这样的传媒和火爆消息不会给我带来好处，只会让我冒火。这也就是为什么今天当我一听到股市中暴富的传言时，我只是走开，避而不听的原因，因为这样的故事并不是真正的投资。

这是投资让人感到困惑的原因

富爸爸常说："投资令人困惑是因为它是一门大课题。如果环顾一下四周，你会发现人们在对许多不同事物投资。看看你家里的家用电器吧，这些产品都来自于人们经常投资的公司。你使用的电也来自于人们投资的公共事业公司。你一旦理解了这句话，就再看看你的汽车、汽油、轮胎、安全带、雨刷、发动机火花塞、公路、公路上的人行线，软饮料、房间里的家具、你最喜爱的，商店所在的购物中心、办公室大楼、银行、饭店、头上的飞机、机场的地毯等等。这些东西之所以存在于此，就是因为有人投资了这些提供给你生活现代化的东西的公司或者机构。这才是投资的真正涵义。"

富爸爸经常以这句话结束他有关投资的课程："因为许多人认识的投资并不是真正意义上的投资，所以投资常令人感到困惑"。

在下一章里，富爸爸引导我继续减少困惑，并深刻理解投资的内涵。

意向测试

投资是一门有广阔内涵的课题，对比不同的人持有不同的观点。

1. 你是否意识到投资对不同的人来说意义不同？

   是________否________

2. 你是否意识到没有一个人能通晓所有的投资项目？

   是________否________

3. 你是否认识到一个人可能会说某种投资是会盈利的，而另一个人可能会说同一种投资很糟糕，而这两种观点都有确凿的证据？

   是________否________

4. 你想以开放的心态来学习投资、虚心听取有关投资的不同观点吗？

是________否________

5. 你是否意识到致力于特定的产品或程序并不一定就是在投资？

是________否 ________

6. 你是否意识到对别人有好处的投资项目对你可能毫无益处？

是________否 ________

第6章

投资第4课：投资是计划，不是产品或过程

经常有人问我："我有1万美元用来投资，你建议我投资什么呢？"

我的标准回答是："你有什么计划吗？"

几个月前，我在旧金山一家电台做节目。该节目是有关投资的，由一位颇受大众喜爱的当地的证券经纪人作主持。一位想得到投资建议的听众打来电话说："我42岁，有一份好工作，但是没有什么钱。我母亲有一套房子的一部分产权，那套房子约值80万美金，现在她只欠10万美元就付清了。她说她愿意借给我一部分产权，这样我就能够开始投资了。你认为我应该投资哪些项目，是证券还是不动产？"

我的回答依然是："你有一个计划吗？"

"我不需要计划呀，"他回答，"我只希望你告诉我应该投资什么东西，我想知道你是不是认为不动产市场比证券市场好。"

"我知道那是你想知道的事情，但是你有一个计划吗？"我再次尽可能客气地问道。

"我告诉你我不需要计划。"对方说道，"我告诉你我母亲

给了我一笔钱，因此我现在有钱，所以我不需要计划。我打算开始投资，我只想知道你认为证券市场、不动产市场中哪一个更好。我也想知道我应该花我母亲多少钱用来买我自己的房子。海湾地区不动产的价格上升得很快，我不想再等了。”

我决定采取下一步，我问她：“既然你已经 42 岁了，又有一份好的工作，那么你为什么会没有钱呢？如果你损失了你母亲提供给你的钱，那么她还有能力付清债务吗？她还能买得起房吗？如果你失业了或者市场暴跌，而你又不能以买价出售房子，那么你还有能力供房子吗？”

他当着大约 40 万听众的面，回答说：“这些都不关你的事，我认为你是个投资家，你不必通过打听我的私生活为我提供有关投资的建议吧。别老提我母亲，我想得到的是投资建议，不是有关个人生活的建议。”

投资建议是有关个人的建议

我从富爸爸那里学到的最重要的一课是：“投资是一种计划，而不是某种产品或是某种程序。”他接着说：“投资是非常个人化的计划。”

有一次富爸爸给我上投资课时，他问：“你知道为什么社会上有那么多不同类型的小汽车和卡车吗？”

我思考了一会儿然后回答：“我想是因为世上有形形色色的人，他们的需要也各不相同吧。单身汉可能不需要准载 9 人的客车，但是有 5 个小孩的家庭可能会很需要。而农夫宁愿要一辆运货汽车也不要两个座位的赛车。”

“完全正确。”富爸爸说，“那就是投资项目常被称为‘投资交通工具’的原因。”

“投资项目被称为是‘投资交通工具’吗？”我问：“为什么是‘投资交通工具’呢？”

“因为投资就是这样的，”富爸爸说，“世上有不同的投资产品或者说是投资工具，因为社会上存在着需求不同的人，就像一个有5个孩子的家庭与一个单身汉或者一个农夫的需求大不相同。”

“但是为什么用‘交通工具’这个词呢?”我再次问道。

“因为交通工具能运载你从一个地方到达另一个地方。”富爸爸说，“投资项目或投资工具能够让你在财务上从现在的状况在未来某一时间到达你期望达到的任何状况。”

“这就是投资是计划的原因。”我点头应和道。此时，我已渐渐开始领悟这句话的深刻含义了。

“投资就像计划一次旅行，比方说从夏威夷到纽约旅行。显然，你知道这次旅行自行车或汽车都无能为力，也就是说你得乘船或者乘飞机横渡海洋。”富爸爸说。

“一旦到达陆地，你就能步行，骑车，乘小轿车，火车，公共汽车，或者坐飞机到达纽约了。”我补充道，“所有这些都是不同的交通工具。”

富爸爸点点头：“不能说哪一种交通工具比其他的更好，如果你有充裕的时间，又想饱览乡村风光，那么步行或骑自行车是最好的选择。除此之外，你还会在这次旅行后变得更健康。但是如果你需要明天按时赶到纽约，显然乘飞机就是最好的选择了。”

“因此，许多人关注投资项目，例如股票，接着会涉及程序，即交易过程，但是他们根本没有计划啊。这就是你想指出的吧?”我问富爸爸。

富爸爸点点头：“许多人竭力通过他们认为是投资的东西挣钱，但是交易并不等于投资。”

“如果不是投资，那么是什么呢?”我问。

“是贸易。”富爸爸说，“交易是一种程序或者技术。做股票交易的人与先买房子然后装修，再以更高价格出售出去的人没有什么大不同。一种是股票交易，一种是房地产交易；但仍是一种交易。在现实生活中，贸易存在已经有几百年的历史了。从前人们用骆驼驮着外国货物，穿越沙漠运送给欧洲的消费者。因此从某种意义上讲，零售商也是贸易者。贸易是一种职业，但并不是我所说的投资。”

“对你来说，投资是一种计划，一种使你从现在的所在地，到达你想到达的目的地的计划。”我尽力去理解富爸爸的话。

富爸爸点点头，答道：“我知道这有些挑剔而且看起来是次要的细节。但是，我想尽力去减少人们有关投资的困惑。每天，我都会遇到那些自认为在进行投资活动而财务上又毫无成果的人，他们就像是在推着独轮小车原地绕圈。”

你需要的不只是一种交通工具

在前面的章节中，我列举了一些不同类型的投资项目和适用的投资程序。每天都会有更多的投资项目产生，因为有这么多的人有这么多的不同需求。但由于人们不明确他们自己的财务计划，所有投资项目和投资程序就变得令人感到异常困惑，难以捉摸。

在描述众多投资者时，富爸爸选择独轮手推车来描述他们选择的工具。太多的所谓的投资者依附于一种投资项目和投资程序。比如，有人可能只投资于股票，而有的人可能只投资于不动产，他变得完全依附于这种工具，因而会无视其他投资工具和可以运用的其他投资程序。久而久之，这个人变成推独轮小车的专家，永远在一个圈子里推车。

一天，当富爸爸笑谈投资者和他们的手推车时，我请他在这一问题上作更深层次的阐释。他的回答是：“有些人在一个项目或程序上成了专家，这就是我所说的他们变得依赖于手推车的意思。手推车工作着，拖运大量的现金绕来绕去，然而它依旧是手推车，真正的投资者不会依附于这种工具或程序。真正的投资者预先有计划，并且有关于投资工具和程序的多种选择。真正投资者想做的事情，就是在预定时间内安全地从 A 点到B点。他不会想占有或者亲自去推手推车。”

我仍然有些疑惑，我要富爸爸做更多的阐释。“你看，”他变得有点不耐烦了，“如果我从夏威夷到纽约，有许多种交通工具可供我选择，我并不想占有它们，只是想使用它们。当我登上波音747飞机时，我并不想驾驶它，我不会对它一见钟情，我仅仅想从出发地到目的地而已。当我在肯尼迪机场降落时，我想叫一辆出租车，它把我从机场载到饭店。一旦我到达饭店，门房就会用手推车把我的行李从门口送到我住的房间。我不会想拥有手推车，也不想亲自去推它。”

“那么区别在哪里呢？”我问。

“许多自认为是投资者的人完全依赖于投资工具。他们以为自己必须依附于证券或者不动产，并用这两者作投资工具，因此他们苦苦寻找自己喜欢的投资，而忽略了拟定投资计划。这些人都是绕着圈子旅行的投资者，他们从来不会通过使用投资工具以达到自己的目的地。”

“因而你不必对运载你的波音747飞机一见钟情，就像你不必对股票、债券、共同基金或办公大楼一见钟情一样，它们仅仅是工具，运送你到达你想到达的地方的工具而已。”我说道。

富爸爸点点头：“我很感谢那些工具，我也相信人们会善待那些工具。但是我并不依附于这些工具，我也没必要拥有它们或者去花时间驾驶它们。”

“如果人们依赖于工具又会怎样？”我问。

“他们会认为自己使用的投资工具是仅有的工具，或者说是最好的工具。我既认识只投资于证券市场的人，也认识仅投资于共同基金或者不动产的人，那就是我所说的依附于手推车的意思。他们的这种思维方式没有什么错误，只是他们常常关注工具而不是计划。因此，即使他们可以挣到很多钱，去买下、持有、出售投资项目，但是这些钱仍不能带领他们到达他们想去的地方。”

“因此我需要一个计划。”我说，“这个计划会决定我所需要的不同类型的投资工具。”

富爸爸点头说道：“实际上，你应该先计划，再投资。千万记住投资是一项计划，不仅仅是某个产品项目或者是投资操作过程，这是非常重要的一课。”

意向测试

人们修建房屋之前，通常会请建筑师设计一张图纸。你能想像有人没有房屋设计图就直接叫人开始为他建房吗？唉，那就是许多人的财务大厦出现问题的原因。

在富爸爸的指导下我拟定了一个财务计划。这个过程开始时可能不是很简单，也可能不太容易理解它的意义，但是过了一阵子，我对自己目前的财务状况做到了了如指掌。一旦懂得了这一点，这个拟定计划的过程就会变得轻松起来。换句话说，在我看来，最困难的部分是要弄明白我所需要的东西究竟是什么。因而意向测试问题如下：

1. 你愿意花时间发现你目前所处的财务阶段和你想到达的财务目标吗？你想仔细考虑一下你怎样计划才能达到目的地吗？除此之外，一定要牢记，只有当你有了书面计划，并且能将它出示给其他人看时，计划才是真正意义上的计划。

   是________否________

2. 你是否愿意与至少一个以上的职业财务顾问会面，以确定他是否能够在你的长期投资计划制定中助你一臂之力？

   是________否________

3. 你可以与两三位财务顾问会面，找出他们在财务计划制定方面的不同之处。

   是________否________

第7章

投资第5课：你计划变富还是变穷？

“许多人都在计划变穷。”富爸爸说。

“什么？”我感到难以置信：“为什么这样说？你怎么能这样说呢？”

“我是从他们的话语里听出来的。”富爸爸回答，“如果你想看清一个人的过去、现在和将来，就仔细听听他所使用的语言吧。”

语言的力量

富爸爸关于“语言的力量”的一课非常有说服力。他问我：“你曾听人说过‘要用钱去赚钱’吗？”

我起身从冰箱里取出两罐饮料，回答：“是啊，我经常听别人这样说，怎么啦？”

“因为只有花钱才能赚钱这个观点，是现在流行的最糟糕的观点之一，特别是对那些想得到更多钱的人来说。”富爸爸回答。

我递给富爸爸一瓶软饮料说：“我不太明白，你的意思是不用花钱就能赚到钱吗？”

“不用。”富爸爸摇摇头，“不需要钱就能赚钱，只需要一些我们都具备的东西，而且可以比钱的成本小。实际上，在许多时候，甚至是免费就可以获得的。”

这番话使我十分好奇，但是他并没有直接告诉我这番话的含义。那次投资课上完以后，他给我布置了一项作业：“在我们下次碰面以前，我希望你邀请你爸爸出去吃顿饭，时间要长一点。在进餐过程中，我希望你特别留意他所使用的习惯语言。听他讲的话，注意他话语里所传递的信息。”

此时，我已习惯了富爸爸布置给我的这些稀奇古怪的作业，这种看起来与我们讨论和研究的东西风马牛不相及的作业。但他坚信实践经验在先，理论课程在后的教育模式。我打电话请我爸爸在他喜欢的一家餐厅吃饭。

一周后，富爸爸与我又碰面了。“晚餐怎么样？”他问。

“很有趣，”我回答，“我非常仔细地听我爸爸选择使用的词语，也揣测了他话语中的含义和言语后面隐藏的思维方式。”

“你听到了什么？”

“我听到了‘我永远也不会变富的’。”我说，“事实上，我经常听到爸爸对家人说‘从我决定当中学教师的那一刻起，我就知道自己不会变得富有了。’”

“你以前总听到这些相同的话吗？”富爸爸询问。

我点头说：“许多次。”

“你还经常听到他说哪些话？”富爸爸问。

“‘你以为钱是长在树上的吗？’‘你以为我是用钱做的吗？’‘富人可不会像我这样关心别人。’‘钱可不容易挣到。’‘我宁愿快乐而不愿富有。’”我一一列举。

“现在你懂我的意思了吗？我说过你能通过倾听别人的谈话，看清他们的过去、现在和未来。”富爸爸问。

我点头：“我还观察到其他一些细节。”

“是什么？”富爸爸问。

“你有商人和投资者的词汇，我爸爸有中学教师的词汇。你经常使用诸如‘资本运作率’、‘财务杠杆’、‘息税前利润’、‘生产商价格指数’、‘利润’和‘现金流’等词汇，而他挂在嘴边的词语是‘考试分数’、‘补助金’、‘语法’、‘文学’、‘政府拨款’、‘长期聘用’等等。”

富爸爸笑了：“不需要花钱就能挣钱，但要花费语言。富人和穷人的不同之处就在于他们经常使用的词汇不同。所有想变得富有的人需要做的，就是增加财务词汇，而对他们来说最好的消息是语言是免费的。”

20 世纪 80 年代，我有相当多的时间在教企业管理和投资。在那段时间里，我敏锐地洞察了人们所使用的词汇，研究他们的词汇和他们的财务能力的关系。经过深入研究，我发现在英语中大约有 200 万* 个词汇，普通人掌握的词汇约 5 千个。如果人们想增加他们的财务成功机会，他们就应该从增加使用这一领域的词汇入手。例如，当我投资于供出租的单身公寓这种小型不动产时，我首先会增加在该领域的词汇量。当我转向投资私人公司时，我的词汇又不得不增加这方面的内容。因为只有这样，我才会在这样的公司里投资时感到适意。

在学校，未来的律师们学习法律词汇，医生学习医学词汇，教师学习教师使用的词汇。如果一个人没有学过投资、金融、会计、公司法、税务等方面的词汇，那么他作为投资者去运作时就会很难感到适应。

我设计《现金流》教育游戏的一个目的，就是想让门外汉熟悉投资词汇。在我们所设计的游戏中，玩家很快就会熟悉有关会计、商业、投资方面的词汇及其后隐藏的各种关系。通过反复玩这个游戏，玩家们会懂得通常被错误使用的词语，如“资产”和“负债”的真正定义。

富爸爸经常说：“不懂得专业词语的定义，使用错误定义

---

* 原文如此。

的单词是引起长期财务困境的真正原因。对一个人的财务稳定状况而言，再没有把‘负债’称作‘资产’更具破坏性的了。”富爸爸一直强调财务词汇定义的重要性，并竭力让别人学好这些定义。他会说：“‘抵押贷款’mortgage 这个词源于法语的一个单词 mortir，法语里的意思是死亡，因而‘抵押贷款’就是‘直到死的一种契约’。‘不动产’real estate 在英语中并不是 real（真正的）的意思，它来自西班牙语的一个词汇，意思是‘贵族的财产’，这就是我们至今为什么还没拥有自己财产的原因。我们仅仅是在技术上控制了不动产，却不能占有它。政府占有我们的财产，向我们征收不动产税！”

难怪富爸爸常说“不需要花钱就能赚钱。使用富人的词汇不仅能赚到钱，更重要的是，还能留住钱。”

因此当你读到本书时，请留意它使用过的不同词语，千万记住富人和穷人的根本不同就是他们日常使用的语言不同，而语言恰恰又是免费的。

计划变成穷人

在与富爸爸谈过话后，我开始留意别人的谈话，我开始觉察到许多人都在无意识地“计划变成穷人”。如今我常听到：“我退休的时候，我的收入就会下降。”而事实果真如此。

他们也经常说：“退休后，需求会降低，所以我只需要较少的收入。”但是他们通常没有认识到有些支出的确下降了，可是另外的支出又上升了。这些支出中例如有家庭特护费，人们年迈时，如果还能幸运地长命百岁，这笔款项的数额会很大。一般老年人的家庭特护费用是每月 5 千美元，它比如今许多人的月收入还要高。

也有人说：“我不需要计划。我从工作中已经得到了养老金和医疗保险。”这种思维方式的问题，就在于投资计划比单纯的投资和钱财复杂得多，所以人们不愿为此付出。但一个人开始投资之前的财务计划是至关重要的，因为投资时，许多不同的财务需要都得加以考虑。这些需求包括大学教育、退休、医疗费和长期健康保养。除了股票、债券、不动产等投资以外，在某些项目上的投资，如保险和其他投资工具，也是长期或者现实中的迫切需要。

未　来

我写作有关钱的话题是想帮助人们培养长期的财务能力。自从信息时代的退休计划出台以来，如美国的401K计划，澳大利亚的退休金计划，加拿大的记名退休金储蓄计划，我越来越担心那些还没有为信息时代做好准备的人们。在工业时代，人们退休以后，公司和政府还能为他们提供一些财务上的帮助。可如今，当401K计划或者“现金余额退休金计划”（不是传统的养老金）耗尽时，这都将成为个人的问题，而不再是公司的问题。

我们的学校对年轻人进行长期健康教育和财务能力的教育已势在必行。如果我们不这样做，我们手上将会握着大量的社会经济的定时炸弹。

我常对我的学生说：“要确信你有一个计划，首先要问你自己是计划变得富有还是想变得贫穷。如果计划变穷，那么你年纪越大，你的财务状况就会越困难。”富爸爸多年前就对我说过：“年轻时出现的问题就是你不知道年老的感觉。如果你知道年老是什么感觉，你就会完全不同地计划你的财务生活。”

老年计划

在我们的一生中，尽早地拟定晚年生活计划是非常重要的。当我告诉我的学生这一点时，许多人都表示同意。没有一个人不同意这个计划的重要性，问题是只有少数人这样去做了。

我意识到大多数人同意为自己写一份财务计划，但只有廖廖无几的几个人愿意花时间去实施，我决定想个办法让他们立刻写出书面的财务计划。在一个学习班开饭前一小时，我找到了一些棉质晾衣绳，把它分成不同长度的几段。我要这些学生各拿几段，然后一圈圈缠住他们的脚踝，很像拴马脚的样子。当脚踝被缠了一英尺长时，我给他们一些更长的线，让他们套住脖子，然后又绕回去缠在他们的脚踝上。结果是：他们被拴住了脚踝，不能直立，只能以 45 度角躬着腰站着。

我的一个学生问：这是不是监狱中对待死刑犯的新形式。"不是，"我答道，"我只是把你们每个人带到未来，如果你们足够幸运能够长寿的话，那么这条绳子就代表你们年老时候的感觉。"

一阵阵缓慢的呻吟声从课堂中传出来，一些人开始进入角色。饭店职员接着把午餐放在了长桌上。午餐有三明治、色拉、饮料，问题是这些冷冻食品只是堆积在一起，面包没切开，色拉也没做好，饮料是干的混合物，需要与水混合。这些学生，现在俯着身，像年迈的老人，不得不准备他们自己的午餐。在后面的两个小时里，他们挣扎着切面包，制作三明治、色拉，混合饮料，然后坐下来吃饭，饭后吃力地清洗餐具。自然许多人也需要在这两个小时期间去洗手间。

两小时后，我问他们是否愿意花几分种为他们的一生拟定一个书面财务计划，他们马上异口同声地回答"是"，随后他们解开了绳子。我蛮有兴致地观察他们带着浓厚的兴趣开始为自己拟定财务计划。一旦他们的人生观发生变化，他们在拟定计划上表现出的兴趣就会急剧增长。

正如富爸爸所说的："年轻时的问题，就是你不知道年老的感觉。一旦你知道了年老的感觉，你就会完全不同地计划你的财务生活。"他又说："许多人身上出现的问题，是他们仅仅计划到退休。计划到退休还不够，你需要计划到退休以后。实际上，如果你富有，就至少应该计划到你的后三代。如果你不这样做，钱就会随你的去世而消失。事实上，如果你在离开这个世界之前，还没有安排好你的钱，那么政府将替你安排。”

意向测试

很多次，我们并没有注意自己内在的、看起来不太重要的思想。富爸爸说：“不是要我们大声说出的怎样决定我们的生活，事实上我们对自己的轻声低语更有影响力。”

因此，意向测试如下：

1. 你计划变富还是变穷？

   富________穷 ________

2. 你愿意了解你的深层、内在的思想吗？

   想________不想________

3. 你想花一些时间去增加你的财务词汇吗？

   一星期学习一个财务新术语是可能的。仅仅是发现一个单词，在字典里查出这个词汇的各个定义即可。在一周内，做心得体会笔记，用刚学的新词造句。

   想________不想 ________

富爸爸认为词汇是很重要的。他常说：“词汇形成思维，思维形成现实，现实成为生活。富人和穷人之间的最主要差别就是他们日常使用的词汇不同。如果你想去改变一个人的外在现实，就需要首先改变他的内在思维方式，这又需要首先改变、提高、更新他或她使用的词汇。如果你想改变人们的生活，那么首先改变他们的日常词汇。在此再次提醒你这个好消息，语言是免费的。”

第8章

投资第6课：计划使你致富

如果你有周密的计划并且坚持不懈，你将财源滚滚

我的好友汤姆是一名优秀的证券经纪人，他常说："令人遗憾的是十分之九的客户都赚不到钱。"汤姆接着解释说："虽然这十分之九的投资者没有赔钱，但他们却也没能赚到钱。"

富爸爸向我讲述了一件类似的事情："大多数自认为是投资者的人，会在一天之内挣到钱，并且在一周之后又赔了进去。因此他们没有金钱上的损失，但也没有赚到钱。但是他们仍然认为自己是投资者。"

多年前，富爸爸就告诉我，人们想得较多的投资实际上是好莱坞影片中的投资方式。普通人常常看到：场内经纪人在交易日的开盘时大喊买订单或者卖订单，或者看到某位大亨在一场交易中赚到数百万美元，或看到股票价格暴跌后，投资者跳楼自杀。对富爸爸而言，这些都不是投资。

记得我曾看过一个采访沃伦·巴菲特的专题节目。采访中，沃伦·巴菲特这样说："我去市场的惟一目的，是看看有没有人做蠢事。"巴菲特解释说，他从不关注电视上股市专家的点评，也不通过了解股价的上涨下跌来指导他的投资。实际上，他的

投资与股市的喧嚣声以及所谓的投资参考消息毫无关系。

投资并非像大多数人所想像的

几年前，富爸爸解释说，投资并不是多数人想像的那个样子。他说：“许多人以为，投资是一个充满戏剧性、激动人心的过程。还有人认为，投资包含风险、运气、时机和热点投资消息等诸多因素。有些人自知对投资这个神秘课题知之甚少，因此，他们找到内行一些的投资者，把资金连同信赖一并交给他们。另外一些所谓的投资者要显示他们比其他人懂得多……因此他们进行投资，以此证明他们智胜一筹。这就是许多人眼中的投资，但我的投资却不是这样的。我认为，投资是一个枯燥无味的计划，是一个通过机械操作而达到富裕的过程。”

当我听富爸爸的这一席话时，我在一旁低声地重复着：“投资是一个枯燥无味的计划，是一个通过机械操作而达到富裕的过程。”接着我又问：“为什么你会这样认为呢?”

“这正是我想说的问题。”富爸爸说，“投资仅仅是一个由固定程序、策略和一系列能使人变富的措施组合而成的计划……这一切几乎能保证你成为富翁。”

“一个能保证你成为富翁的计划?”我问。

“是几乎能保证，”富爸爸重复道，“这其间仍有一些风险。”

“你是说投资不是一个冒险而激动人心的过程?”我迟疑地问。

“对。”富爸爸说：“当然，除非你认定了投资就是你想像中的那个样子。不过对我而言，投资就像按照食谱烤面包一样简单无味。我个人并不喜欢冒险，我只想成为富翁。因此我只要照计划、食谱或公式去做就行了。这就是我对投资的看法。”

“既然投资就像照食谱烤面包那样简单，那为什么有那么多人不愿意遵循投资程序呢?”我问他。

“我不知道。”富爸爸说，“我也时常问自己相同的问题。我很奇怪，每 100 个美国人中只有三个人是富翁，这是什么原因呢？在这样一个致富机会人人平等的国度里，只有少数人成为富翁，这又是怎么回事呢？我想富，可我没钱。因此对我而言，制订一个富有的计划和找出与之相应的方法，然后照着它们去做，这是很自然的想法。你有没有想过，当他人为你指引一条光明大道时，你为什么还要试图走老路呢？”

“我不知道。”我说，“大概我还没意识到那是一条成功之路吧。”

富爸爸接口说：“现在我知道了，为什么对大多数人而言，遵循一个简单的计划却难如登天。”

“为什呢？”我问。

“因为遵循一个简单的计划是一件单调而乏味的事情。”富爸爸说，“人性是很容易对老做一件事变得厌倦无聊的，因此他们总要寻求刺激和有趣的事情来做。就是这个原因，导致 100 个人中只有三个人是富翁。他们起先照计划去做，没过多久，就感到这种日子索然无味。于是他们抛开计划，寻找一种能快速致富的魔法。他们的一生都在单调和趣味往返交错的过程中度过。所以他们没有成为富翁。他们不能忍受日复一日地遵循一个简单而枯燥的致富计划。许多人认为，投资致富的过程很神奇，同时他们还会认为，如果计划不够复杂，那就不算是个好方案。相信我，涉及投资时，简单要比复杂好得多。”

“你是在哪儿找到你的公式的？”我问他。

“在《大富翁》游戏里找到的。”富爸爸说，“很多人还是孩子时就玩过《大富翁》游戏。但不同的是，从小到大，我从没间断过玩这种游戏。还记不记得几年前，我花了很多时间教你和迈克玩这个游戏？”

我点了点头。

“还记不记得，这个简单游戏教给我们一种能带来巨大财富的方法？”

我又点了点头。

“这个简单的方法是什么?”富爸爸问我。

“买四幢绿房子，然后用它们换一家红色的酒店。”我轻声说着，童年的记忆涌上心头，“你告诉过我们很多次，那时你很穷，在现实生活中，你的《大富翁》游戏才刚刚开始。”

“是的，”富爸爸说，“你还记得我带你去看现实中的绿房子和红酒店吗?”

“记得，”我回答，“我还记得看到你在现实生活中玩这个游戏，我是那么地惊奇。那时我才12岁，但我知道对你而言，《大富翁》不仅仅是一个游戏，只是我仍没认识到这是一条通往财富之途的简易途径。我没有看清这一点。”

“我一旦学会了这个程序，用四幢绿房子交换一家红酒店，就能自如地运用了。甚至在睡梦中，我都会想到这个方法，很多时候，这个方法就像是我天生会做的事情一样。用不着细加思索，我自然而然地就会用到它了。10年来，我一直遵循这个计划去做，直到有一天梦醒时，我才意识到自己成了百万富翁。”

“它是你计划中的惟一部分吗?”我问。

“哦，不是的，这种策略只是我所遵循的简单程序里的一种。我认为如果程序复杂的话，是不值得采用的。如果学完该程序后你仍不能运用自如的话，就放弃它吧。如果你的策略很简明，就大胆地运用它，投资和致富就是这样简单。”

一本给那些认为投资困难的人们的好书

在我的投资课上，很多人对“投资是执行计划的单调乏味的过程”这一观点心存疑虑。他们总想从投资高手那里获取更多的事实、数据和证明。但由于我不是投资技术专家，我无法提供他们学术性的证据，直到有一天我看到了一本关于投资的好书。

詹姆斯·P·奥肖内西的这本书是送给那些认为投资是有风险、很复杂和危险的人的。同时，它也是那些自认为智胜一筹的投资者的最佳读物。这本书有学术性、数字性的证据阐明：在大多数情况下，被动、机械化的投资系统会打败由人组成的投资系统……即使是基金经理也不例外。这本书还阐释了十分之九的投资者赚不到钱的原因。

奥肖内西的这本畅销书题为《华尔街股市投资经典》(What Works On Wall Street：A Guide to the Best Performing Investment Strategies of All Time)，作者在书中描述了两种不同类型的决策方法：

1. 经验型的分析方法或称真觉式分析方法。该方法以知识、经验和常识为基础。
2. 定量分析法或称精确统计法。这种方法以大量数据为基础，推论出各种关系。

奥肖内西发现，多数投资者在作出投资决策的过程中，偏爱直觉分析方法。在多数情况下，直觉分析法的投资者常常作出错误的决定，或败给几乎是纯机械的方法。奥肖内西引用《科学推理的局限性》（The Limits of Scientific Reasoning）一书的作者大卫·福斯特的一句话：“人类的判断力远远小于我们所想像的。”

奥肖内西还写道：“他们（包括基金经理人）之中的所有人认为自己有过人的洞察力、超凡的财商和选择有利可图股票的非凡能力，不过一般说来，百分之八十的有利可图的股票是参考标准普尔 500 指数而选择出来的。”换言之，纯机械化的股票选择方式，胜过百分之八十的股票投资行家。这还意味着，即使你对选股一无所知，但只要你采用纯机械化的、非直觉型的投资分析方式，就可以让那些受过所谓良好训练和教育的投资行家们败下阵去。这就是富爸爸所说的：“投资是机械化的呆板而简单的过程。”或者这样说，你想得越简单，冒的风险就越小，就越是高枕无忧，赚的钱却越多。

奥肖内西书中提到的另一些颇有趣味的观点是：

1. 大部分投资者注重个人经验，而不太在意基础事实或基本利率。也就是说，他们重直觉而轻事实。
2. 多数投资者偏爱复杂程序，而轻视简单程序。他们总有这样一种观念：不复杂不困难的程序算不上是好程序。
3. 简单化是投资的最佳原则。谈到这方面时，他提及我们中的多数人不是将投资简单化而是：“我们使投资变得逾加复杂，我们追风，热衷于股市小道消息，让冲动主宰了我们的决定。我们凭直觉和股市热点判断买进还是卖出，在缺乏内在的一致性和基本投资策略的情况下，我们进行着一笔笔失败的投资。”
4. 他还指出，投资高手和一般投资者都会犯相同的错误。奥肖内西写道：“直觉投资者说他们每作一个决定，都要经过客观冷静地思考，但实际上，他们并没有做到。”《财运和愚蠢》（Fortune and Folly）一书中有一句话是这样的：“虽然直觉投资者的办公桌上堆满了分析透彻的调查报告，但最终能被选为退休基金经理的，还是那些投资高手主观上认为不错的人，即使这些人的表现并不出色，但只要他们之间的关系好，那么谋到这样一个职位是不在话下的。”
5. “投资成功的必由之路是：用心关注和研究投资的远期结果，努力找到一个或一系列有实际意义的投资方法及策略，然后在二者的指引下进行投资。”他还指出：“我们必须明确在投资中策略的优越性和重要性，而不能只关注投资本身。”
6. 历史总是在重演。人们总相信此刻与以往不同。他写道：“人们相信现在不同于过去。时下，网络进入了市场，第三市场经纪人占据着市场，个体投资者被他们的基金经理取而代之，这些基金经理控制了大量的共同基金。有人认为，这些基金经理对投资有着不同的独到见解，同时人们相信，五六十年代的投资策略用于未来的投资中，已没有多少新意和价值了。”

然而，自从牛顿这位伟大人物的“南洋贸易公司发财之梦”在 1720 年底化为泡影后，投资策略就没有太多的改变了。牛顿面对失败，只能仰天长叹：“我能计算出天体的运动速度，却无法测量人们的愚昧程度。”

7. 奥肖内西并不是说投资一定要以标准普尔 500 指数作为参考标准。他仅是以此来说明直觉思维投资法和机械投资程序之间的相同之处。他接下去说以标准普尔 500 指数作为参考来投资，并不是最好的程序，但不否认它的确对投资者有所帮助。他解释说，在过去的五至十年中，大盘股是最好的。然而再往前的 46 年的数据显示，当时买小盘股是明智之举，那些资本总数还不足 2500 万的公司发行的小盘股，着实让投资者们大赚了一把。

由此我们总结出一个经验，你拥有的数据的年代越久远，你对投资的判断就越精确。从中，你可以发现在过去久远年代中应用得最好的投资方法。

富爸爸的看法与此相似，基于这个原因，富爸爸找到他自己的程序：他创建自己的公司，并通过商业公司购买不动产和股票。这个程序至少在 200 年内都是赚钱的好方法。富爸爸说：“我教你的和我所用的这个程序，在过去相当长的时间里，已造就出了不少的超级富翁。”

许多人认为，印第安人做过一次亏本买卖，仅仅得到价值 24 美元的珠子和饰物，就把曼哈顿岛和纽约卖给了荷兰西印度公司的彼得·米纽伊特。但如果印第安人按百分之八的年利率把钱投资出去，那么今天，24 美元就值 27 兆美元了。这笔钱用来买回曼哈顿岛都绰绰有余。这笔交易不是亏在钱上，而是败在没有投资计划上。

8．“我们想的和实际做的，总是有着天壤之别。”

找一个可行的程序并照着去做

富爸爸几年前对我说：“找一个可以让你致富的方法，然后照着去做。”每次人们告诉我，他们用5美元买进的股票，现在是30美元时，我常常疑虑不解，因为这种做法打乱了他们的计划、违背了他们的成功程序。

这些追求热点投资项目和迅速致富的故事，常常让我想起富爸爸的话。富爸爸说：“许多投资者，就像是在野外开车兜风的一家人。忽然，几头长着巨大鹿角的野鹿出现在前方。司机，通常是这家的男主人就会叫道‘好大的雄鹿呀’。由于受到惊吓，鹿群本能地朝路旁的农田逃窜。司机扭转方向盘，离开原先的路去追鹿群。小车驶过农田、进入丛林。路面高低起伏、崎岖不平。家人们恐慌地叫司机停下来。可是太迟了，小车冲到河边，刹车不及，坠入水中。这个寓言告诉我，当你背离了你的简单计划，改变方向去追寻眼前的诱惑时，灾难就要发生了。”

意向测试

无论何时，当有人说“赚钱要先投钱”时，我不敢苟同。因为富爸爸说过：“你不必靠造火箭致富。赚钱不是一定需要高等教育、好工作或是本钱。你只要知道你的目标是什么，然后制订一个计划并坚持到底就足够了。”换言之，赚钱贵在有条不紊、坚持不懈。如果以金钱来衡量，有条不紊、坚持不懈的精神通常都是价值连城的。

奥肖内西引用了一句我最喜欢的话，这句话出自著名卡通人物波戈之口：“我们的敌人就是我们自己。”这是我的至理名言。如果当初我听富爸爸的话，一直遵循我的投资程序，那么我现在会更加富有。

意向测试问题：

1. 你愿意把一个简单程序纳入你的计划，并且不懈地坚持直至你获得成功吗？

   是________否 ________

第9章

投资第7课：怎样设计适合你的方案？

“怎样设计适合我的方案？”我经常这样问。

我的标准答案是：分步进行。

1. 付出时间。花时间静静思考你的人生，默默地思考一段日子。如果有必要思考几个星期也没关系。

2. 在静思的过程中问自己：“我想从生活的馈赠中得到什么？”

3. 在确定自己想要得到什么之前，暂时保持沉默。很多时候，出于无心或专横，人们总是把他们的意志强加在你的头上。你深藏于心的梦想，总是在亲戚朋友的好言相劝中毁于一旦，“噢，别傻了”或是“你没这个本事”或是“你那样做了，我怎么办呢？”

   比尔·盖茨靠着最初的5万美元起家，终以90亿美元的庞大资产跻身于世界首富的行列，当时他才二十多岁，他并没有向太多的人询问自己该干什么。

4. 征求财务顾问的意见。所有的投资方案都是从财务计划开始的。如果一个财务顾问的建议不合你的口味，那就另换一个。为解决医学问题，你会请教一个又一个专家，那么为什么不多寻求几个意见，来解决财务难题呢？财务顾问来自于各种渠道，稍后本章将会提供一张参考单。选择一个最能帮你设计财务计划的顾问。

不同的财务顾问提供不同的投资产品，其中的一种就是保险。保险非常重要，它应该包括在你的财务方案中，成为必不可缺的一个部分，尤其是你刚刚起步时。比方说，如果你很穷，而且有三个孩子要养活。一旦你死了，受伤了或是因为其他原因，你无法实现你的投资方案时，保险就变得非常重要。保险是一张安全网，或者说是预防财务负债和市场疲软的有效手段。当然，当你变富时，保险在你财务方案中的角色及类型，会随着你经济状况及需求的改变而改变。因此，要根据当前的经济情况，来调整保险在你计划中的地位。

两年前，我公寓楼的一名房客在出门前，忘了吹灭圣诞树上的蜡烛，结果酿成一场大火。一接到报警，消防队就赶来救火了，我感激万分。随后，我的保险代理人和他的助手赶到现场。那天，他们是除了消防队员外，让我感激不已的人。

富爸爸常说："在任何人的人生计划中，保险都占有举足轻重的地位。保险最大的麻烦是，当你需要它时，已永远都买不到它了。因此，你要事先想好需要什么，然后买一份相应的保险，当然，你希望这份保险永远都别生效。有了保险，你就不会每天都担惊受怕了。"

重要提示：有的财务顾问能针对不同经济能力的人，提出不同的专业性意见。换言之，另一些顾问只擅长为富翁提供意见和建议。不管你是穷还是富，找一个你喜欢的、愿意帮助你的财务顾问。如果你的顾问不能出色地解决你的问题，你可以考虑另换一个。我和妻子经常更换专业顾问，他们之中有医生、律师和会计师等。如果专家对这个问题很在行的话，他就很快会让你们明白为什么要这么做。但即使你更换了顾问，也要坚持原先的计划方案。

怎样设计你的方案？

我的目标是：30 岁之前成为百万富翁，那是这个计划所要达到的终极目的，我最终实现了梦想。然而，问题在于，不久后我就丢掉了所有的钱。当我找到计划中导致失败的原因时，我并没有改变整个方案。在目标实现但又随之失败后，我只需要在总结经验教训的基础上，对计划稍加修改就行了。我重新制定了目标：实现财务自由，45 岁时成为百万富翁。47 岁时，我实现了这一梦想。

这里的关键在于，我的方案并没有改变，它只是随着我经验的增多而日趋完善。

那么，你怎样设计自己的方案呢？答案就是：找一个财务顾问。验证一下顾问的资格证书，并多找几个财务顾问比较。如果这么做了，你还无法设计出一个适合自己的财务方案，对于大多数人而言就是比较奇怪的事了。

制定符合实际的目标。我计划 5 年后成为百万富翁，因为对于我来说，那样很实际。富爸爸一直在教导我，因此这个目标的实现是切合实际的。不过，即使他引导我，我还是免不了犯错误，这些错误导致了我顷刻间一无所有。我想说的是：如果当初我遵循富爸爸的计划，也许生活就不会如此艰辛了。但是，由于年少无知，我还是坚持按自己的方式去走了自己的路。

首先制定切合实际的目标，随着知识的不断积累和经验日益丰富，不断改进和完善你的计划。要记住在参与马拉松比赛的开始阶段，最好采用慢跑。

通过实际行动，你才能设计出自己的方案。先征求顾问的意见，再制定实际的目标，要知道目标会随着你实际经济情况的变化而变化，但要始终想办法支持你的计划。对大多数人而言，最终的目标是要实现财务自由，要从日复一日的繁重工作中解脱出来，不再为钱而工作。

第二步，要明白投资是一种团队活动。我将在本书中详尽阐述财务协作的重要性。我注意到很多人认为：做事要全靠自己。对，有些事情确实要靠自己独立完成，但有时，你需要协作者。财商会告诉你什么时候该独自做事，什么时候该向别人寻求帮助。

论及金钱，许多人总是默默承受资金短缺的痛苦和无奈。他们的父母也做着同样的事。正如你计划中所写的，你要结识新的协作者，他们会助你一臂之力，使你的财务梦想早日成为现实。你的财务协作人员应该包括：

1. 财务设计师
2. 银行家
3. 会计师
4. 律师
5. 经纪人
6. 簿记员
7. 保险经纪人
8. 成功的顾问

按照常规，在与以上这些人共进午餐时，你就可以进行会谈了。富爸爸就是这么做的，正是这样的会谈启迪了我，让我学到许多关于商业、投资和如何成为富翁的知识。

记住，找协作者就如同寻求一个商业伙伴，因为协作者是形形色色的各种不同类型的人。他们同你一道，共同关注人生中最重要的事情。要牢记富爸爸的话："不管你为自己工作，还是为其他人工作，如果你想富有的话，就好好关注你自己的事业。"在关注个人事业期间，有利于你的计划方案就会逐渐显现。因此不要吝惜时间，千里之行，始于足下，只要你每天走一小步，日积月累，你就会得到一生中梦想的所有的东西。

意向测试

我的计划并未真正改动，但又变化巨大。从未变动的就是计划实现的目标，从犯错误到从中取得经验，从成功到失败，从峰巅跌落到峡谷，在悲喜交错、迭宕起伏的过程中，我日渐成熟，并且获得了更多的知识和智慧。因此我不断修正自己的计划，因为我本身也处于不断修正的过程中。

有人说过："生活是一个残酷无情的教师。它通过惩罚的方式来给你上课。"不管你喜欢与否，但它的确是一个学习过程。许多人曾经说过："早知今日，何必当初？如果当初不那么做，今天就不会是这个结局了。"对于我来说，这句话算得上至理名言。我的计划从实质上讲是相同的，它的变化是由我的变化引起的。现在，我再也不会做 20 年前的傻事了。不过，如果 20 年前我没做过那些蠢事，也不会有今天的一切。比如，我不会再用 20 年前那种幼稚的方式管理公司了。虽然，当年我的第一个公司以破产告终，但我挣扎着从失败的瓦砾中站起，成为一个更加出色的企业家。因此，虽然 30 岁时，我确实实现了百万富翁的梦想，但倾刻间失去所有资产的经历又使我长成为今天的百万富翁……一切都如计划所安排的，只是这个过程比我预料的要漫长一些。

论及投资时，我从失败的投资中学到的东西，大大多于盈利投资所教给我的东西。富爸爸说，如果我有十项投资的话，只要三项运作良好，这三项就能成为财富的主要来源。五项可能是形同虚设，另外两项就成为灾难。然而，我从这两项失败的投资中学到的东西，远远多于另外三项成功的投资……实际上，这两项失败投资带给你的经验教训，足以使你在下一次的投资中稳操胜券。这就是计划的全部。

意向测试

1. 你愿意首先制订一个简单的计划，并且不让它变得复杂，而且当发现计划中有许多地方要改动时，你愿意为此不断学习并不断改进你的计划吗？换言之，计划并没有真的改变，但你愿意为计划改变自己吗？

   愿意________不愿意________

第 10 章

投资第 8 课：现在就决定长大后你要做什么

在投资第 1 课里，提到了三个财务核心价值选择，它们是：

1. 安全
2. 舒适
3. 富有

这些都是非常重要的个人选择，不能轻视。

1973 年我从越南战场回来时，就面临着这些选择。当富爸爸与我谈及是否选择到航空公司作飞行员时，他说："在航空公司的工作可能也不是完全有保障，据我观察在以后几年里，公司会不大景气。当然，如果你真的很喜欢这份工作而且能坚持良好的飞行记录，从事这个职业你也能获得工作的保障。"

然后他问我想不想回到加利福尼亚标准石油公司继续工作，这份工作我只干了 5 个月就去了海军陆战队飞行学院。"你没收到信吗？信上说你服役完后，标准石油公司就会重新聘用你。"

"他们说了非常欢迎我回去。"我说，"但他们没有提供任何保证。"

“在这样的公司工作不好吗？报酬不丰厚吗？”富爸爸问我。

“非常好，”我回答他，“这是一个很好的公司，但我不想回去，我想继续朝前走。”

“你倾向于哪种选择？”富爸爸指着这三个选择问我，“是安全、舒适还是变得富有？”

其实，打心眼里说，我想变得富有。虽然在我的家庭里从不提倡这种欲望和基本的价值观，但在我心中，做富人的想法一直没有改变。我生长在这样的家庭，它总是把工作和财务的稳定放在第一位，而且他们有一种认识：富人是邪恶的、没教养并且很贪婪。我们在饭桌上从不谈论金钱，因为我们视金钱如粪土，认为它完全不值得动脑筋去讨论。我就生活在这样的环境里。但现在我 25 岁了，应该有我自己的主见了。我知道我的奋斗目标是“变得富有”，而不仅仅是为了求得暂时的“安全”或者“舒适”。

富爸爸让我按自己心目中的顺序重新排列我的财务目标选择。以下是我排出的顺序：

1. 富有
2. 舒适
3. 安全

富爸爸看了看我的列表说：“好，我们第一步要做的是拟定一份获得财务保障的财务计划。”

“什么？”我说，“我只是想告诉你我想变得富有，为什么非得费工夫去制定什么计划呢？”

富爸爸笑了，他说：“我是这样看的，世界上像你这样一心想变成富人的年轻人到处都是。问题是很多类似于你这样的人最终都没能成功，因为他们不懂到底什么是保障，什么是真正的财务上的宽裕。一部分像你这样的人勇往直前地去做了，但结果却是，在根本无法通往财富的歧途上，他们不知摔了多少跟头，不知有过多少次的失败，就是因为他们像你一样太冲动、太鲁莽。”

我坐在那儿真想大叫。在我的生活中，一直和穷爸爸生活在一起，他总是把“安全”放在第一位。而现在，我终于长大了，原以为可以抛弃穷爸爸的价值观，但没想到富爸爸不仅不鼓励我、支持我，却也提出了同样的观点。我真想叫出声，我要获得财富，而不仅仅是为了寻求稳定的生活。

三个星期后，我又和富爸爸谈了一次话。这期间，我很难受。富爸爸把我想努力摆脱“穷爸爸”观念的努力全部否定了，我就好像一条忽然间失去了舵手的船，不知道该往何方去，这令我苦恼极了。最后，当我强迫自己平静下来后，我又一次打电话请求他告诉我这一切究竟是为了什么？

“你想听吗？”我们再次碰面时，富爸爸问我。

我点点头说：“我准备好了，但的确有点不情愿。”

“第一步，”富爸爸递给我一个电话号码，开始说了，“给我的财务顾问打个电话，说‘我想制定一份能够获得长期财务保障的书面的财务计划。’”

“好的。”我接过纸条说。

“第二步，”富爸爸继续说，“你写完你的基本财务计划后，打电话给我，我要看一看，好了，就到这里吧，再见了。”

一个月后，我又打电话给他。我把我准备好的计划拿给他看，他说：“很好，你打算按上面的去做吗？”

“我想我不会，”我回答说，“太枯燥、太机械了。”

“本来就是这样的。”富爸爸说，“它本来就是很机械、呆板和枯燥的，虽然我可以命令你这样去做，但我不想强迫你。”

我逐渐平静下来，说：“那我现在该怎么办？”

“现在你自己去找一个顾问，写份实现财务宽裕的计划。”富爸爸说。

“你是说一个长期的、更大胆的财务计划吗？”我问。

“对。”富爸爸说。

“这倒是有点意思，”我说，“我能做到。”

“好，”富爸爸说，“你准备好之后，再给我打电话。”

4 个月后，我终于完成了我的财务计划。制订这个计划就不那么容易了，至少不像我想像得那么容易。我时不时地打电话给富爸爸，以确保计划拟定的顺利，但所花时间还是比我想像的要长。不过，制订计划的过程非常有价值，因为在和不同的顾问的交谈中，我学到了很多东西。我逐渐对富爸爸灌输给我的观念有了更进一步的理解。我所学到的经验就是：如果你自己对你的投资计划都很模糊，那么你的顾问也很难搞清楚该怎样去帮助你。

终于，我可以和富爸爸见面并把计划拿给他看了。富爸爸看完后停了一下说道：“很好。”他坐在那里看着计划说：“现在你对你自己的了解有多少?”

“我发现，我真的很难说出我想从现实生活中得到什么，因为现在我有那么多种选择……并且其中的很多种选择都令人激动。”

“很好，”他说，“这就是为什么那么多人换了一个又一个工作，从事这个业务又从事那个……但从来没有真正达到他们所期望的财务状况。所以尽管他们投入了大量的宝贵的时间和金钱，却毫无计划碌碌无为地度过了一生。他们可能非常满意他们正在做的事，但他们却不知道他们正在失去更有价值的东西。”

“的确如此，”我非常同意：“这次，我本想去设计我的生活，而不再仅仅安于稳定的生活……可令人意想不到的是，我竟得以探究我以前从来没有思考过的理念了，比如……”

“比如说什么?”富爸爸问。

“嗯，如果我真的想过舒适的生活，我就不得不思考在生活中我想拥有什么，比如去远方旅行、豪华汽车、花费昂贵的假期、高级服装、宽敞的房子等等。我不得不拓宽思维去思考未来以发现我真正需要的东西。”

“那你找到了什么？”富爸爸问。

“我觉得寻求保障太容易，因为我的计划中仅有保障一项。我不知道真正的舒适是什么样的。所以保障容易做到，但定义舒适却不那么简单了。我现在迫不及待地想搞清楚富有的含义、我怎样计划才能获得财富。”

“很好，非常好。”富爸爸接着说，“很多人都已习惯量入为出和未雨绸缪的生活，所以他们从来就不会知道他们的生活可以变得有多好。他们照样度年假、买豪华轿车、挥霍金钱，甚至负债去支付这些花费，然后又有负罪感，感到很不安。但他们从来不想假如他们有个财务计划，他们可能的财务状况应该是什么样的，也从未想过他们这样的花费是在浪费。”

“生活中真是这样的，”我说，“通过和顾问、专家们一起谈论可能的财务状况，我真的学到很多东西。我觉得过去我小瞧我自己了。事实上，我感觉我就像在低矮的房子里徘徊了多年，尽量地节俭，储蓄，寻求保障，量入为出。而现在我有了实现舒适生活的计划了，并且我也非常高兴我明白了富有的含义。”

“很好，”富爸爸笑道，“保持年轻、精力旺盛的秘诀，就是在你成长的过程中不断找到新的目标，然后不断地成长。最可悲的事，莫过于看到人们对生活中完全有可能实现的东西缺乏信心，自己贬低了自己。很多人过着俭朴的生活、节衣缩食，他们认为这样才叫有经济头脑。其实，这叫财务节制。随着年龄的增长，这种困境就会在他们脸上和对生活的态度上表现出来。很多人把他们的一生囿于财务无知的笼子里，就像动物园中关在笼子里的野狮子一样，来来回回踱着步子，猜想着它们所熟悉的生活将会发生什么样的事情。在学会怎样制订计划的过程中，人们最重要的发现就是了解了他们生活中可能会发生的种种财务状况……这是最有价值的。

“接下来的计划制订过程也使我焕发了青春。有人问我，为什么我会花那么多时间去从事商业、去投资，并赚那么多钱。我的回答是‘做这些事情使我的感觉很好’。虽然我已挣了很多钱，能干我想干的事，但我依然要去做，就因为挣钱能使我保持年轻和充满活力。你总不能叫一个大画家在他成功后，停止画画吧？所以我为什么要停止投资、停止进行业务往来、停止挣钱呢？这是我要做的，就像画画使画家们保持他们的灵感、保持充沛的精力一样，尽管或许他们的生理年龄已经很大了。”

“你叫我花时间去制订不同层次的计划的目的，就是让我了解我未来可能的财务状况，对吗？”我问。

“是的，”富爸爸说，“那就是你必须制定计划的原因。我们从上天赐予我们的生命中发现的东西越多，我们的心就越能保持年轻。那些仅仅为了稳定的生活而订计划的人，或者是那些认为‘我退休后我的收入就会减少’的人，他们只是在计划拮据的生活，而不是在计划一个富足的生活。既然造物主给我们创造了无限丰富的物质生活，为什么我们还要计划过一个拮据的生活呢？”

“可能他们接受的教育就是这样的。”我说。

“这就是个悲剧，”富爸爸回答说，“非常可悲。”

不知为什么，我的脑海中忽然浮现出了穷爸爸的身影。我知道他现在正处于低谷期，正在为重新开始生活而奋力挣扎。很多次和他坐在一起时，我都试图向他解释一些我所了解到的有关金钱的理念，但谈话经常激化为争论，就像持有不同价值观的两个党派间进行的谈判一方坚持“安全”至上而另一方则追求获得财富，交谈的结果总是以失败而告终。我很爱我的父亲，所以像金钱、财富和富裕一类的话题都是我们尽量避免讨论的，我决定还是让他过自己喜欢的生活，我则一心一意过我自己的生活吧！如果他真想了解关于金钱的知识，我会随时回答他的问题，但如果他没有叫我帮助他，我是不会强迫别人接受我的帮助的。遗憾的是他从来都没有这方面的要求，这也最终促使我决定不再试图在财务问题上帮助他，我只会去爱他和欣赏他的优点，不会再去提起我所认为的他财务观念上的弱点了。毕竟，爱和尊敬要远远比金钱重要得多。

意向测试

回想起来，我的亲生父亲只有一个通过稳定的工作达到财务保障的计划。起初这个计划进行得顺利而完美，但是由于他与顶头上司竞争职位，导致他的计划中途夭折了。但他又没有能力适时地调整计划，于是他不得不继续他原有的安全保障计划。所幸的是，他的确从教师津贴、社会保险和医疗保险中获得了财务上的保障保证了基本的生活需求，如果再没有这张安全网，他的财务状况将会更糟。是的，他是为基本的生存条件而计划，所以他仅仅能够得到这些保障。与此相反的是，富爸爸是为财务富足而计划的，并且他最终得到了他想要的东西。

两种生活方式都需要计划。遗憾的是，很多人都只为清贫的生活而计划，虽然另一个富有的世界也同时存在。你所需要的就是一份计划。

意向测试：

1. 安全？是________ 否________
2. 舒适？是________ 否________
3. 富有？是________ 否________

请记住富爸爸教给我们的，所有三种计划都很重要。但安全与舒适仍然要在富有之前予以考虑，即使富有是你的第一选择。所以我们可以得出这样的结论：如果你想变得富有，你就同时需要所有这三种计划。当然，只想获得舒适的生活只需要两种计划。同样，只想寻求安全的有保障的生活，就只需要一种计划了。请牢记：只有3%的美国人是富人。很多人都只能制定出一种计划，甚至有些人从来就没有制订过任何的书面计划。

第11章

投资第9课：每一个计划都有价值

“变富有的计划和其他两种价值观的计划有什么不同?”我问道。

富爸爸在黄色便条纸上写下以下几个字：

1. 获得安全
2. 获得舒适
3. 获得财富

“你是指富有、安全和舒适之间的区别吗?”

“正是我想问的。”我应道。

“不同之处是代价，”富爸爸说，“变富的财务计划与其他两项计划在代价上有巨大的差异。”

“你的意思是说获得财富的财务计划要投入更多的金钱?”我问。

“是这样的，对大多数人来说，投入的多少是用金钱来衡量的。但如果你再看仔细点，你就会发现投入多少不能用金钱来衡量，而是要用时间来计算。而且在时间和金钱这两项资产中，时间是最宝贵的。”

我皱了皱眉头，尽力去理解富爸爸的话："您说代价是用时间来衡量的是什么意思？能给我举一个例子吗？"

"当然可以，"富爸爸说，"如果我从洛杉矶到纽约，一张汽车票要花多少钱？"

"我不知道，我猜不到100美元吧，"我回答，"我没买过从洛杉矶到纽约的汽车票。"

"我也没买过，"富爸爸说，"现在，告诉我一张从洛杉矶到纽约的波音747班机的机票要花多少钱？"

"我也不太清楚，但我猜大概要500美元左右吧。"我回答道。

"比较接近，"富爸爸说，"现在我问你，为什么两种票的价格不同？同样都是从洛杉矶到纽约，为什么机票要花更多的钱呢？"

"哦，我明白了，"我开始懂得富爸爸所暗示的东西了，"我花更多的钱买机票是因为能节约时间。"

"与其说节约时间，不如说是花钱买时间。当你认识到时间的宝贵和时间亦有价格的那一刻开始，你将变得更富有。"

我静静地坐着，思考着。我真的没有想过富爸爸所讲的观念，但我知道这对他来说非常重要。我想说点什么，但又不知该说什么。我的确明白时间是宝贵的，但却从未想过它是有价格的。并且"买时间，而不是节约时间"这个观念对富爸爸来说是如此的重要，但对我来说却从未重要过。

富爸爸感觉到了我的思想斗争，打破了沉默："我打赌你在家会经常使用'节约'或'储蓄'这一类的词，我想你妈妈会经常说她去购物时要尽量地节约，还有你爸爸一定把存款看得很重要。"

"是的，他们的确是那样的，"我回答，"那么对你来说他们的行为意味着什么呢？"

"他们努力工作，并想通过节俭来储蓄更多的钱，但他们却浪费了很多时间。我在百货商店里见过很多购物的人，他们花了很多小时仅仅就是为了节约几美元。”富爸爸说，“他们可能节约了一点点钱，但却浪费了很多的时间。”

“但是，难道节俭不重要吗?”我反问，“难道不能通过节俭致富吗?”

“我不是说节俭不重要，”富爸爸继续说道，“当然，你或许也可以通过节俭来致富，但我想说的是真正的价值是用时间来衡量的。”

我的眉头紧皱着，反复思索着富爸爸所说的话。

“看，”富爸爸说，“你能够通过节俭来变富，你也可以通过吝啬来变富，但这要花很长的时间，就像你从洛杉矶到纽约坐汽车可以省钱一样，然而，真正的价值是要用时间来衡量的。换句话说，花 5 个小时和 500 美元坐飞机或 5 天时间和 100 美元乘汽车都可以到达纽约。穷人用金钱衡量价值而富人用时间衡量价值所在。这就是为什么那么多的穷人选择乘公共汽车的原因。”

“是因为他们没有钱，而有时间，对吗?”我问，“这就是他们乘公共汽车的原因吗?”

“对了一部分。”富爸爸答道，但又摇了摇头，暗示他并不满意我的回答。

“是因为他们认为钱比时间更宝贵?”我盲目地猜测道。

“比较接近了，”富爸爸说，“我注意到一个人钱越少，他把这钱捏得越紧，我碰到过很多很有钱的穷人。”

“很有钱的穷人?”我疑惑不解地问道。

“是的，”富爸爸说，“他们之所以有很多钱，是因为他们把钱看得太重而且紧紧抓住不放，就像金钱有什么神奇的价值一样。所以他们虽然有很多钱，但还是像没钱时一样穷。”

“所以穷人通常紧紧捏着钱不放，而富人却很少这样做，对吗?”我问。

“我仅仅把钱看作一种交易的媒介。在现实生活中，钱本身没有多大的价值。所以只要我一有钱，我就想用它去换点有价值的东西。可笑的是，把钱看得越重的人，花钱买的东西越是没有价值。这也许就是他们为什么变穷的原因。他们说这些东西就跟存在银行里的钱一样安全，其实当他们花掉他们的血汗钱买这些东西时，他们是在糟蹋他们的钱。”

“所以他们比你更加看重钱对吗？”我对富爸爸说。

“是的，”富爸爸说，“在很多情况下，穷人和中产阶级之所以整日要为生活而苦苦奋斗，就是因为他们把金钱看得太重了。他们紧紧握住手中的钱，为钱努力地工作着，勤俭地过着日子，他们不惜花费大把的时间到处寻找买打折商品，尽可能地省钱。很多这样的人想通过吝啬变得富有。但是最终有一天，他们有可能会变得有很多钱，但他们依然很吝啬。”

“我越来越听不明白了，”我回答道，“你所说的正是我爸爸和妈妈经常给我灌输的价值观，你所说的正是我目前的思维方式。现在我在海军陆战队服役，他们付给我的工资并不高，所以我觉得我那样想也很自然。”

“我明白，”富爸爸回答说，“我承认节约和勤俭应该提倡，但今天我们谈论的是变富的计划与其他两种计划的不同之处。”

“不同之处是价值。”我重复了一遍。

“是的，”富爸爸说，“而且很多人都认为价值是用金钱来计算的。”

“你刚才说了，价值是要用时间来计算的。”我接着说，我开始渐渐明白富爸爸的用意了，“因为时间比金钱更重要。”

富爸爸点了点头，说：“很多人都想致富或去做富人进行的投资，但他们都不愿意投资时间。这就是为什么一百个美国人中只有三个富人的原因，而这三个人中还有一个人是因为继承遗产而富有的。”

富爸爸又一次把我们一直讨论的三个基本价值观写在黄色便条纸上：

1. 安全
2. 舒适

3. 富有

“你可以用一种自动的体系或投资计划来实现安全和舒适的生活。实际上，这也是我给大多数人的建议。他们只需要工作，然后把钱交给专业经纪人或机构去管理，由他们代为进行长期投资。以这种方式投资的人，可能要比自认为是华尔街高手的人强。遵循一个计划有步骤地用钱投资，对大多数人来讲是最好的投资方式。”

“但是如果我想获得财富，我就必须投资于比金钱更有价值的东西，那就是时间。这是您在这一课里想告诉我的吗?”

“我想进一步确信你明白了这堂课。”富爸爸说，“你看，大多数人想变得富有，但他们不愿意首先投资时间。他们宁愿去经营一些当前的热点投资项目或热衷于迅速致富的计划。或者，他们想匆忙地开始一项业务，而又没有任何的基本业务知识。然后，你就不会奇怪为什么 95％的小企业会在 5～10 年之内以失败告终了吧。”

“他们匆匆忙忙地去挣钱，最后反而失去了金钱和时间，”我接着说，“他们只想靠自己去干一番事业，而从未想过先投资学一些东西。”

“或者按照一个简单的长期计划进行，”富爸爸重复道，“你看，在西方国家，如果他能简单地遵循一个长期计划的话，几乎每个人都很容易成为百万富翁，但还是有很多人不愿去投资时间，他们只想一夜暴富。”

“相反地，他们会说‘投资是有风险的’，或‘要先有钱才能赚到钱’或‘我没时间去学投资，我太忙了，我要工作还要付账单。’”当我开始明白富爸爸的观点时，我接着说。

富爸爸点了点头，“这些常见的观点和借口，就是为什么只有少数的人能抵达充满财富的世界的原因。这些观念，也可以用来解释为什么 90％的人都有缺钱的财务问题，而不是钱太多的财务问题。正是这些关于金钱和投资的有偏差观念，导致了他们的财务问题。他们要做的就是改变一些说法、改变一些观念，这样他们的财务状况就会像变戏法一样发生变化。但大多数人工作太忙了，根本没有时间去思考他们究竟在忙些什么。他们经常说‘我对学习投资不感兴趣，这个题目也不吸引我。’他们这样说着，同时他们也失去了实现富有的机会。他们成为了金钱的奴隶，整日为金钱所累，钱控制着他们的生活，他们勤俭节约，过着量入为出的生活。他们宁愿这样做，也不愿去投资一点时间，制订一个计划，让钱为他们工作。”

“所以说时间比金钱更重要。”我说。

“对我来说是这样的。”富爸爸说，“所以，如果你想进入富有的投资阶层，你就应该打算投资比另两个层次更多的时间。很多人不能超越安全和舒适这两个生活层次，就是因为他们不愿投资时间，然而这是我们都必须做出的个人决定。一个人至少应该有一个安全稳定或舒适宽裕的财务计划。一个人没有这两个基本计划，而致力于富有这个计划，真的是很危险的。当然也会有极少数人取得成功，但大多数人不会。你可以看到在他们晚年的生活里，他们穷困潦倒，储蓄已耗尽，只能沉溺于他们过去的辉煌，谈论他们曾经几乎要成功的交易和曾经拥有的金钱。当他们的一生结束时，既没有金钱也没有时间。”

“我想，现在是我开始投资更多时间的时候了，特别是如果我想在富有计划上投资的话。”我说。一想到我将来也会变成一个一贫如洗、一蹶不振的老人，咂着廉价啤酒津津乐道过去几年中几乎要成功的交易，我就不寒而栗。我也曾经听过和碰见过这样的投资者，我真的不忍心看到一个人既失去了金钱，又没了时间。

意向测试

投资“安全”和“舒适”这两个层次，应该尽量地机械化或者是尽量地公式化，应该是不需要时常思考的。你所要做的就是把你的钱交给确信有良好声誉的经纪人，而他们所要做的就是遵循你的计划来进行操作。如果你开始得很早或运气好，那么雨过天晴，你将会有所收益。但要记住，这两种投资计划一定要简单。

不过这里有个警告。在生活中没有无风险的事，只有低风险的事，投资也是如此。所以，如果你不能确定你的未来财务状况，或对经纪人和企业不信任的话，你就该多做些调查。你的情感和直觉是很重要的，但也不能让它们主宰你的全部生活。所以，如果你不能摆脱你的担忧，那么还是小心为好。但请永远记住投资的代价：一项投资越安全，它需要花的时间也越多，如果这项投资确实能带来金钱的话。所以事物之间总是有因果关系的，正如人们说的那样“世上没有免费的午餐”。每件事物都有其代价，在投资领域里，代价是用金钱和时间来衡量的。

一旦你的财务安全计划或财务舒适计划进入了轨道，并正常运行，那么你就能更好地分析思考你从朋友处听到的与投资有关的小道消息了。投资金融领域是很有趣的，但一个人必须带着责任心去做。在金融市场里，有很多所谓的投资者，他们其实是真正的投机上瘾的赌徒。每当人们问我这样的问题，比如“你投资哪些股票”时，我不得不回答说：“我任何股票都不选，专业基金经纪人为我做这些事。”

然后他们经常会说：“我觉得你是个专业的投资者。”

我说：“是的，但我从不以大多数人的投资方式去投资。我以富爸爸教我的办法去投资。”我积极地投资于“富有”这个目标层次，只有极少数人能在这个层次投资或玩投资游戏。这本书的以下部分，我将会讲述富爸爸教给我的如何在这个层次投资的情况。这个方法不是对每个人都适用，特别是如果你在安全的稳定保障和舒适宽裕这两个层次里还没进入正轨时，你最好不要用这个方法。

意向测试题如下：

1. 你愿意拟定一个恰当的投资计划，以便去满足你的财务安全、财务舒适需求吗？

   愿意________不愿意________

2. 你愿意投资时间去学习富爸爸的富有投资计划吗？

   愿意________不愿意________

如果你不能确定你的答案，并且想在富爸爸的投资学习要求中找到应做什么样的努力、应承担多大的风险的答案的话，这本书下面的内容将会给你一些非常实用的见解，告诉你应该在富有这个水平投资些什么。

第 12 章

投资第 10 课：为什么投资不是冒险？

人们常认为：投资要冒险。究其原因主要有三点：

1. 他们没有接受过“如何成为投资者”的专门训练。如果你看过《富爸爸，穷爸爸》的续篇《富爸爸财务自由之路》，就会知道学校教育早已将多数人训练成象限左侧的人，而不是象限右侧的人。

2. 其次，多数投资者缺乏控制力。富爸爸举了这样一个例子：“开车有风险，不过，真正危险的是开车时手离方向盘。”他说，“投资时，许多人都不懂得控制，就像开车时不握住方向盘一样。”本书第一部分讲的是投资前的自我控制。如果投资前你无计划、无原则、欠考虑，那么其他的投资控制原则便没有多少意义了。本书的剩余部分将继续阐释分析富爸爸的其他十项投资控制原则。

3. 再者，人们认为投资有风险的另一个原因是：多数人是从外部投资，而不是从内部投资。大部分人凭直觉认为，如果你想做笔交易，就需要对它的整体情况了如指掌。我们常听到这样的话：“这行我有个朋友。”其实哪个行业并不重要，做什么事情都不重要，可以是买一辆小车、买戏票、买一套新装，重要的是我们一定要知道，自己正在操作的这笔买卖是在知悉对方内部情况的基础上成交的。这条原则同样适合投资界。正如电影《华尔街》中迈克尔·道格拉斯扮演的反面人物戈登·盖克所言：“你要么在局内，要么在局外。”

在稍后部分，我们会再探讨局内和局外的关系。现在最能吸引我们注意力的是：象限左侧的人通常在外部投资；相反，象限右侧的人既从外部投资，也从内部投资。

一个重要的注释

在本书的叙述过程中，许多重要的金钱理论可能会被一些人大肆否认，内部投资的理论可能就是其中之一。在现实世界中，合法的内部投资与非法的内部投资并存。两者有一个重要的区别：非法的内部投资常常成为被媒介报道的丑闻；然而在现实中，合法的内部投资是占主流的，我所谈的正是这种投资。

从某种程度上说，出租车司机津津乐道的焦点新闻通常就是内部消息。内部投资存在的真正的问题是："你对内情究竟了解多少？"

富爸爸的计划

当富爸爸列出以下三个主要的财务准则时，

1. 安全
2. 舒适
3. 富有

富爸爸说："当你在安全和舒适的投资水平上进行投资的时候，外部投资就是十分正确的。这就是为什么你会愿意把钱交给一个内行代替你去投资，因为他比你更接近内幕。可是如果你想获得更大的财富，你就得比那些受人之托的投资专家们更加熟悉你所投资的公司的内幕实情。"

以上就是富爸爸"富有计划"的核心内容。他就是这样做的，他也因此变得很富有。要想按照他的计划去做，我必须从象限右侧的人那里吸取经验，不断学习，而不能按象限左侧的人的模式去做。为了达到这个目的，我就要比一般投资者投入更多的时间。本书的剩余部分就是讲这些内容的。它将告诉你在由外部投资者转变为内部投资者的过程中，你应该做些什么。

在你决定之前

我意识到许多人想成为内部投资者但并不想在学习投资上花费太多的时间。但是当你做出决择前，在你学习富爸爸"富有计划"的具体内容之前，我想我应该先简单介绍一下投资的概念。希望你在看完下面几章后，你能学到投资的一些新方法，这些方法教你减小投资风险，即使你不想成为内部投资者，也能给你一些帮助，让你更成功。正如我前面所说的，投资是一个非常个人化的事情，我完全尊重这个事实。我知道大多数人不愿意像富爸爸和我那样，把时间花在研究投资对象上。

在深入研究富爸爸的这个使我变为富有型投资者的教育计划之前，以下几个章节将对富爸爸的投资计划进行概述说明。

意向测试

商业投资和职业体育运动有许多相似之处，我们以职业橄榄球运动为例。超级杯赛是全世界都关注的比赛。球员们在绿茵场上你追我赶，球迷们在看台上欢呼雀跃，喝采声如头顶上的飞机声一样震耳欲聋。从啦啦队长到摆摊小贩，从现场解说员到电视机前关注赛事的球迷，没有人不感到兴奋、激动。

现在，对许多投资者来说，投资的世界就像是一场职业橄榄球赛，你会有类似观看橄榄球赛的体验。电视里，股市评论员绘声绘色地点评实力雄厚的蓝筹股公司的动向。狂热的股民们争购股票，就像狂热的球迷争购球票一样，股民们会像球迷为喜欢的球队呐喊一样对待自己的股票。同样也有股市啦啦队长，他们告诉你为什么股票价格上涨；如果股市行情下跌，他们就会说不久之后，价格还会上涨，以此使你重新振作起来。还有那些股票经纪人，如同那些橄榄球赛经纪人一样，他们通过电话进行股票报价，并且记录你下注的股票。像球迷读报纸的体育版一样，你要经常读财经版了解股市。更有甚者，这里也有“票贩子”，只不过在财经界，他们不把高价票卖给迟到者，而是把高价内幕消息卖给那些有资格并且想进入游戏内圈的人。于是，就有了那些既卖热狗又卖胃药的小贩，也就有了交易日结束时清扫垃圾的人。当然，我们还有在家的观众。

我们当中大部分人只能看到体育运动和投资场表面上轰轰

烈烈的场面，却不能洞察这个场面后面隐藏着的深层次东西，这就是游戏背后的交易。也许你偶尔会看到球队的老板，正如你看到首席执行官（CEO）或公司的总裁，这些人并不是球赛或者啦啦队的实际参与者，但他们才是游戏的真正参与者。因此富爸爸说："隐藏在表象后的交易，才算得上真正的游戏。这种背后的交易只管赚钱而根本不在乎谁胜谁负或是股市涨跌。这些交易就是卖出比赛的门票甚至卖出整个球队和比赛，而不是购买门票。"这就是富爸爸教我的投资游戏，也是本书后半部分要写的游戏，这个游戏成就了世界上最富有的人。

因此，这一章的意向测试题是：

1. 你愿意从现在起控制自己吗？
   愿意________不愿意________

2. 到目前为止，你愿意投入时间来学习如何变为一个成功的投资者吗？
   愿意________不愿意________

第13章

投资第11课：你想坐在桌子的哪一边？

为什么投资不冒险

我的穷爸爸总是说："要努力工作，要努力攒钱。"

而我的富爸爸说："如果你只想过有安全感、不愁衣食的温饱生活，努力工作和储蓄就足以使你达到目的了。但如果你想成为富翁，光靠努力工作和储蓄是远远不够的。当然，安于温饱现状的人对此会说'投资太冒险了'。"

基于诸多原因，富爸爸曾一再告诫迈克和我，努力工作和储蓄不是他成为富人的道路。他很清楚，努力工作和储蓄只适合一般大众，却不是富翁们致富的原则。

他建议我们制订一个不同于常规的财富计划，主要有以下三种原因：

1. 他说："寄希望于努力工作和储蓄的人没有真正的致富的机会，因为你的工作收入和储蓄都将被征税。政府征税基于以下几个原则，个人收入要上税，储蓄要上税，花钱买东西或是办丧事也要上税。所以，如果你想成为富翁，不仅需要努力工作和储蓄，还必须找到更好的赚钱方法。"

富爸爸进一步解释说："当你往银行里存 1000 美元时，政府首先已从收入过程中征过税了。也就是说要往银行里存 1000 美元，你或许得挣 1300 美元或是更多才行。如果不幸遇到通货膨胀，你的 1000 美元就会撞上贬值的厄运，并会逐年贬值。你的那点微薄的利息经不起通货膨胀和税务的折腾，三下两下就没了。假设银行付给你本金 5% 的利息，通货膨胀使利息损失 4%，同时又被征 30% 的利息税，你储蓄的最后结果是反而丢了钱。正因为如此，富爸爸才认为仅仅靠努力工作和储蓄并不会让人拥有想要的财富。

2. 第二个原因是：靠努力工作和储蓄过日子的人总认为投资很冒险。这种人常常拒绝学习新东西。
3. 第三个原因是：坚信努力工作和储蓄，并坚信投资有风险的人，很难看到硬币的另一面。

本章将提供一部分原因解释：为什么投资不一定冒风险？怎样投资才不冒险？

当富爸爸谈论一些复杂的问题或话题时，他总是能深入浅出，言简意赅，使几乎每个人都能明白他讲的基本意思。比如在《富爸爸，穷爸爸》一书中，他用收益表和资产负债表的简单图式教给我会计财务知识。在《富爸爸财务自由之路》一书中，他用象限图说明四个象限的人具有不同的情感认识和教育经历。对我来说，要懂得投资，首先必须完全明白这两本书介绍的内容。

我在 12 岁到 15 岁期间，富爸爸要对应聘者进行面试时，有时他会叫我去坐在他的旁边。他的招聘面试时间通常是在下午 4:30，我就会坐在一张棕色的大的木制的桌子后面，富爸爸的身旁。桌子对面是应聘者的椅子。秘书让应聘者依次进入并让他们坐在那张椅子上。

面试中，我看到许多人是为了每小时 1 美元的薪水和微薄的福利而来的。虽然当时我只是个涉世未深的少年，但我知道这样的薪水根本不足以维持家庭的生计，更别提富有了，一天才能挣 8 美元呀。我亲眼目睹了许多大学生，甚至博士生来求取管理或技术方面的工作，而这些工作的月薪还不足 500 美金。

一段时间后，坐在桌子后面在富爸爸身旁的新鲜感渐渐消退了。无论是面试前，面试中或面试后，富爸爸什么也没有说过。终于，15 岁时，我再也忍受不了这种枯燥的沉默了。我问他："你为什么让我坐在这儿看人们求职？在这里我什么也学不到，而且也没有什么意思。而且，看见人们这么缺钱、这样渴求工作，我的心里很难受。有些求职者真的很沮丧。他们不能放弃目前的工作，除非你要他们。我猜如果没有工钱，他们连维持三个月的生计都成问题。有些人的年纪比你还大，而且没什么钱。怎么会这样呢？为什么你要我看这些呢？我每看一次，心里就难过一次。他们来求职是一件很正常的事情但是从他们的眼中有那么多的对金钱的渴求，我看到这些就会感到很不安。"

富爸爸若有所思地坐在桌子边，一阵沉默后，他说："我一直在等你问这个问题。面对这些求职者，我一样感到痛心。正因为这样，我才想让你在长大以前目睹这一切。"富爸爸说着，掏出了他的便笺本，画了一个现金流象限图。

“你现在刚上高中，但过不了多久，你就得考虑一个非常重要的问题，你长大后去干什么。我知道你爸爸鼓励你上大学，这样保证你将来会得到一份高薪的工作。如果你也这么想的话，你在图中的方向就是这样的。”富爸爸边说，边在象限左侧画了个箭头。

“如果你照我说的去做，你就会成为象限右侧的人。”说着，他在象限右侧画了一个箭头。

“这张图和这些话，你都画过说过无数遍了。”我小声嘀咕着，“你怎么又说起来了”

“因为如果你听从你父亲的意见，将来你就会发现自己会坐在桌子另一边的求职椅上。如果你采纳我的建议，你就会坐在我这边的椅子上。你是高中生了，不管是有意识还是无意识，你都得做出决定，你要坐在桌子的哪一边？我让你和我坐一起，是因为我想让你知道人们对生活有不同的观点和看法。我并不是说桌子的这一边就一定比另一边好。事实上，每一边都有它的好处和坏处。我只想让你现在就开始选择你要坐在哪一边，因为你现在所学的，能决定你将来的归宿，你是愿意做象限左侧的人呢，还是愿意做象限右侧的人？”

十年后充满关爱的提示

1973年，富爸爸和我一起回忆起了在我15岁时的那次谈话。“你记不记得我问过你愿意坐在桌子的哪一边？”他问道。

我点点头：“我们谁也没有想到，我父亲一辈子安于稳定，一生做雇员，却在他50岁时，又重新坐到了求职者的座位上。他40岁的时候功成名就，然而仅仅过了10年，他的辉煌和成就便随风飘逝，烟消云散了。”

“其实你父亲是很有勇气的，可惜的是，他没有早作打算，没有为今天发生在他身上的事情提前做准备，他现在工作出现了问题并且面临财务危机。如果他不能迅速地做出反应，那么他的情况会更糟。如果他继续抱定找一个稳定工作的老念头，他的后半生恐怕会白白浪费了。我现在帮不了他了，但我能帮助你，给你指导。”富爸爸说。

“所以你要教我选择坐在桌子的哪一边，对吗？”我问道，“是选择做航空公司的驾驶员呢，还是开拓自己的道路？”

“不全对，”富爸爸说，“这一课里我只想给你说明一些事情。”

“说明什么？”我问。

富爸爸又一次画出了现金流象限图：

他说："太多的年轻人把目光集中在象限的一侧。我们小的时候总会被问道'你长大了要干什么呀?'如果留心的话，你就会发现大多数孩子的回答会是消防员、芭蕾舞演员、医生或老师之类的职业。"

"因此大多数孩子选择了象限左侧的 E 和 S。"我接着说。

"对。"富爸爸说，"而 I 象限，就是投资者的象限，只是孩子们长大后才想的事，如果他们能想得到的话。在许多家庭里，所有有关 I 象限的介绍就是父母们说的'你要找一份福利好的工作，要有完善的退休计划'。换句话说，就是要让你的长期投资的需要完全依赖于公司。但正是在父母们与子女的谈话之间，一切都在飞速地变化着。"

"为什么这么说呢?"我问道，"为什么说情况在变化呢?"

"我们正处于全球经济一体化的时代。"富爸爸说，"公司要想在全球竞争中生存，就必须减少开支。而公司的一项主要开支就是员工的工资和退休金计划。如果你留心的话，就会发现，几年之后，公司将不再对员工的退休计划进行投资。"

"你的意思是，人们不能再依赖老板和政府的养老金，而只能自己养活自己了?"我问道。

"是这样的。对穷人而言，这个问题尤为严重，我尤其为他们担心。"富爸爸说，"正因为这样，我才让你回忆当年坐在那些求职者对面的情景，工作是他们惟一的收入来源。当你到了我这个年纪时，社会将面临一个严峻的问题；如何安顿那些上了年纪又没有经济收入没有医疗保险的人？你们这一代'生育高峰期'出生的人，承担着解决这个问题的重任。到 2010 年左右，这个问题将变得非常突出。"

"那我该怎么办呢?"我问。

"抛开其他的，选择最有价值的 I 象限。你长大后，就应该做投资者。你要让钱为你工作，只有这样，当你不想工作或不能工作的时候，你才可以不去工作。你恐怕不想在 50 岁时重蹈你父亲的覆辙吧，不想到那时再让一切从零开始吧？那你就应该想清楚做哪个象限的人能使你赚到最多的钱，要知道是正是E象限的观念害了你的父亲。”富爸爸说。

“要想知道所有象限的人是怎么做的，你就得分别尝试坐在桌子的两侧，这样你才能看见硬币的正反两面。”富爸爸用“双面硬币”的故事，对这个问题作了总结。

最重要的一个象限

富爸爸向我解释了穷人和富人之间的一个差异，这个差异体现在父母对孩子的教育不同。他说：“迈克15岁的时候，已经有了属于他自己的超过20万美金的投资组合，而你什么都没有。你有的只是一心要念大学、找一份好工作。这就是你父亲认为最重要的东西。”

富爸爸告诉我他儿子迈克在高中毕业前就已经了解如何做投资者了。“我让他自己选择他的事业，”富爸爸说，“我希望他能根据自己的兴趣爱好作出选择，即使这种兴趣不是接管我的公司。但无论他要做警察、政治家或是诗人，我都要求他首先成为一个投资者。不管你从事什么职业，只要你具备投资者的资质，那么一直走下去，你将会越来越富有。”

多年后，当我结识到越来越多的富翁时，许多人都说过同样的话。我的很多富有的朋友都提到，他们很小的时候，父母就引导他们自己去投资，学做投资者。这一切都是发生在他们考虑从事何种职业之前的。

意向测试

在工业时代，雇佣的原则是这样的：公司将终生雇佣你，他要为你退休后的需要预先进行投资。1980年时，男人退休后生活的时间平均只有1年，女人为2年。换言之，你只需用心在E象限做雇员，你的老板会负责I象限里的事情。这听起来让人非常舒心，尤其是对我父母那一代人而言，更是如此，因为他们受尽了战争之苦，历经了大萧条的艰苦岁月。历史在他们的思想和财务观念上，打下了深深的时代的烙印。许多人至今仍抱守着旧的财务观念，而且将这种观念传给后代。还有一些人坚信，他们的房子是一笔资产，也是他们最重要的投资。但那都是工业时代的思考方式。在工业时代，这就是人们知道的有关金钱管理的所有的知识，因为其余的一切，都会由公司、工会以及政府来替他们管理。

然而时过境迁，这种旧的雇佣原则已不复存在了。在信息时代的今天，我们大多数的人需要更多的财务知识。我们需要区分资产和负债之间的差异。我们的寿命延长了，因而我们的晚年需要更多、更稳定的收入。如果你的房子是你最大的投资，那你很有可能会陷入财务困境中。你必须拥有比你的房子价值更大的投资组合。

解决上面这个问题的好办法就是：到 I 象限去，你将学会自己依靠自己，因为 I 象限是一条通往财务自由的道路。

意向测试的问题是：

1. 你首先想到哪个象限去（哪个象限对你来说最重要）？
   E ________　S ________　B ________　I ________
2. 你最终选择坐在桌子的哪一边？

关于问题 2，我没有列出选项。这是因为，你也许留心到，当一个大公司宣布解雇大批员工时，它的股价就会上涨。这就是坐在一张桌子两边境况截然不同的例子。当一个人由桌子的一边坐到另一边时，他的世界观也随之改变了。同样，当一个人改变了他所处的象限时，他就会跳出陈旧观念的束缚，改变脑子里固有的东西。我相信时代的变迁会带来观念的更新，思维方式将由工业时代向信息时代而转变，它还会使公司和企业主面临来自未来的最大的挑战。正如企业家们所说的：“规则已经发生了变化。”

第14章

投资第12课：投资的基本原则

我对我的财务状况的进展程度感到灰心失望。还有4个月我就要结束军旅生活，重新进入到现实世界了，并且我已经决定放弃进入航空公司的努力。1974年6月，我最终决心进军商业领域，看看自己能否跨入B象限。在富爸爸的指导下，做出这样的决定并不太难，然而要真正获得财务上的成功，对我而言，却是一种巨大的压力。因为当时的我在财力上是如此地落后，尤其是与迈克相比，我更加相形见绌。

一次在与富爸爸会面时，我沮丧地道出了我的想法。我说："我制订了两个计划，第一个计划保证自己基本的财务保障；第二个计划是一个略带野心的投资计划，那就是做到丰衣足食。照现在的情形来看，这些计划会顺利进行，但即使是成功了，我的富裕程度也远远赶不上你和迈克。"

听了这些话，富爸爸笑了，他说："投资不是赛跑，你并不是在与他人竞争，竞争者的财务生活永远是大起大落，所以你不要一心想着拿第一。在赚钱方面，你只需努力做一个好的投资者就足够了。如果你重视学习投资知识并在实践中取得经验，你就会获得财富。但如果你整日想着快速致富或要比迈克更加富有的话，很有可能你会一败涂地。适度的比较和竞争是有益的，但你在财务之路上的真正目标只是成为一个更优秀、更精通理财知识的投资者。除此之外的一切想法都是愚蠢和冒险的。”

我坐在那里点了点头，心里略微好受了些。我明白了与其想挣更多的钱，冒更大的险，不如努力多学习一些投资的知识。这将对我有更大的意义，这样做风险减小了，而且不需要花很多的钱，那个时候我也没有很多的钱。

谈到迈克一开始就选择I象限而不是B或E象限的原因时，富爸爸解释说：“富人的目标就是让钱为他工作，而他却可以不工作。那么，为什么不一开始就瞄准这样的目标呢？”他进而解释了为什么在我和迈克10岁时，他就鼓励我们打高尔夫球的原因。他说：“你可以一辈子都打高尔夫球，但橄榄球只能打几年，既然如此，为什么不在一开始，就选择与你相伴一生的游戏呢？”

当时，我没在意他的话，而迈克却一直在打高尔夫球。我呢？棒球、足球、橄榄球都玩过。我并不特别擅长其中的任何一项，但我喜爱这些运动，我很高兴我曾经有过这些运动。

但15年的打球经验和投资尝试，把迈克从最初的高尔夫球新手变成出色的球手，从不起眼的小投资者变成控制巨额投资组合的大投资家，他有着比我更多更丰富的投资经验。而我在25岁时，才开始学打高尔夫球，才成为投资游戏的入门者。

我讲这些是为了说明，不管你的年龄有多大，尽早掌握做事的原则和基础，包括生活中的一些游戏，都是非常重要的。大部分人在打高尔夫球之前，总要上一些高尔夫训练课以掌握一些基本技巧，但遗憾的是，在拿血汗钱进行投资之前，却很少有人愿意学习投资所需的基本原则和知识。

投资的基本原则

“既然你已经拟定出两个计划，一个是有安全保障的计划，一个是使生活能够获得舒适宽裕的计划，那么我就给你讲讲投资的基本原则吧。”富爸爸说。他向我解释说，有太多的人开始投资时，没有这两个计划，这样做是很危险的。他说：“当你拟订计划之后，你就可以利用各种投资工具去实践并不断学习更多的技能了。就是出于这个原因，在往下继续上课之前，我一直在等你花些时间拟定出这两个机械的投资计划。”

基本原则一：

“投资的第一条原则是要弄清工作所得的钱是属于哪种类型的收入。”富爸爸说。

多年来，富爸爸常常告诉迈克和我，收入有三种类型：

1. **工资收入：** 工作带来的、或因付出某种劳动而获得的收入称为“工资收入”，它的最普通的形式是工资，这也是纳税最高的收入。因此，要靠工资收入来积累财富是十分困难的。当你对孩子说：“找份好工作”时，就等于在让他为工资而工作。
2. **有价证券收入：** 从股票、债券、共同基金等票据资产中获得的收入称为“证券收入”。它是最受欢迎的投资收入形式，因为票据资产比其他资产更容易管理和保存。
3. **被动收入：** 从不动产中得到的收入称为“被动收入”。被动收入的来源还包括专利使用费或许可证费用。不过在大约 80％的情况下，被动收入是来自于不动产。不动产收入能享受很多税收优惠待遇。

两位爸爸之间持久争论的焦点之一是如何教育孩子。穷爸爸总是对我说：“努力学习，拿高分，这样你才能找到好工作，才能成为一个勤奋优秀的人。”当时，我和迈克都是高中生，富爸爸总是拿这些话开玩笑。他说：“你爸可是个勤奋优秀的人，但是如果他一直是这样的思维模式，也就永远别指望成为富人。如果你们听我的，如果你们想成为富人的话，你们就要努力获得证券收入和被动收入，这样你们才会成为富人。”

回想起来，我当时并没有透彻理解，也没有理解他们的话有着什么样的不同的哲理。直到25岁时，我才逐渐明白过来。我父亲要在52岁时从头开始，他仍然看重工资收入。他认准了一个东西，就会把一生的时间花在这个东西上。与之相反，富爸爸很有钱，会享受生活，这是因为他拥有三种源源不断的收入。我知道我要为哪种类型的收入努力工作了，当然它绝不是工资收入。

基本原则之二：

“投资的第二个原则是要尽可能有效地把你的工资收入变为证券收入或被动收入。”富爸爸说着，在他的黄色便笺本上画了一幅图：

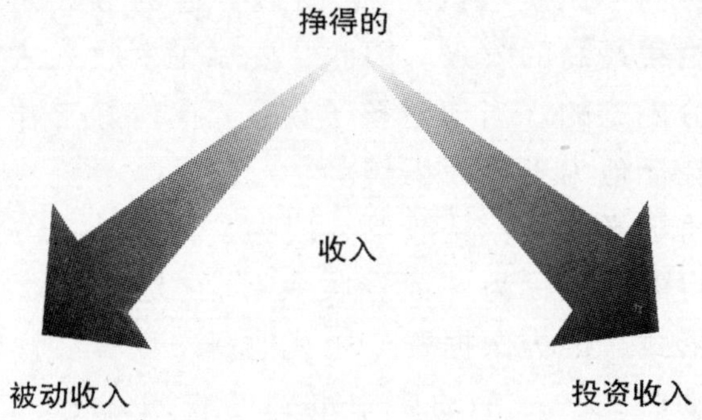

“简而言之，这是所有投资者都要做的，”富爸爸微笑着总结，“这是最基本的。”

“那么我该怎么做呢？”我问，“要是我没有钱，怎样才能得到钱呢？万一赔了钱，我该怎么办？”我追问他。

“怎么办？怎么办？怎么办？你好像过去一部电影里的印第安人一样。”富爸爸说。

“可这是现实存在的问题呀。”我不服气地说。

“我知道这是现实存在的问题，可现在我只想让你明白基本原则，以后我再回答你的问题，行吗？要小心那些消极思想的侵蚀，投资和生活一样，总免不了有风险，人们就是因为消极心理和害怕风险，结果错过了不少好机会，明白吗？"

我点点头："明白了，要从最基本的做起。"

基本原则之三：

富爸爸很满意我上边的回答，他点头说："投资的第三个原则就是通过购买证券将工资收入留住，并将工资收入转为被动收入或证券收入。"

"通过买证券留住工资收入？"我问，"我不太明白，那资产和负债又是怎么回事？"

"问得好，"富爸爸说，"现在我要扩大你的词汇量。现在是超越你对资产和负债的简单理解的时候了，大多数人都无法跳出旧有的理解。但在这里我想指出的是，并不是像人们所想的那样，所有的证券都是资产。"

"你的意思是股票或不动产都是一种证券，但不一定是资产？"我问。

"是这样的。但是一般投资者大多分不清证券和资产，甚至包括很多专家在内，也弄不清两者的区别。许多人认为所有的证券都是资产。"

"那么到底它们有什么不同呢？"我问。

"证券是用来留住金钱的东西，一般说来，政府用规章制度把这些证券牢牢抓在手里。正因为如此，我们才把监管投资领域的组织称作证券交易委员会，而不是叫作'资产交易委员会'。"

"这样说来，政府知道证券不一定是资产了。"我说。

富爸爸点头道："也没人把它叫作'证券保证委员会'，政府明白它们所能做的就是通过制定严格的规则并通过执行规则来努力维持秩序。政府也不能保证手中拥有证券的每个人都能赚到钱。因此，不能把证券叫做资产。你还记不记得资产和负债的基本定义？资产是往你的口袋里装钱、增加你的收入的东西；负债让你往外掏钱，并使你的支出一栏里的数字不断变大。这是最基础的理财知识。”

我点点头：“所以，投资者要自己分清哪些证券是资产，哪些证券是负债。”我渐渐明白了富爸爸这番话的用意了。

“不错，”富爸爸又掏出了他的本子，勾画出下面的图。

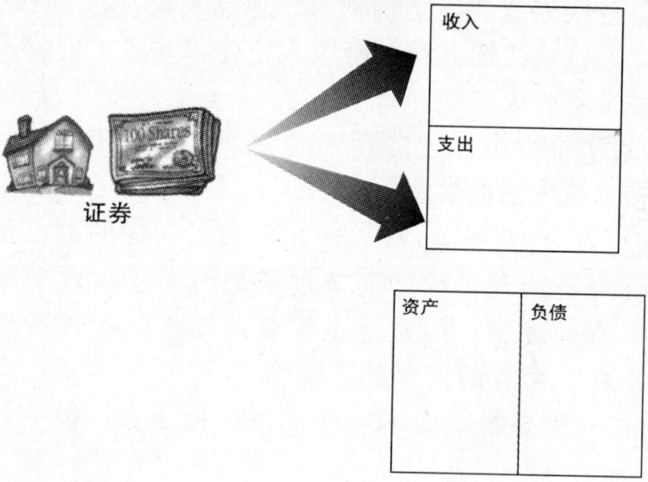

“投资者常听到人们把证券叫做资产，误解就是这样产生的。普通投资者在投资时显得很胆怯，因为他们知道，投资就是买入证券，问题是不一定能从中赚钱，买入证券也可能导致亏本。”富爸爸说。

“所以如果证券赚钱了，那么就像你画的图所示，财务报表中收入一栏中的数字就会变大，这时的证券就成了资产。但如果亏了本，财务报表支出栏中的数字就会变大，此时的证券就是负债。实际上，同一个证券可以在资产和负债间相互转化。比如12月我以每股20美元的价钱买进ABC公司100股股票，到次年1月份，我以每股30美元的价钱卖出10股，于是这10股股票就成了资产，因为它们增加了我的收入。但到了3月份，我仅以每股10美元的价钱卖出了10股，此刻的10股变成了负债，因为它使我产生亏损。”

富爸爸清了清嗓子说："所以，我只把证券看作我的一种投资工具，它到底是资产还是负债要由我这个投资者的决策来决定。"

"风险正是源于这里，"我说，"正是由于投资者分不清资产和负债，才导致了投资风险。"

基本原则之四：

"投资的第四条原则就是投资者本身才是真正的资产或者负债。"富爸爸说。

"什么？"我很惊异，"投资者才是真正的资产或负债，不是投资项目或证券吗？"

富爸爸点点头："人们常常感叹投资有风险，实际上，有风险的是投资者，归根到底，投资者自身是资产或是负债。我曾目睹许多所谓的投资者，在别人赚钱时，他们却在丢钱。我也卖过公司给那些所谓的商人，公司在他们手上不久就遭到破产的厄运。我还见过人们买了一份非常好的不动产，并且用它赚了很多钱，然而几年之后，这份不动产还是亏损了，最后变得七零八落。因此每当我听到人们说投资有风险时，我知道真正有风险的是投资者本身，而不是投资的项目。事实上，投资高手擅长关注有风险的投资者的一举一动，因为他们常常能从那些有风险的投资者手中买到最合适的投资项目。"

"怪不得你总喜欢听那些冒险投资者抱怨投资的损失，"我说，"你是想从他们的错误中看看能否觅到一个投资猎物。"

"你知道了吧，"富爸爸说，"我是在找泰坦尼克的船长呢。"

"难怪你对人们从股票中赚到很多钱，从不动产中赚到大钱不感兴趣。有人告诉你，他花 5 美元买的股票已经涨到 25 美元时，你也不爱听。"

"你对我观察入微呀。"富爸爸说，"只有傻瓜才会去迷恋那些快速赚钱、过眼财富的童话，这种故事只能吸引失败者。

如果一种股票为众人熟知并能赚很多的钱，这就意味着好事已过去了或马上就要过去。我情愿听一些不幸的投资故事，因为我常能从中找到不错的投资项目。作为B和I象限的人，我希望能找到还是负债性质的证券，然后把它们转变为资产，或是持有它并等待其他人将它们变为资产。”

“如此说来，你就是一个逆向投资者了。”我亮出自己的观点，“就是那种与公众意见背道而驰的投资者。”

“这是一种外行的说法。大多数人认为，逆向投资者与社会格格不入，不太合群，这是错误的。作为象限右侧的人，我把自己视为一个修理工。我要看那些“投资残骸”是否能重新拼合。如果能拼好，而且其他的投资者也期望它能拼好的话，那么它仍然是一项好的投资项目，只是需要人去拼好它。如果拼不好，或是拼好了也没人要，那我也不会要它。因此，真正的投资者应该想别人之所想，所以我不是纯粹的逆向投资者。别人不想要的东西，我买它干什么呢？”

“那么这就是投资者的第五个基本原则吧？”我问。

基本原则之五：

富爸爸接着说，“投资者的第五个基本原则是真正的投资者总是能未雨绸缪，非投资者却总想猜测将来会发生什么、什么时间发生。”

“什么意思？”我问。

“你听说过这样的话吗，‘20年前我本可以买下那块地，当时才500美元一英亩，可现在呢？这块地旁边盖了一家购物中心，地价一下子涨到每英亩50万美元了，我当初真该买下来’。”

“听过不止一遍呢。”

“我们都听过这样的话，”富爸爸说，“这就是对未来发生的事情不做准备的例子。大部分能为你赚钱的投资项目常常稍纵即逝。通常达成交易的时间只是一瞬间，而等待新的机会可能要几年的时间，比如不动产交易。但不管机会什么时候降临，如果你不事先储备好足够的知识、经验、足够的现金的话，就只能与好机会擦肩而过了。”

“那要如何准备呢？”

“你要记住其他人正在寻找什么东西。如果你想买股票，就要先上一个教你如何选股票的学习班。投资不动产也是一样的。其目的就是训练你的大脑对投资对象的灵敏性，学会为瞬间出现的投资项目提前做好准备。这很像足球运动，你踢着踢着，突然，决定胜负的射门机会出现了。面对这一机会，你要么有所准备，要么措手不及。你要么早已就位，准备射门，要么还没有准备好。不过，即使你错过这次射门或投资时机，还会有下一次千载难逢的好机会等着你，说不定就近在眼前。好在每天之中，都有无数的机会，但首先你要选择好游戏并学会如何玩游戏。”

“难怪当别人抱怨错过一笔好买卖，或是告诉你要投资这个、投资那个时，你总是一笑了之。”

“对极了。在很多人的思想中这个世界是贫乏的而不是富足的，他们经常为错失良机而捶胸顿足，或死命抓住一笔买卖不放，因为在他们看来，那是惟一的机会。如果你是象限右侧的人，你就会知道，商机和买卖多得是，你会信心十足，因为你知道，你能达成别人放弃的交易，并使之成为一桩好生意。这就是我所说的要投资于时间去进行准备。如果你有所准备的话，机会和买卖就会出现在你一生中的每一天每一时刻。”

“这就是为什么你能找到那种未开发的土地，而且你仅仅是在街上走路就发现了它。”我回忆起富爸爸是如何找到他最好的不动产的：“你看到地上被踩坏的写着‘出售’牌子的那块地，别人都没注意到。你找到那块土地的主人，以低廉而公平的价格将它买下。他收下了钱，因为两年多来，没有人愿意出价买地。你说的就是这个意思，对吗？”

“对，是这个意思，而且那块地比我其他的投资都好。这还是我说的要有所准备。我知道那块地的价值，同时也知道几个月后，地的周围会发生什么样的变化，以低廉的价格投资一块风险极小但极具价值的土地，我何乐而不为呢？现在，我还想在那块地附近再找十块那样的地呢？”

“那么，不要猜测又是什么意思？”我问。

“人们常说‘如果市场倒闭了，我该怎么办呢？到时候我的投资会怎样呢？我不能投资。我要等等看情况如何再做决定’，你听过这样的话吗？”

“听过很多次。”我说。

“我常看到很多人，当他们面临投资良机时，却退缩了。因为他们的内心充满恐惧，一开始就去猜测灾难了。出于这种消极情绪，他们决定不投资，或者是把不该卖的卖掉，把不该买的买回，投资行为的发生完全依赖于乐观的猜测或悲观的预感。”

“如果他们有一点点投资知识和投资经验，并且作好准备的话，这些问题都能迎刃而解了。”我说。

“对呀，”富爸爸说，“除此之外，投资高手的另一个基本原则是无论市场行情上涨还是下跌，都应该随时准备获利。实际上，最好的投资者在市场萧条时反倒能赚更多的钱，这是因为行情下跌的速度比上涨的速度快。正如投资高手所言，牛市缓缓来临，而熊市却瞬间光顾，如果你无法对市场的每一种情况进行把握，作为投资者，而不是投资本身，你就是在冒险了。”

“这就是说，许多人都预感到他们不会成为富有的投资者。”

富爸爸点点头：“人们常常这样说‘我不买房地产，因为我讨厌半夜三更被要求修厕所的电话吵醒’，我也不想这样，因此我设置了房地产经理的职务。但是我的确看中房地产的税收优惠政策，这种优惠，股票是给不了的。”

“因此人们不去进行准备，却总认为自己没有机会。”我应声道，同时明白了为什么做好准备是如此的重要，“我要怎样做，才算得上做好准备了呢？”

“我会教你一些基本的交易技巧，这些技巧是投资专家必备的，比如空头、买方期权、卖方期权、双向期权等等。这些以后再讲。现在，你只要知道做准备比所谓的猜测或预测更好、更重要，这就足够了。”

“不过，关于准备，我还有一个问题。”

“什么问题？”富爸爸问。

“要是我找到一笔买卖，可是没钱怎么办？”我问。

基本原则之六：

“这就是投资基本原则之六要讲的，”富爸爸说，“如果你准备好了，也就是说，你学习了投资知识，有了投资经验，并且找到了一笔好买卖，这时，钱就会自己找上门来，或者说，你就会找到钱。好买卖总是会引发人们的欲望。我这么说，并不是要从相反方向利用人类的欲望，我所说的欲望，是整个人类所共有的一种心理特征。因此，当人们发现一笔好买卖时，这笔买卖就会吸引资金。如果这桩生意不佳，要筹钱的确不易。”

“你看到过好生意筹不到钱的情况吗？”我问道。

“见得多了，但那不是生意本身筹不到钱，而是人们控制不当造成的。换言之，如果控制不当者让位的话，生意就会红火起来。这个道理，就和平庸的司机驾驶超级赛车是一样的。无论车有多好，但如果驾驶员技艺平平，谁还会把注下在他的车上？一提到不动产，人们总认为，成功的关键就在于不动产的地理位置，除了位置还是位置。我不这么认为。实际上，就所有的投资而言，不动产也好，投资公司也好，票据资产也好，成功的秘诀只有一个，那就是人，人，人。我曾见过占尽天时地利的不动产还是亏本赔钱的例子，这就是因为由不合适的人在处理交易。”

“所以你是说，如果一切准备就绪，我学习了投资知识，有了经验记录，找到了好的投资项目找到钱并不是一件非常困难的事。”

“那是我的体会。遗憾的是，很多时候，经常有一些不高明的投资者把资金投在投资高手已否定的项目上，结果就赔了钱。”

“所以才有了证券交易委员会，”我说，“它的职责是保护普通投资者的经济利益。”

“是这样的。”富爸爸说，“投资者最基本的任务是确保他们的钱安全稳妥。第二步才是竭尽全力地把钱转变为现金流或资本收益。那个时候你才要关注你自己，或者你委托的经纪人是否能将证券转为资产，还是会将证券变为负债。再次说明一下，投资本身并不存在安全性或具有风险，是投资者本身具有安全性或具有风险。”

“这是投资的最后一条原则吗？”我问。

“不，绝对不是。”富爸爸说，“投资这个课题，可以供你研究一生。你的投资基础知识学得越好，赚的钱就越多，风险也就越小。我还有一条基本原则要告诉你，就是第七条原则。”

基本原则之七：

“第七个原则是什么？”

“对风险和回报的评估能力。”富爸爸说。

“给我举个例子吧。”我要求道。

“就以你的两个基本投资计划为例吧。假设你的应急资金十分充足，你还有 2.5 万美元的资金投资。”

“我还真想现在就有 2.5 万美元呢，”我一本正经地说，“还是告诉我该怎么样评估风险和回报吧。”

“这 2.5 万美元，你或多或少还丢得起吧，一旦丢了它，你可能会有点伤心，但你照样可以有吃有穿有车开，还可以再存 2.5 万美元。然后，你开始估算一下投资项目要冒多大的风险，又会有多少的回报。”

“我该怎么做呢？”

“假设你有一个外甥想开一个卖汉堡包的摊子。他需要 2.5 万美元起步。这是一项好的投资吗？”

“从情理上来说，这可能是一笔好的投资，但从财务角度上看，也许不是。”我回答。

“为什么不是？”富爸爸问。

“风险太大而回报太小了。”我说，“除此之外，你的本钱收得回来吗？这种情况下，已不是投资回报的事，而是收回投资了。如你所说，确保资本的安全稳妥是最重要的。”

“很好，”富爸爸说，“但如果我告诉你你外甥已在一家大的汉堡包连锁店工作了 15 年，已经对这一行的各个系统的操作了如指掌，现在他打算开一家自己的全球汉堡包连锁公司，你又认为怎样呢？如果仅用这 2.5 万美元，你就能买到这个公司 5% 的股份，你会怎么做呢？你会对这笔投资感兴趣吗？”

“会，”我说，“因为相同的风险，可以得到更多的回报。不过，这仍然是一桩高风险的项目。”

“对。”富爸爸说，“这个例子说明投资者要对风险和回报作出正确的评估。”

“那人们如何评估类似的投机性投资呢？”我问道。

“问得好，”富爸爸说，“这就是富人式的投资，这种投资是按计划进行的，是安全稳妥、舒适宽裕的。你现在要学的是富翁们投资时所用的技巧。”

“所以你所反复强调的是，投资本身并不冒险，只是由于有了那些缺乏足够的投资技巧的投资者，才导致了投资的高风险。”

三个“E”

“是这样的，”富爸爸说，“要达到富人的投资水平，投资者应具备以下三个“E”：

1. 教育（Education）

2. 经验（Experience）

3. 充足的现金（Excessive cash）

“充足的现金?”我很奇怪，“不是额外的现金吗?”

“不是，我用多余的现金这个词是因为投资于富人的投资项目需要多余的现金，这意味着你确实能承担损失，并能从中获利。”

“从损失中获利?”我很诧异，“这是什么意思?”

“我们分析一下，”富爸爸说，“在富人的投资里，你会发现情况有所不同。在这一级别，损失、债务和支出都有好坏之分。要进入这个级别，你的投资知识要求很高，而且需要大量地积累投资经验。”

“我明白一些了。”我回答。

富爸爸解释说，如果投资不遵循“KISS”（Keep It Simple Stupid，“傻瓜财务原则”）的公式，就有可能出现较高的风险。他说：“如果某个人向你解释一个投资项目，只要他说明的时间超过两分钟，那么不管你最后听懂了还是没听懂，不管他讲明白了还是没讲明白，或者你们俩都没弄清这个问题，只要出现上述情况之一，你最好放弃这项投资。”

他又说：“很多时候，人们总希望把投资变得复杂些，因此他们会用一些听起来很唬人的行话术语。如果碰到这种情况，你应该请他们用简明的词语作出解释。要是他们对一个投资概念解释不清，无法让连10岁左右的小孩都能明白大概情形的话，那么存在的可能性就是他们自己也没搞清这个概念。比如，市盈率就是要讲股票有多贵。又如顶利率这个不动产专用名词，是用来测算不动产给你带来多少盈利或亏损的。”

“那么如果一项投资无法化繁为简的话，就不要去做它吗?”我问。

“还不是那个意思，”富爸爸说，“很多时候，那些对投资不感兴趣，抱有失败情绪的人总是说‘人嘛，要知难而退，这才叫识时务者为俊杰’。我经常对这类人说‘当你一生下来，父母就在克服各种困难努力工作并且无微不至地照顾你，培养你，甚至于上厕所这种小事，开头都是很困难的。但现在，你应该学会自己照顾自己了，去分析什么是真正的困难，什么是通过努力可以达到的，自理是人的基本能力’。”

意向测试

我常发现，太多的人在还没有雄厚的资金作后盾时，就急着以富人的水准来投资了。许多时候，人们想以富人的水准投资，这是因为他们受尽经济拮据之苦，他们渴望金钱。很显然，富爸爸和我都不赞成这种做法，除非你现在已经很有钱了。

另一些人则相对幸运，他们的“舒适宽裕”计划已经实现了，过剩的现金让他们过足了富翁瘾。但他们没有以富人的方式思考，因此，他们仍然是穷人，他们是有钱的穷人。

所以意向测试的问题是：

1. 如果你打算以富人的方式投资，或是有此投资倾向，你愿意获得富爸爸所说的三个“E”吗？它们是：

a. 教育（Education）

b. 经验（Experience）

c. 充足的现金（Excessive cash）

愿意________不愿意________

如果你的答案是“不愿意”，那么这本书下面的部分对你而言也没有太多的价值，我也不必再苦口婆心地为你提出投资的建议了，因为我要写的正是关于富爸爸的投资。

如果你对投资知识、投资经验以及由此带来的充足的现金还有所置疑、有所好奇的话，那就请继续往下读。如果你以前没有这三个“E”的概念，那么读完全书后，你就能决定要不要选择这三个“E”了。

按着这个路子，你会发现，你的计划目标会由安全稳妥、宽裕舒适逐渐上升到更高的层次。就好像一个跳高运动员或是一个撑杆跳高者，当他们跳过一个高度后，将会面临更高的挑战。同样，当你实现了财务上的安全稳妥和生活上的宽裕舒适时，你的目标也将不断升级，不断上调，你的目标将是如何变得富有。

如富爸爸所言：“你可以用一生的时间学习投资的基本知识。”他的意思是：“投资乍听之下很复杂，但只要你开始学习，开始投资，慢慢地它就会变得简单。投资越简单化，你学的基础知识越多，你就会越富有，同时冒的风险就会越小。不过，对大多数人而言，最大的难题还是投资时间。”

第 15 章

投资第 13 课：用财务知识减小风险

那是 1974 年的早春时节，还有几个月的时间，我就要退役了。我真不知道一旦离开军营，我还能做些什么。当时，尼克松总统正处于“水门事件”的困扰中，他即将接受法庭的审理。同他相比，我的担心和焦虑就算不了什么了。众所周知，越南战争结束了，我们以失败告终。退役在即，我仍然留着士兵的短发，并故意拖延退伍时间，外面的世界是一个充满嬉皮长发的世界。我开始想像我留着披肩长发的样子。自从 1965 年进入军校起，我就留着士兵发型。但是到了 1973 年，短发已是不合时宜的了。

在过去的四天里，股市行情不断下跌，人们心中都忐忑不安。连空军基地随时待命的飞行员中买了股票的，也被搅得心神不宁。其中一人抛出了他所有的股票，口袋里揣着现金，退出了股市。那时，我还没有买股票，所以，对股市上涨下跌给人们带来意想不到的种种悲欢，我只是在一旁关注着。

富爸爸和我在他最喜欢的海滨饭店里共进午餐。他仍然快乐如昔，股市还在下跌，可他却赚了更多的钱。人人都在紧张焦虑，连电台的股市评论员也不例外，只有他依旧心平气和、谈笑风生，我感到很奇怪。

“怎么我身边的股民们个个忧心忡忡，而你却依然满面春风，这是怎么回事？”

“这个问题我们早就谈过了，”富爸爸说，“我说过投资者的基本原则之一，是要未雨绸缪，要提前为将来发生的任何事做好准备，而不是试图预测可能会发生什么事情。虽然很多人声称他们能够预测市场行情，但我对此表示怀疑。对未来而言，预测一次两次是可能的，但从没有哪个人能对市场行情连续三次做出成功预测。如果有这种人的话，那他一定有带魔法的水晶球。”

“可是，投资难道真的不危险吗？”

“是的，不危险。”富爸爸说。

“我和很多人谈话，他们都认为投资很冒险，所以他们要么把钱存入银行，要么购买金融市场基金，要么购买大额存单。”

“他们会这么做的，”富爸爸顿了顿，又说，“对大多数人而言，投资是很冒险的，但要记住有风险的不是投资本身，而是投资者。许多自称为投资者的人其实并不是真正的投资者。实际上，他们是投机商、生意人，说得难听点，叫赌徒，这些人与真正的投资者相比，有着明显的区别。但你不要误解我的意思，现实中确实也有财务上实力雄厚的投机商、生意人和赌徒。但他们不属于我说的投资者这个范畴。”

“那么，一个投资者怎样做才能不冒险呢？”我问。

“问得好，”富爸爸说，“不过，像这样问会更好，我如何才能成为一个既能赚大钱，又能少担风险的投资者？而且也能牢牢留住赚到的钱？”

“对，这的确是个更具体的问题。”我说。

“我的答案相同。那就是让事物变得简单化，懂得做事的基本原则。首先拟定你的安全和舒适的投资计划，然后把这些计划交给有能力的人去做，让他们照现成的程序按部就班。最后，你就得为你变成赚钱多而风险少的投资者付出代价了。”

“什么代价？”我问。

“时间，”富爸爸说，“时间是你最有价值的资产。如果你不愿意付出时间，那么就把你的投资资金交给能够按你的计划行事的人好了。许多人梦想成为百万富翁，但却不愿意付出时间。”

我知道富爸爸又在为我的新的一课作思想铺垫了，可现在我很想马上进入投资实践。我真想马上按照他的投资公式来学习如何投资。然而他还在试探我，看我有没有投入精力和时间去学习投资的决心。因此，我提高了声音让桌旁的人听清我的话：“我想学习投资。我愿意付出时间，愿意学习。我不会中途放弃的，你不会白费时间教我的。请告诉我，如何才能成为一名风险少、赚钱多的成功投资者。”

“好极了。”富爸爸说，“我一直在等你表态。今天早晨，看到你因为市场萧条而愁眉不展，我还替你担心呢。如果股市的涨跌会左右你的生活，你就不是一个投资者。首先，你必须做一个懂得自控的投资者。如果做不到这一点，股市的变化就会驾驭你，总有一天你就会在股海的沉浮里迷失方向。人们当不好投资者，首要原因就是缺乏对自我和感情的控制。安全稳妥、舒适宽裕这些观念占据了他们的大脑、灵魂，左右了他们的世界观，影响了他们的一言一行。我说过，一个真正的投资者并不在乎市场的走向，真正的投资者在股市上涨下跌时都能赚钱。所以自我控制是最重要的控制原则，懂吗？”

“懂了。”我欠了欠身子。过去，我是有那么点窝囊而且过于焦虑。然而幸运的是我已跟从富爸爸学习多年，在这期间，我渐渐明白了他对我的期望，学海无涯，我的投资课才刚刚开始。

富爸爸滔滔不绝地说着，“如果你想以最小的投资风险换取最大的回报就得付出代价，包括大量的学习，例如学习商业基础知识等。此外，要成为富有的投资者，你得首先成为一个好的企业主，或者学会以企业主的方式进行思考。在股市中，投资者都希望在兴旺发达的公司里入股。如果你具备企业主的素质，就可以创建自己的公司，或者像我一样，能够分析其他公司的情况。但问题在于，学校把多数人培养成了雇员或自由职业者，他们不具备企业主的素质和能力。正因为如此，非常富有的投资者才变得屈指可数。”

“这也是人们认为投资有风险的原因。”

“对，”富爸爸边说边掏出他的本子，“这是最基本的投资。图上的这个基本模式是我和许多掌握了巨额资产的投资者所共同遵循的。”

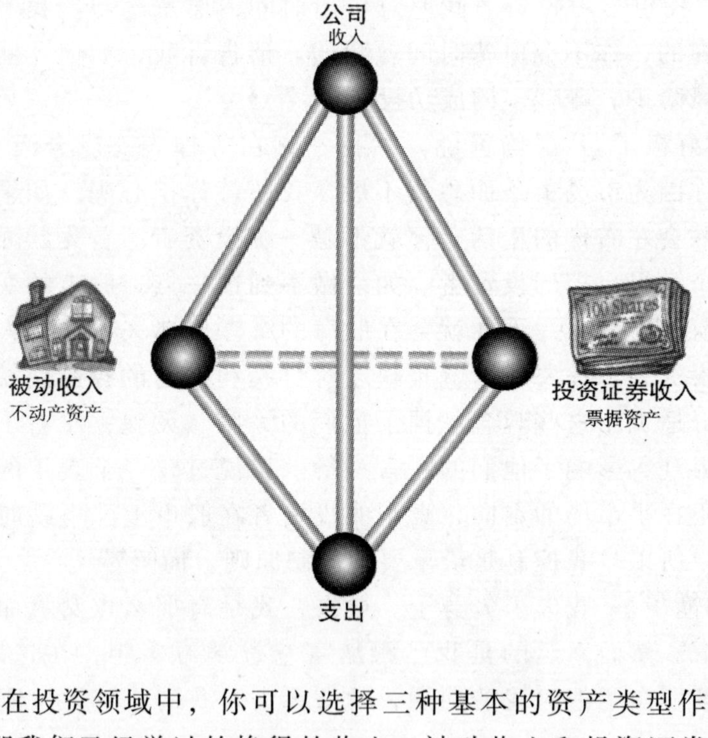

“在投资领域中，你可以选择三种基本的资产类型作为目标，即我们已经学过的挣得的收入、被动收入和投资证券收入的概念。然而巨富者和一般富有者之间的巨大差异，可以从上图的四面体中看出来。”

“你认为创建公司就是投资，对吗？”我问。

“如果你想变成一个富有的投资者，那么创建一家公司可能是所有投资形式中最好的一种。富翁中约有 80％的人就是通过创建公司起家的。很多人为这些创建企业或投资于企业的人打工，然后惊异于雇主的巨额财富。究其原因，那就是企业主把钱变作了资产。”

“你是说，在企业所有者眼中，资产比金钱更有价值对吗?”我问。

“那是这幅图所表示的一个意思，因为投资者所要做的，正是把时间、投资知识、技能以及钱花在可变为资产的证券上。就好像你投资一项不动产，比如出租房，或者买股票一样，企业主则通过雇佣你，来建立企业这项资产。穷人和中产阶级为了生计和金钱苦苦挣扎的主要原因，就在于他们认为金钱比资产更具有价值。”

“穷人和中产阶级看重金钱，但富人更看重资产，是这样吗?”

“不完全是，”富爸爸说，“要记住《格雷欣法则》。”

“《格雷欣法则》?”我很诧异，“我怎么从没听说过?《格雷欣法则》是怎么回事?”“《格雷欣法则》是一条经济法则，也称劣币驱逐良币法则。”

“劣币、良币？钱还分好坏吗?”我不解地问道。

“让我解释一下，”富爸爸说，“自从人类给金钱以一定的币值时起，《格雷欣法则》就起作用了。追溯到古罗马时代，人们就习惯从金银钱币上切下一角，这就意味着在货币充当买卖媒介时，货币的价值含量就减小了。古罗马人不是傻瓜，他们很快就觉察到货币越变越轻。当他们知道货币减轻的真相时，就把足值的金银货币积存起来，专门用那些不足值的货币。这个例子说明：坏钱把好钱从流通领域中排挤出去了。

“为控制这一现象的蔓延，政府发行了带锯齿货币，足值货币的边缘都有细小的沟槽。如果货币边缘的沟槽被挫平，人们就知道这枚货币被动过手脚。听起来很好笑，往往正是政府在货币上做手脚。”

“可这是古罗马时代的事情，这个法则在今天还有什么用呢？”

“1965年，距离今天不到十年的时间，美国政府不再发行银币，是《格雷欣法则》起了作用。换言之，政府开始发行坏钱，也就是没有真正价值的货币。人们立刻开始收藏银币，买东西的时候，就用那些价值变低了的货币。”

“这就是说，人们都知道政府发行的货币的价值降低了。”我应道。

“看起来是这样的，”富爸爸说。“我想这也是人们不太存钱，反而花钱更多的原因。遗憾的是，穷人和中产阶级总是买一些不值钱的东西，他们白白糟蹋了钱。与此同时，富人用钱买公司、股票和不动产。他们总在货币减值时，寻找更为安全稳妥的证券。所以我一直对你和迈克说，‘富人不为钱工作’。如果你想成为富翁，就要知道好钱与坏钱、资产和负债之间的区别。”

“还有好的证券和坏的证券。”我补充说。富爸爸点点头，“所以我总是对你说‘富人不为钱工作’，那是因为富人很聪明，他们知道钱币本身的价值在不断减小，如果你为坏钱拼命工作，而且不知道资产与负债、好证券与坏证券之间的差别，那么这一辈子你都别想变富，很多工作最卖命、然而得到报酬最少的人总是在遭受货币贬值之苦，我也很同情他们，但有什么办法呢？由于钱的价值逐日减少，所以每一个有经济头脑的人都会不断寻找具有真正价值的，能带来更多钱的东西。如果不这样做的话，你永远都会在经济上处于落后地位，而不是走在前面。”

然后，富爸爸指着本子上画出的草图：

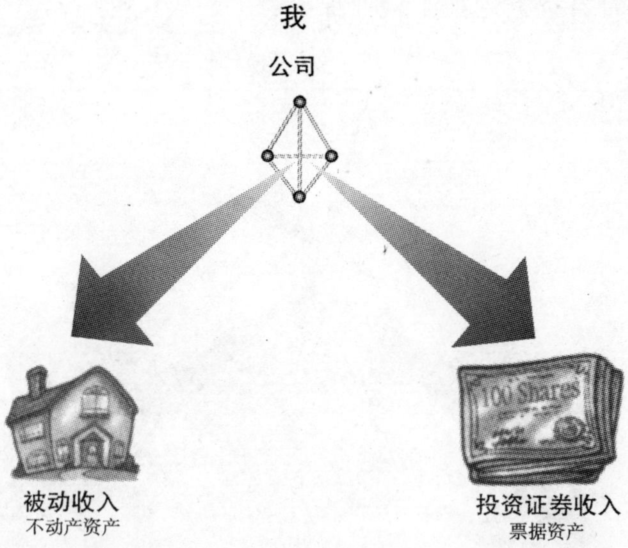

“现在，我的财务状况比你父亲的财务状况安全稳妥得多，因为我一直在努力寻求这三种类型的基本资产或证券。而你父亲只是为工资收入而工作。他辛苦工作的目标就是这样的：

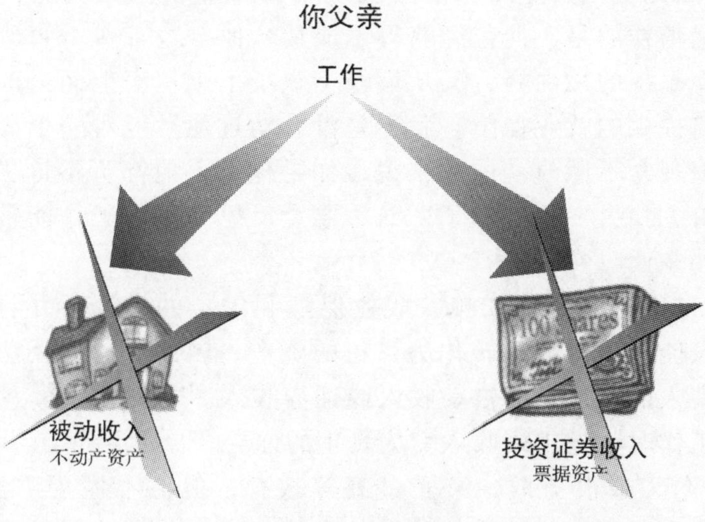

接着富爸爸划掉了就业保障：

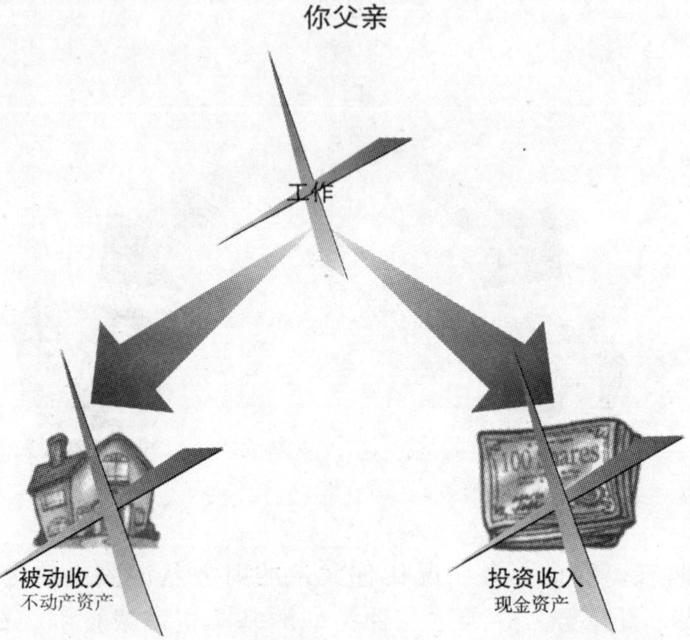

“因此当他失业时，他会发现辛勤工作换来的竟是一无所有。最糟糕的是，他曾经获得了成功，他努力工作一直升到了州教育系统的最高峰，又从巅峰上跌了下来，离他而去的还有州政府提供的就业保障。我不是没有劝过他，但对一个固守自己价值观念不愿改变的人来说，你讲什么，他都听不进去。他又忙着去找另一份工作了，而不愿意反思一下，工作能带给他想要的东西吗?”

“是啊！他一直依赖着职业保障和虚拟的资产，并且，他始终没能把工资收入转化为真正的资产，因此，他也无法取得那些富人的收入，即被动收入或证券收入。”我感叹道，“他应该在工作时，把工资收入变为真正的证券。”

“你父亲很勇敢，又受过高等教育，但他不懂理财知识，所以才会落到今天这个地步。如果他很富有，就能以战略性的投资来影响整个教育系统。但他又没有钱，惟一能做的就是抗议和挑战政府。挑战很有效，但也会导致政府中守旧派的不满和反对。你只要看看有多少人反对停止越战就明白了。”

“可笑的是，他反对政府中的金钱政治现象。”我说，“但他也看到了有钱人可以左右政治以及富人们得到的各种好处，他也知道法律都是为维护富人的利益而制定的。我父亲看到金钱侵入到政治中，所以他去竞选副州长，想上任后好好整治这股不正之风。可他却因此丢了饭碗，这也使他明白了，法律总是偏爱富人的。”

“这是关于金钱的另外的话题了，不是我们今天要谈的了。”富爸爸说。

为什么投资不冒险

“我已经决定了，”我说，“我不去当飞行员了。我要像你说的那样，先找一家能为我提供推销培训的公司，我必须战胜担心被别人拒绝的恐惧，并且学会怎样推销、怎样和别人沟通。”

“好样的，”富爸爸说，“IBM 和施乐公司都为员工提供非常好的销售培训。如果你想成为 B 象限的人，就必须在了解市场的同时懂得如何销售。你要学会做‘厚脸皮’，不要介意别人对你说‘不’。而且你也要能够用恰当的方法尽力改变他们的想法。要想成为富人，尤其是 B 和 I 象限的人，学会推销是很必要的，这是你的基本技能。”

“可是我还有一个关键的问题。”我说。

“说吧。”富爸爸说。

“别人都说投资要冒风险，你为什么不这么认为呢？”

“很简单，”富爸爸说，“我可以读财务报表而大多数人读不懂。你记不记得几年前我说过，你父亲有文化却不懂理财知识？”

我点点头，“你经常这样说。”

“如果你想成为安全的投资者、内部投资者和富有的投资者，理财知识是所有投资基础知识中最重要的一部分。那些不懂理财知识的人无法看到投资项目的真实情况，而掌握理财知识的人就不同了，就像医生能用 X 射线看你的骨骼系统一样，在分析投资时，通过财务报表，你能看到隐藏在内部的真实情况，从中辨别假象，你就可以看到机会，评估风险。看公司或个人的财务报表，就像读传记或者自传体小说，你能从中得到很多东西。”

“那么人们之所以认为投资是在冒险的原因之一，就是他们不会看财务报表吗？”我惊奇地问，“你在我和迈克 9 岁时就开始教我们读财务报表就是出于这个原因对吗？”

“你记不记得，9 岁时你曾告诉我，你想成为富翁。当我听到你的话时，就告诉你一些基本原则，包括不要为钱工作，学会发掘投资机会而不是去找一份工作，学会看财务报表。大多数人毕业了就去找工作，却没有找机会；他们只知道为工资收入而卖力工作，却不知道为被动收入和证券收入而努力；更多的人连记账都不会，更别提读写财务报表了。所以也难怪他们会认为投资是去冒险。”

富爸爸又掏出他的本子，画出下面这幅图：

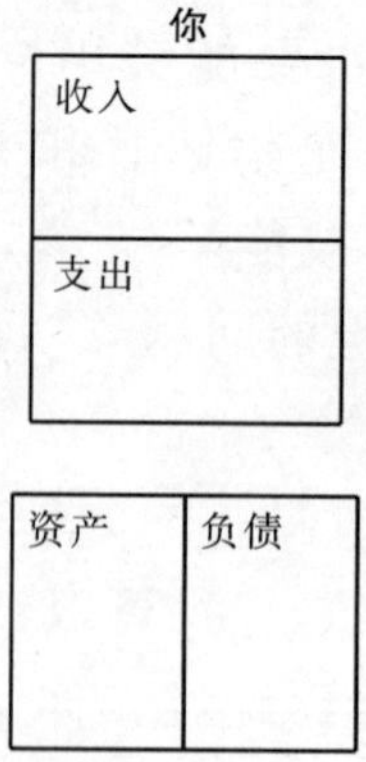

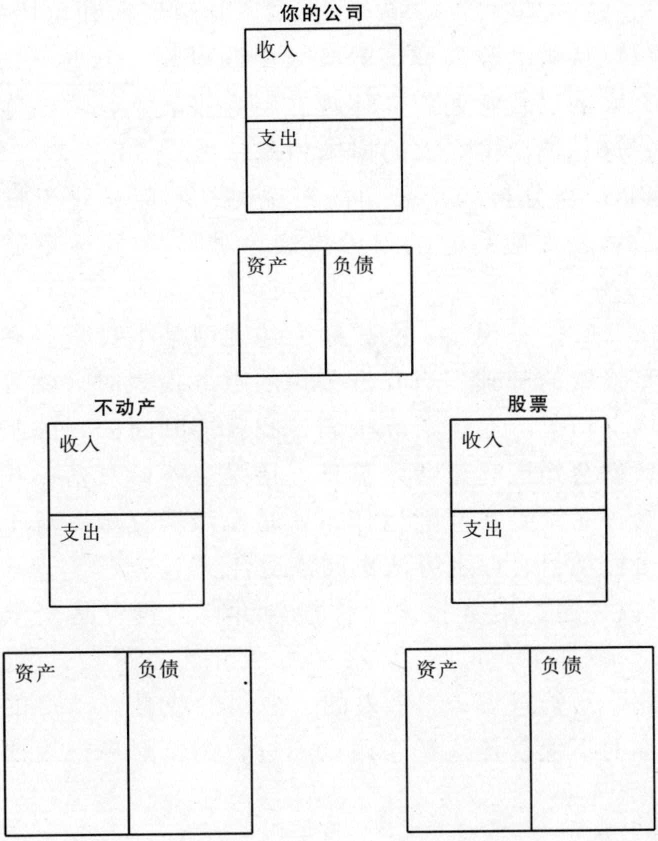

“每家公司都有它的财务报表，一份股票证书是一份财务报表的反映，每一项不动产有一份财务报表，就连我们每个人也都有一份私人财务报表。”富爸爸说。

“每一张证券？每一个人都有财务报表?”，我问道，“也包括我父母吗?”

“当然，”富爸爸说，“所有的一切，公司也好，不动产也好，人也好，只要涉及钱这个问题，就必然有收益表和资产负债表，无论他们有没有意识到它们的存在。不重视财务报表作用的人往往钱很少，财务问题很大。”

“你是指我父亲这一类型的人吗?”我问。

“很遗憾，是的。”富爸爸说，“不知道资产和负债的区别，不知道可以从被动收入和证券收入中取得收入，也不知道这些收入怎么来的以及它们怎样体现在财务报表上，这些你父亲都不重视，这是一个多么大的损失和疏忽呀。”

“因此，当分析一个公司的情况时，不应只看当日该公司的股票价格，而应看它的财务报表，对吗？”我尽量避开谈论我父亲。

“对，”富爸爸说，“这被称为基础型基本投资。理财知识是基础型投资的基础。当我看公司的财务报表时，就等于弄清了它的内部情况。通过财务报表，我就能判断公司的基础是好还是弱，就会知道它是会蒸蒸日上还是会不断衰落；我还能说出它的管理系统是在有效运作，还是在浪费资金。对于住宅建筑和办公楼项目，以上方法也同样适合。”

“所以，通过财务报表，你能告诉自己投资是安全的还是冒险的。”我加了一句。

“对，”富爸爸说，“个人的、公司的或是不动产的财务报表告诉你的不仅仅是这些东西。不过，浏览财务报表要做好三件事。”

“哪三件？”

“首先，财务常识会告诉我们哪些是重要的。我会认真阅读每一行，并考虑哪些是没做好的，或者是我还能做点什么，以此来完善公司业务，使情况好转。许多投资者是看公司股票价格和股票的市盈率。股票的市盈率是外部投资者的指标，内部投资者需要其他的指标，这方面我会教你的。了解那些指标是保证安全投资的重要部分，能够确保公司的正常运行。如果你不懂理财知识，就无法辨识这些不同点。当然，你就会觉得投资是在冒险。”

“第二件事是什么？”我问。

“第二件事就是，当我看投资时，要把它和我个人的财务报表加以对照，看看是否合适。我说过，投资是个计划。我需要了解公司、股票、共同基金、债券或是不动产的财务报表会给我的私人财务报表带来什么样的影响。我想知道这笔投资能不能让我得到我想要的。我还能通过分析，知道自己是否有能力进行这项投资。通过数字，我能推测出如果我借钱投资后会发生什么样的事情，以及由债务引起的对收支平衡的远期影响。”

“那么第三件事？”

“我想知道这笔投资是否安全，会不会为我赚钱。我能在短时间内迅速判断出这笔投资是赚钱还是亏本。要是它不能为我赚钱，或者我找不到能赚钱的理由，那我为什么要投资呢？那样做就会很冒险。”

“如此说来，如果你赚不了钱，就不投资了吗？”我问。

“多数情况下是这样的，”富爸爸说，“但是听时容易做时难，当我看到那些自称投资者的人亏本或无法赚钱时，都会使我感到震动。许多投资不动产的人每个月都要亏本，但他们说‘政府会对我的损失予以免税补偿’我就会说‘这就像你丢了 1 美元，政府会还给你 30 美分’。一些商业巨子和投资高手知道，该如何利用政策为自己谋利，但真正做到的人，却廖廖无几。为什么不在赚 1 美元的同时，从政府那儿再得到 30 美分的额外好处呢？这才是真正的投资者要做的事情。”

“人们真是那样的吗？他们亏了本，竟然还以为是在投资吗？”

“关于这个问题，他们认为丢钱但享受税收优惠是个很好的办法。你知道找一个让人亏本的投资项目有多容易吗？”富爸爸问。

“我想应该很容易吧，”我说，“世界上不能赚钱的股票、共同基金、不动产和公司应该多如牛毛。”

“真正的投资者一开始就想到赚钱，随后就思忖着从政府那儿得到额外的利益。因此，真正投资者既要 1 美元，也要政府给的 30 美分。外行投资者丢了 1 美元，却在为从税收减免中得到的 30 美分兴奋不已。”

“这仅仅是因为他们不会读财务报表吗?”我问。

“读财务报表是一种基本技能。在富人的投资水准上，财务知识是投资者必不可少的基础。另一个原则是投资一定要赚钱。千万不能带着丢钱却享受税收减免的思想进行投资。你投资只为一个目的，那就是赚钱。如果投资是为了丢钱的话，那么风险就太大了。”

你的记录卡

当我们即将结束一天的课程时，富爸爸说：“现在，你明白为什么我经常让你做个人财务报表了吧?”

我点头说：“还明白了为什么要分析公司和不动产投资的财务报表。你还总要我思考财务报表的内容，现在，我完全明白这样做的原因了。”

“你上学时，每个季度都有一张记录卡。毕业后，你的记录卡就是你的财务报表。问题是：因为大部分人不知道如何看财务报表，也不知道该怎样写，所以一旦从学校毕业了，他们就不知道该怎么办了。许多人对自己的财务报表一无所知，却自我感觉良好，因为他们有一份好工作和一个温馨的家。遗憾的是，按我的成功级别评分，那些 45 岁还没有实现经济独立的人只能是不及格。我不是有意让他们难过，只是想唤醒他们的意识，在他们耗尽最有价值的资产——时间之前，快去做一些不同的事。”

“所以你通过看财务报表达到减小风险的目的，”我说，“而且在投资前，每个人首先应该掌握个人财务报表。”

“对，”富爸爸说，“我一直强调自我控制的过程，这种控制对你的财务报表也同样适用。很多人想投资，但他们负债累累。很多人想投资是为了赚钱，一旦希望成为现实，就能还债、买大一点的房子、买新车，这些都是傻瓜的投资计划。你应该只为一个原因投资，就是得到一份资产，并用它将工资收入转化为被动收入或证券收入。这种收入形式上的转化正是真正的投资者追求的基本目标。要达到这个目的，绝不像结算财单那么简单，投资者必须具备更深层次的财务知识。”

“所以你不在乎股票或不动产的价格变化，你更关注把握运作的基础，你能在财务报表中了解的基础，对吗?”我问。

“对，”富爸爸说，“所以看到你为股市价格下跌而焦虑时，我很担心。虽然价格很重要，但它不是基本投资行为中最重要的。价格与技术投资挂钩，不过技术投资又是另一个课题。现在你明白了，为什么我让你读个人财务报表，并且分析企业和不动产投资的原因了吧。”

我点点了头：“以前我讨厌这么做，但现在我要谢谢您。我明白了，要多思考财务报表的内容，并借助它来分析事物的深层实质，通过它找到一项最能让我获利的投资。我没有想到大多数人都不会利用这种简单有效的思考工具。”

一张魔毯

“你已经在游戏中展露头脚了，”富爸爸说，“这是一场致富的游戏。损益表和资产负债表是两张最主要的财务报表，我把这两张财务报表叫作“魔毯”。”

“为什么你把它叫做魔毯呢?”我问。

“因为这两张财务报表能带你看到世界上任何一家公司，任何一项不动产和任何一个国家表面现象后面的东西。就好像潜水时戴上潜水眼罩，你就能看清潜藏于水下面的东西一样。财务报表就是潜水眼罩，有了它，你就能洞悉现象掩盖下的真实状况。或者说，财务报表就像超人的 X 光眼，借助它一个有理财知识的人能透过建筑物的混凝土墙，直接看到它的内部结构，而不用进入到内部。我称这两张报表为魔毯的另一个原因是，它让你随心所欲地看到并得到在世界上任何地方的你想要的一些东西，做这些事的同时，你甚至不用离开办公桌。具备了这样的知识和洞察力，对世界任何一个角落，即使是家中的后院，你都可以进行投资。你能不断增加理财知识最终能减小投资风险并增加投资回报。通过财务报表，我能看到一般投资者看不到的东西，同时，我还能掌握控制自己的经济状况，达到我人生中理想的彼岸。掌握财务报表还能让我在离开公司的时间里，继续掌握各项业务的运转情况。真正弄清了财务报表，一个S象限的人就能变为B象限的一分子，在这个转变过程中，财务报表是必不可缺的一环。正因为如此，我才把财务报表称为魔毯。”

意向测试

假设我们要买一辆二手车，我们就会请机械师和电机师进行仔细检查以确定是否值这个要价。如果买房子的话，在付款前，我们会让房屋检查员浏览一下清单，并检查一下基础设施的状况、管道、水电、屋顶等等。如果论及婚嫁，我们都要看看对方的漂亮的面孔下隐藏着什么，以此来决定他或她是不是那个能与你共度一生的人。

但是，投资时，许多人从不研究投资对象的财务报表。大部分投资者不是盲目追随市场的势头，就是按市场行情来决定价高还是价低。尽管有些人每年都要对自己的汽车进行检修或做年度保养，但很少有人分析一下自己的财务报表，从中找到财务上的不足或潜在的问题。究其原因，就是人们在从学校毕业后，根本没有意识到财务报表的重要性，更别提掌握控制它了。怪不得有那么多人感叹投资要冒险，其实投资本身是没有风险的。但是如果没有理财知识，那就另当别论了。

如何瞄准投资机会

如果你打算通过投资致富的话，那么仅仅熟悉财务报表是远远不够的。但财务报表可以提高你自身投资的安全系数，还可以使你在更短的时间内赚到更多的钱。我这么说是因为，分析财务报表能使你瞄准投资机会，而这些机会恰恰是一般投资者不易看到的。一般投资者把价格的高低起伏看作买卖的时机。而投资高手会训练大脑对价格起伏以外的商机作出更敏锐的反应。因为他们知道，不经训练的眼睛，是无法捕捉到最佳时机的。

富爸爸教导我，作为一个投资者，如果你想赚更多的钱，就必须熟悉理财知识，同时要能洞察投资内部的虚实之处。他说："绝佳的投资机会来自于对会计、税法、商法和公司法的认识和理解，正是在这些无形的领域中，真正的投资者能够猎取到最大的投资项目，所以，我把损益表和资产负债表称为魔毯。"

意向测试的问题是：

1. 如果你想通过投资致富，并且以富人的水准进行投资，那么你愿意随时拥有最新的个人财务报表吗？你愿意经常练习分析其他公司的财务报表吗？

   愿意________不愿意________

第 16 章

投资第 14 课：理财知识使事情简单化

富爸爸常对我说："你父亲会陷入经济困境是因为他虽然有文化知识，但缺乏财务知识。假使他肯花点精力学习阅读数字和金钱语言，他的生活就会发生很大的变化。"

财务知识是《富爸爸，穷爸爸》一书中所介绍的六节课里的一课。对富爸爸而言，财务知识对于那些真心想成为商人和投资家的人来说至关重要。在本书后面的章节里，莎伦和我将会对财务知识在商业运作和投资中发挥的重要作用，作更为细致深入的介绍。我们将会教你如何抓住多数投资者都会错过的投资机遇来进行投资。而现在，我们最好对财务知识先作一番回顾，看看如何使它更加浅显易懂。

基本原则

一位智谋型投资者应能看懂多种不同类型的财务资料，而所有财务资料的核心就是损益表和资产负债表。

收益表

收入
支出

资产平衡表

资产	负债

我不是会计师，但我上过几门财会方面的课程。在这些课程中，我都惊讶地发现，老师们往往只是孤立地讲某一种报表而不讲两种报表之间的关系。也就是说，老师们从不解释为什么一种报表对另一种报表是重要的。

富爸爸则认为，弄清损益表和资产负债表之间的关系就是掌握理财技巧的关键。他说："没有另外一张报表，你怎能理解这一张？脱离了收入和支出数字，你又怎么能辨别出什么是资产、什么为债务？一样东西仅仅是因为它列在资产项，并不能断定它就是资产。"我认为富爸爸的这一见解极为精辟。他接着说："为什么很多人在财务上痛苦挣扎，原因就在于他们一味地负债，并且把债务错误地列于他们的资产项下。也是因为这个原因，很多人把他们的房子看作是自己的资产，而房子在更多时候恰恰是一种负债。"如果你对《格雷欣法则》有所了解，你就会明白为什么表面上看起来如此微小的疏忽，却有可能导致你一生的财务困窘而不能终身享受财务自由。他这样说："倘若你想让你的财富能够延续几代，那么你和你爱的人就必须明白资产和负债之间的区别。你要清楚哪些是有价值的东西，哪些对你是毫无价值的东西。"

《富爸爸，穷爸爸》一书出版后，很多读者疑惑："作者是在叫我们不要买房子吗？"答案当然是否定的。富爸爸的目的是强调财务知识的重要性。他指出："即使你有了房子，也不能把它当成资产，因为它确实是一种负债。"读者们最疑惑的问题是："如果你已偿还了购房贷款，是不是说明房子就成为资产了？"在多数情况下，对这个问题的答案依旧是否定的，虽然你在房子上不再负债，但并不意味它就变成了资产，你可以在“现金流”这个概念中找到原因。因为对于多数私人住宅来说，即使已没有负债，但他们还需要付财产税。事实上，你决不可能在真正意义上拥有属于自己的不动产，因为不动产永远都属于政府。所以我们用 real“真正的”（西班牙语里是“皇家的”意思），而不是“物质的”或“有形”资产的含义。过去，不动产所有权归皇家所有，现在归政府所有。如果你对此有所怀疑，你不妨停止去付财产税，不管你抵押了或没抵押，到时候你就会看到不动产权归谁所有了。税务扣押证书就源于此。在《富爸爸，穷爸爸》一书里，我提到过投资者从税务扣押证书里获取高额利润。课税扣押是政府的说法，对此政府的解释是：“你可以支配你的不动产，但政府将拥有其终身所有权。”

实际上，富爸爸非常赞成拥有一所房子，他认为房子是投资金钱的好去处，但它不见得是资产。事实上，一旦你获得了足够的不动产，你自然就会住在一所大豪宅里。正是那些不动产带来了现金流，允许人们去买他们自己的大豪宅。他指出，一个人不应该把负债看作是资产，或者去购买他们认为是资产的负债。他说这是人们可能会犯下的一个普遍性的大错误。他认为，如果什么东西属于负债的范畴，你最好叫它负债，并且谨慎地对待它。

现金流——一个神奇的字眼

对富爸爸而言，在商业和投资中最重要的一个词汇就是“现金流”。他认为，对于投资者和商人来说，必须要密切关注现金流的微妙走向，就像一个渔夫必须要关注潮涨潮落一样。人们之所以陷入财务困境，是因为他们对现金流向驾驭不当。

儿童也需要财务知识

富爸爸或许并没有接受过正规的教育，但他知道如何把复杂的事物简单化，简单到足以使一个 9 岁的孩子都能明白。因为我在那个年纪的时候，他就开始向我讲解复杂的财务知识了。我得承认当时对于富爸爸给我画的简易图，我也只是了解而已，但他浅显易懂的讲解却使我对钱以及钱的流动有了更深的了解。他不断给我灌输的财务知识，引导着我去寻求一种财务安全的生活。

如今，我的会计师们辛勤工作着，我依然继续沿用富爸爸画的浅显易懂的图表作为我专业的向导。所以，如果你能看懂下面的图表，你就会抓住更好的机遇获得更大的财富。把技术性的会计工作留给受过这方面工作培训的会计师，而你的工作则是把握住你的财务数据，并引导它们为你增加财富。

富爸爸的基础财务知识

财务知识第一课：一样东西到底是资产还是负债，是由当时的现金流向决定的。换句话说，即使你的不动产经纪人认为它是资产，也并不意味着它真的就是资产。

下图是资产的现金流向图。富爸爸是这样给资产下定义

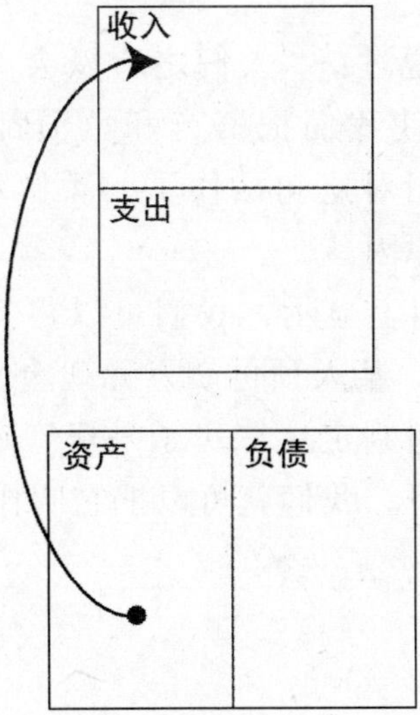

的：能把钱放入你口袋里的东西就是资产。

下图则是一张负债的现金流向图。富爸爸同样也给负债下了一个定义：从你口袋里拿走钱的东西就是负债。

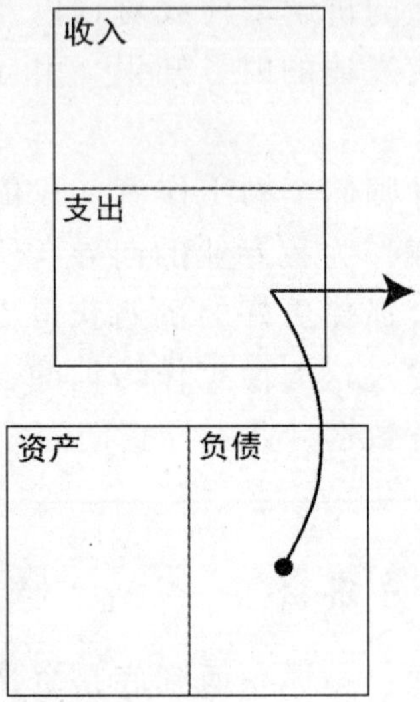

一个疑点

富爸爸曾对我说过："人们之所以会产生疑惑，是因为当前通行的会计方法使我们把资产和负债都列于资产的名下。"然后，他画了一张图对这句话作了一番解释，接着说："这就是人们产生疑惑的原因。"

他说："根据图上显示，我们可以得知，为得到一份价值10万美元的不动产，某人预付2万元现金，并取得8万元的房屋抵押贷款。你如何判定这栋房子是资产还是负债？是不是因为它被列于资产项下，我们就可以把它叫作资产呢？"

收入
支出

资产	负债
$100,000	$80,000

答案当然是否定的。如果你想得到真正的答案，就要求助于损益表。

接着，富爸爸又画了一幅图，说：“通过这幅图，我们可以判定这所房子的确是负债，因为这个人在这所房子上只有支出，而没有获得任何的收入。”

收入
支出 分期付款 不动产税 保险 设备 维护

资产	负债
$100,000	$80,000

把负债转化为资产

接着富爸爸在图上加了一行字，然后说道：“出租不动产收入和出租不动产净收入之间，其关键区别就在这个‘净’字上。财务报表上这样一个变动就把房子由负债转化成了资产。”

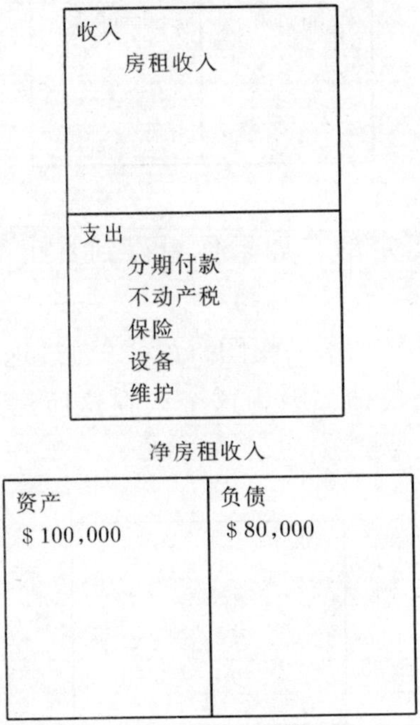

理解了这一概念之后，富爸爸又增加了一些数据，以便我明白得更透彻：“假设和房子有关的所有支出，包括抵押贷款、不动产税、保险费、水电费以及维修保养费总计为1000美元，你的租户每月支付你1200美元的房租，那么你现在每月就有200美元的净出租财产收入。这就是资产，因为这所房子正不断地往你的钱包里送钱。如果你的支出保持不变，月租金只收到800元，你就会损失200美元，这时资产就变成了负债。因此，即使你有出租财产收入，你所认为的资产也依然可能是债务。也许有人会问，如果将来我把这所房子高价出售，它是否会成为资产，这种情况可能会出现，但只会发生在将来的某个时候。其实不像人们普遍认为的那样，房价偶尔也会下跌。有句话说得好“小鸡还没有孵出之前是不能算数的”，这才是理财投资的明智之举。

政府修改法规

毫不夸张地说，自从1986年的《税制改革法案》出台以来，不动产行业已经损失了几亿。如此多的投机商们损失惨重，因为他们愿意出高价购买不动产，并且他们错误地认为地价会一直上涨；即使不这样，政府也会对他们的被动不动产损失进行税收减免。换句话说，他们认为，政府会缩减出租财产收入和出租财产支出之间的差距。然而事实正像他们所看到的那样，有人把法规给修改了。税法修改后，股票市场下跌，银行储蓄和贷款被搅乱。1987年到1995年期间，财富发生了巨大的转移。资产从位于S象限的人群，即高收入职业者，如医生、律师、会计师、工程师以及建筑师等人群流向了I象限的投资者。只是一次税法的修改，就造成了数以万计的人离开不动产市场，转而进入股票市场等证券资产市场。财富从一个象限的转移到另一个象限有可能很快再次发生吗？会是证券资产代替不动产吗？只有时间才能告诉你答案，然而历史常常会重演。当历史重演的时候，就会有一些人损失，另一些人则会受益。

如今，在澳大利亚，政府法律仍旧允许投资者“消极地”对不动产进行投资。也就是说，政府鼓励投资者在他们的不动产出租上损失一点钱，而投资者由此得到的好处是，有可能获得政府给予的税收减免权。美国直到1986年也在使用这样的税收政策。当我在澳大利亚谈及投资的时候，我提醒他们政府有可能会修改法律，就像美国政府所做的那样，当时反对这个观点的声音不绝于耳。每当听到一些诸如“政府不会修改法律”的舆论，我只能摇头。他们只是没看到法律更改后，美国数以万计的投资者的痛苦，我有几个朋友当时不得不宣告破产。他们为之辛苦奋斗了几年甚至几十年才获得的财富，也随之付诸东流。

我想问：为什么要让自己去冒这个险？为什么不去寻找一个能为自己赚钱的投资项目？任何人都可以找到赔钱的资产或投资项目，要找到这样的投资项目不必花费太大的力气，也不必绞尽脑汁更不需要财务知识。我和富爸爸担心人们的这种“为了获得税收减免而甘愿亏损”的观念会导致他们思想放松警惕。甚至在美国，我常听到有人说：“亏损没什么大不了的，政府不是还减免了我的税收嘛！”那只是意味着你损失1美元，政府给你大概30美分的补助（依各人所属税收等级而定）。对我而言，这不仅仅是金钱上的损失，更主要的是你投资策略上的损失。为什么不让投资项目为自己赚钱呢？这样一来，收入、增值和税收减免都保全了，岂不更是美哉？

要知道投资的目的是赚钱而不是亏损。假如你是一位资深的投资家，你同样可以既赚了钱又享受了税收减免。我的朋友迈克尔·泰拉里可是悉尼的不动产经纪人，他说：“每天都有人跑到我的不动产投资办公室对我说‘我的会计师叫我来找一个消极投资项目，他叫我来买那种将会使我亏损的投资项目！’迈克尔就对他说‘如果你要找一个使你亏损的项目，你不需要我的帮助，因为你身边就有很多这样的项目。我所能帮你的是那种既能为你赚钱，又可以使你享受税收减免的投资’。可是回答往往是‘不，我要的是可以使我亏损的投资’。”1986年以前，这种情况同样存在于美国。

从这个例子当中，我们可以吸取几个重要的教训：

1. 那种为了获得税收减免而甘愿亏损的意识，导致人们在选择投资项目时草率从事。
2. 有这种意识的人不会寻找真正的投资项目，在分析投资时，也就不会仔细研究财务报表。

3. 投资亏损会使你的经济情况不稳定，换而言之，投资本身就有了很大的风险。为什么要冒这么大的风险呢？你本可以多花一点的时间，去寻找一些可靠的投资项目。如果你能看懂财务数据，相信你就会找到它们。
4. 政府一定会修改法规。
5. 今天是资产的东西，明天就有可能变成负债。
6. 1986 年在数以百万计的人亏损的同时，也有其他一些投资者为迎接这个变化作好了准备。正是这些早有远见的投资家，使那些毫无准备的人遭受了惨重损失。

最大的风险

富爸爸说："最冒险的投资者是那些对自己的财务报表没有控制力的人。其中最危险的，又是那些自认为拥有资产其实却是债务的人；取得收入时，还要支付更多的费用的人；以及其经济来源主要靠劳力的人。说他们冒险是因为通常他们是不顾后果、孤注一掷的投资者。

在我的投资课上，经常有人坚持说他们的房子是资产，并就这一问题和我争论。最近，一个人说："我买房子时用了 50 万美金，现在房子的价值已经涨到 75 万美元"。我问他："你怎么知道的？"他的回答是："我的不动产经纪人说的。"

我问他："你的不动产经纪人能对这个价格向你保证 20 年吗？"

"为什么不能？"他说，"他说这个价格是目前这个街区售房的平均价。"

这大概就是为什么富爸爸说普通投资者不会赚大钱的原因。富爸爸说："普通投资者往往有将还没有孵出的小鸡也计算在内的思想。他们买入让他们每月花钱的东西，然后主观臆断它们为资产。他们指望他们的房子将来能升值，或者觉得他们的房子一定能按他们不动产经纪人所说的价格迅速售出。你曾经以低于经纪人告诉你的价格或以低于银行的估价出售过房屋吗？我有过这样的经历。这种把经济决策基于主观臆断或期望之上的行为，其结果必然是导致他们难以把握住自己的私人资产。我认为这样做是太冒险了。如果你想富有，那么你必须把握住你的现金流并且充分利用你的财务知识。只要你现在能够很好地控制你的财务状况，那么期望将来你的某种东西会升值，则是无可厚非的。富爸爸说："假如你有足够把握确信房子会升值，那么买10座这样的房子也未偿不可呢。"

这种心理对这样一些人也同样适用，他们会说："现在我的退休金账户已有100万美元，当我退休时会达到300万美元。"我会问他："你怎么知道的?"。以富爸爸的经验来看，普通投资者常常喜欢打如意算盘。他们行事孤注一掷，总是期待着好事自来。当然，如意算盘也有成功的时候，一夜之间成为暴发户的人还是存在。然而，专业投资者并不想碰这个运气。一个资深的投资者懂得，具备一定的财务动作能力会使你把握住今天，如果你不断努力进取，将有助于你更好地把握明天。当然，投资也有失策的时候，有时，人们等来的航船竟会是泰坦尼克号。

我碰到过不少初涉投资领域的投资者，他们从事投资事业的时间在20年以下。这些投资者中的大多数还从未真正经受过市场的冲击，还未遇到过某种不动产资产的价值已跌破购买价值的状况，而每个月他们还要为该不动产支付分期付款。正如我所料，这些投资新手滔滔不绝地大讲工业指数，诸如"市场指数自1974年以来一直看好"或"不动产投资在过去的20年里，每年平均提高超过4%。"

正如富爸爸所说："指数是对普通投资者而言的。一个专业投资者需要做的是控制，这个控制是从你，从你的财务知识、信息来源和你自己的现金流着手的。"富爸爸常告诫投资者，"不要做普通投资者"，对他而言，一个普通投资者等同于一个冒险的投资者。

人们为何不能控制自己的财务状况

人们从学校毕业后，有可能不清楚如何平衡自己的收支，更不用说如何准备一份财务报表了，他们从未学习过如何控制自己的财务状况。你若想知道人们是否能财务自控只需看看他们的财务报表。仅仅拥有高收入的工作、豪宅和漂亮的汽车不能说明他们能够很好地控制自己的财务。若人们懂得一份财务报表是如何完成的以及如何去发挥其作用，那么他们将更具经济头脑，更善于掌管自己的经济。通过对财务报表的了解，人们能更清楚地看到他们的现金是怎样流动的。

例如，下面是开具一张支票的现金流图式：

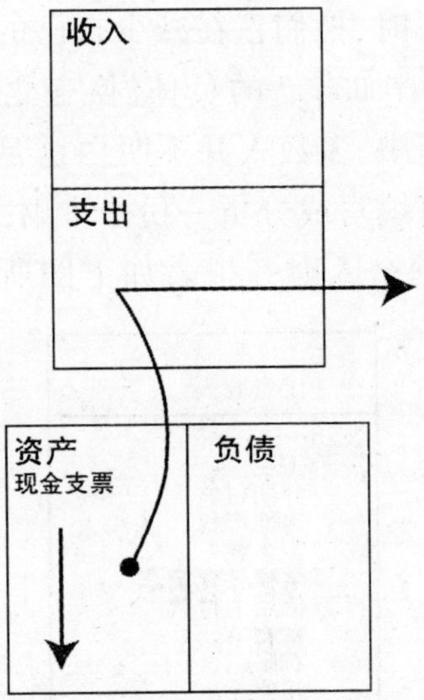

以下是使用一张信用卡的现金流图式：

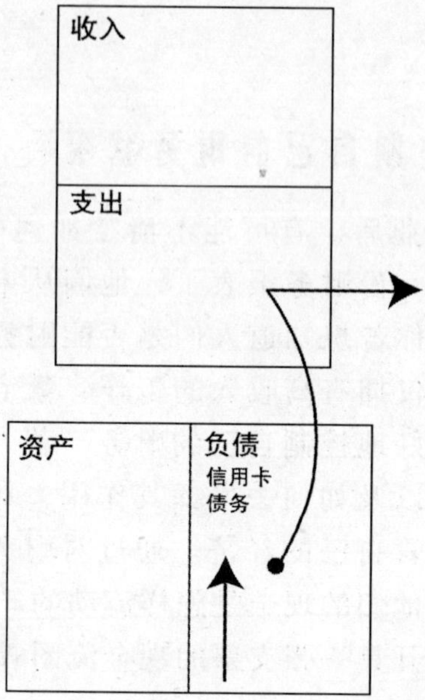

当人们开出支票时,他们正在减少自己的资产;而当人们使用信用卡时,他们正在增加自己的负债。换言之,信用卡能使你更容易逐渐地陷于债务当中。多数人并不明白这是怎么一回事,就因为他们没有接受过如何填写或分析一份个人财务报表的训练。

今天,许多人的个人财务报表如下图所示:

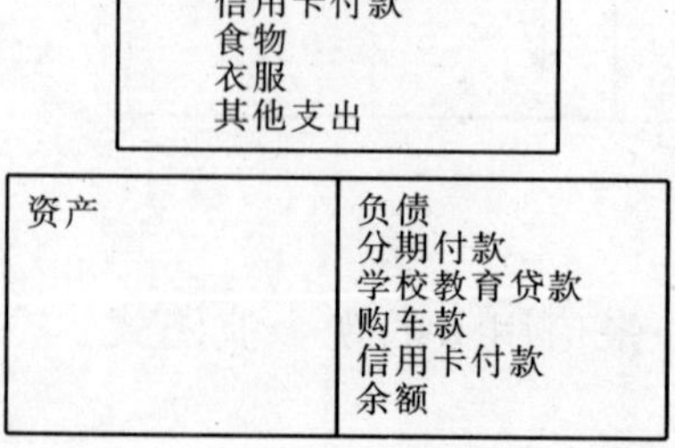

除非这个人观念改变，否则他有可能一生为金钱所累。为什么这样说呢？因为这个人所付的每项开支，正在使另一个人变得更富有。

作者注：很多人问我："获得财务自由的第一步是什么？"我的回答是："控制你的财务报表。"我叫我的税务顾问兼会计师戴安娜·肯尼迪把录像带和笔记作了整理，目的是要你：

1. 了解一份个人财务报表将如何填制和运作；
2. 控制你自己的财务报表；
3. 继续实现财务自由
4. 了解如何像其他富人一样，通过降低税费来管理自己的资金。

戴安娜和我制作的这些录像带，有助于你们摆脱债务。然而更重要的是，你从中会学到如何像其他富人一样管理你的财务状况。这极为重要，因为许多人认为挣很多钱就可以解决他们的财务问题了。但是，情况并非这样。学着像富人那样管理你现有的资金，也就是看你如何解决你短期的经济困难，这同时也为你提供了获得财务自由的机会。整套视听资料和操作说明都收集在"财务自由入门"这一套带子中。其中包含的知识浅显易懂。这些知识对于如何着手创建一个坚实的财务基础来说必不可少。在www.richdad.com这一网址上，你可以了解更多关于这一视听资料的信息。

谁在使你变富

财务知识第二课：

要想了解全部的情况，至少需要两份财务报表。富爸爸说："资深的投资家要想了解真实情况，他要看两份财务报表。"

在我所上的其中一课中，富爸爸画了下面这张图：

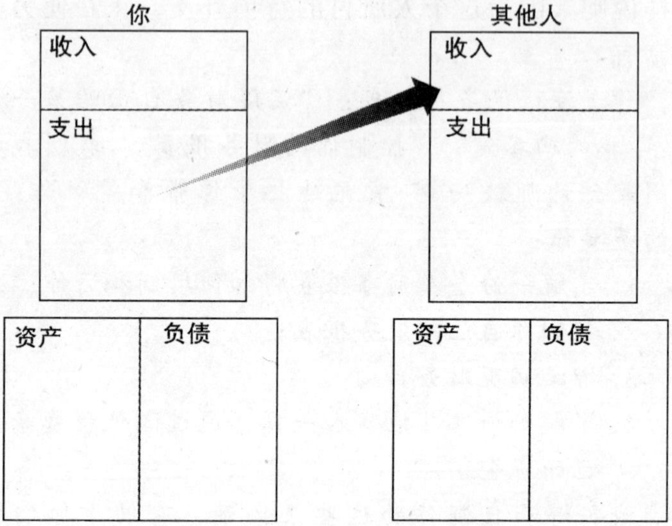

“你要永远记住，你的支出就是其他人的收入。无法控制自己现金流的人，使那些能够控制自己现金流的人变得富有。”

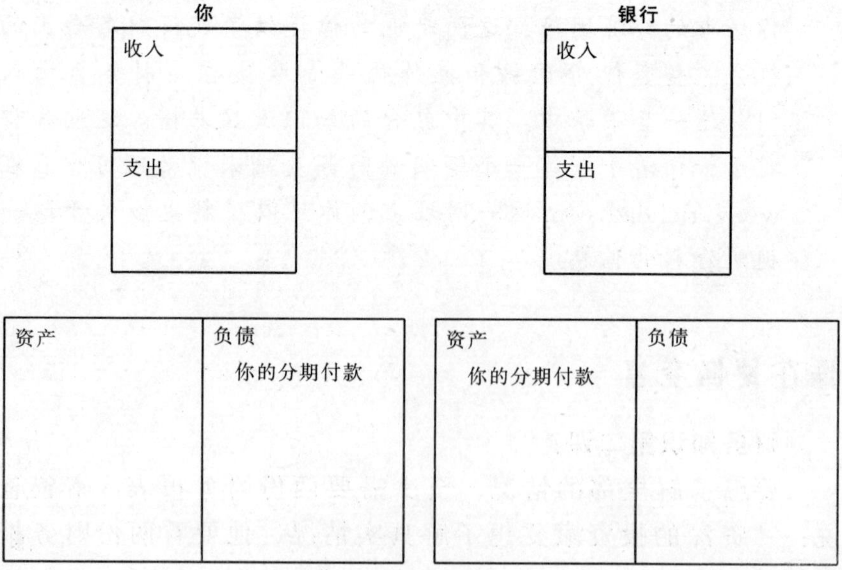

一个投资者要做些什么？

富爸爸画了这个表说："以一个房主兼银行家为例，我可以给你说明一个投资者应该做些什么。"

我坐在那里盯着报表看了一会儿说："这个人的抵押贷款在两张财务报表上都体现出来了，只是同一项抵押贷款在两张报表上表现在不同的两个项目上，一项是资产，另一项却是负债。"

富爸爸赞赏道："现在你开始真正地看懂财务报表了。"

"这就是为什么你说至少要两份财务报表，才能看懂某人的整个财务状况的原因吗？"我说，"因为你的每一项支出都是别人的收入，而你的每一项负债也都是别人的资产。"

富爸爸点头说："为什么大部分受过教育但对财务报表之类财务知识感到陌生的人，在那些有这方面专业知识的人面前，感到束手无策就是这个原因；这也是为什么当人们用他们的信用卡时，他们实际上是在增加自己的负债和增加银行资产的原因。"

"当一个银行家对你说'你的房屋是资产'时，他可能没有对你撒谎，只是他并没有说明这项资产真正属于谁，你的抵押贷款是银行的资产却是你的负债。我这样说，是因为我对财务报表重要性的理解更加深刻，也更明白为什么要参考这两张财务报表才能获得更准确的信息的原因。"

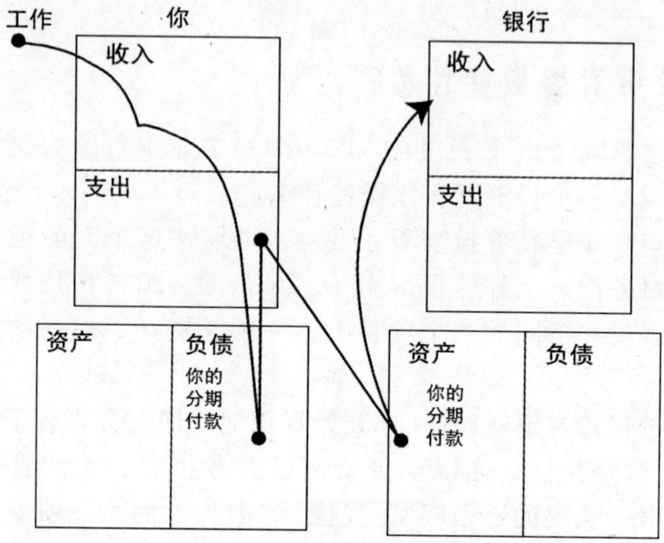

稍微停了停，富爸爸又接着说："现在我把现金流加到图里，让我们看看一项资产中的抵押贷款是怎么一回事。"

"在这个例子当中，抵押贷款把钱从你的钱包里掏出来，然后使钱流进了银行的账户。这就是为什么说抵押贷款是你的负债，却是银行的资产的原因，我要说明的是这是同一项目对不同主体产生的不同的效果。"

"所以，银行创造出了一项对购房者而言是负债的资产。"我若有所思地说道，"而一个投资者应该做的是努力获得用别人的钱可以支付的资产。投资者通过出租而真正拥有属于自己的公寓的过程就是这个道理：每个月都有由租金带来的现金流流入他们的收益表，正如他们的抵押贷款流入银行的收益表一样。"

富爸爸笑着点点头说："你已经开始入门了，我肯定你想达到等式中这一边的状况，而不是另一边的状况，但这是双向的。"他边说边画了下面这张图：

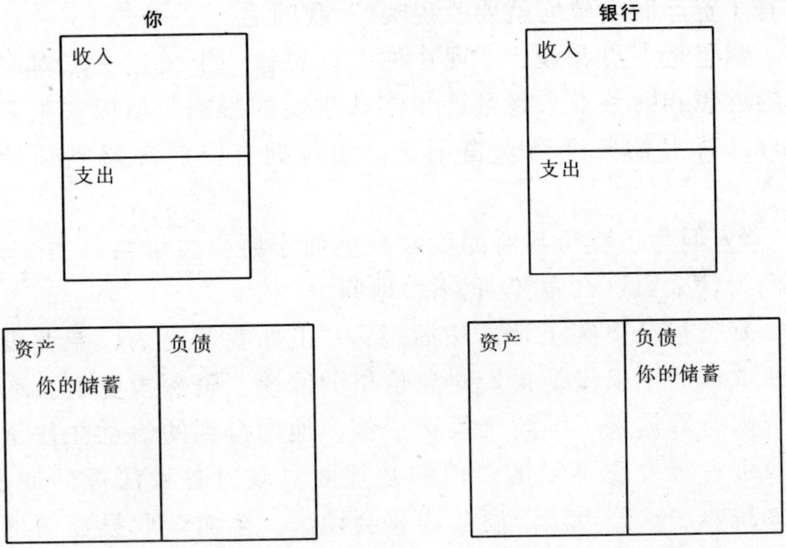

“噢，我的存款是我的资产同时也是银行的负债，看来也是至少需要两份财务报表才能弄清楚了。”我说。

“对，”富爸爸说，“从图中你还注意到什么？”

我盯着图看了一会儿，又仔细看了看抵押贷款和存款，慢慢说道：“没有了，我只看到你画的这些东西。”

富爸爸笑着说：“所以说你还需要进一步练习如何读懂财务报表。就像你读书或听人说话一样，读过或听过两三遍以后自然就熟悉了。同样的道理，你对财务 知识接触得越多，你得到这方面的锻炼的机会就越多，学到的东西也就越多了，这样你就能注意到你的眼睛从表面上看不见的东西了。”

“那么，我漏了什么？什么东西我没有看到？”我急忙问道。

“人们买了房子可以获得政府的税收减免是你从图中所看不到的。”

“我把这点忘了。”我恍然大悟。

“与此同时，政府却要对你的储蓄征税。”富爸爸说。

“这么说，政府因为我们负债而减免我们的税收，而当我们有了资产时，政府就要收税喽？”我问道。

富爸爸点点头说：“现在你可以想像一下，这一点对一个人的思想和财务未来将会产生多么重要的影响。所以，很多人对自己背上债务感到兴奋不已，而对拥有资产却感到烦恼不安。”

“人们为了获得政府的税收减免而宁愿损失了自己的金钱？他们为什么要这么做？”我不解地问。

富爸爸轻声笑了笑，然后说：“正如我所说的，专业投资者所关注的不仅仅是投资对象价格的涨落。资深投资家会通过研究财务数据来了解整个投资形势，他们得到的信息往往是一般投资者所发现不了的。他们必须面对政府各种法规的冲击，诸如税收法、公司法、商业法和会计法。全面获取投资信息不但要具备投资理财方向的专业知识，还需要会计师和律师的协助。换句话说，你需要两名不同行业的专业人员来帮你做这件事。倘若你肯把时间和精力投入到研究隐藏在财务报表中的一些细节问题上，那么你肯定是会有所收获的。你会找到很好的投资机遇，从而获得极少数人才能获得的巨额财富。你也会明白为什么富人越来越富，而穷人和中产阶级终日劳作，却要负担沉重的税赋进而陷入各种债务的困扰之中。一旦你明白了真相，你就能决定你想属于象限的哪一边。作出这个决定并不困难，但对于那些不愿花费时间和精力就想获得投资利润的人来说，作出这一决定可能有些困难。”

我已没有必要再考虑到底要在象限的哪一边了，我只知道我要做的是如何合法地从内部投资，而不是游离于圈外。不管我富不富有，我只想知道真相，我要知道富人如何变富，以及他们变富的根本原因。

具备财务知识的必要性

80年代初期，出于个人爱好，我开始向人们教授企业和投资知识。授课过程中，我感到有不少人信心十足地想在商业和投资领域干出一番事业，但他们却缺乏基本的财务知识。我认为，十家新企业中有九家在头 5 年会失败，这也使得多数投资者认为投资是有风险的或赚不到钱甚至赔钱的，其根本原因就在于他们所掌握的财务知识极度匮乏。

当我建议他们在投资或经商之前学习一些财会、金融和投资方面的知识时，大部分人叫苦不迭，没有丝毫重返课堂接受新知识的意愿。于是我开始寻求一种简易的教学模式，使人们既学到了基本理财知识，又获得了乐趣。1996 年，我设计的《现金流》游戏问世，这是一种介绍财务知识、会计知识和投资技巧的游戏。

教与学

《现金流》是一套财商教育实践游戏，因为我认为投资和财务分析不是两门仅仅通过读书就能掌握的学科。我那身为教师的穷爸爸经常这样说："一个老师必须要知道教与学之间的区别和联系，明白哪些该教，哪些要学生亲身实践才能掌握。"他说，"这就好像你可以教一个小孩记住'自行车'这个单词，但你教不了他如何骑自行车，这是要通过他自己实践才能获得的能力。"

在过去的三年时间里，我已看到成千上万的人通过玩《现金流》（成人版）和《现金流》（高级版）学着如何做一个投资者。通过玩游戏，他们学到了我在课堂上通过说教所不能传授给他们的实践知识，就像我教不了你如何骑车一样。在短短几个小时之内，这两个游戏就把富爸爸花了 30 年引导我掌握的知识传授给了那些玩游戏的人。这本书之所以取名为《富爸爸投资指南》，是因为富爸爸确实曾经用这种方式引导我、教我掌握了财务知识。他认为这是一个行之有效的好方法。他无法教会我投资学和会计学这两门课，我得自己想办法去补上这两门课，我想你们也是一样的。

提高你的成绩

你对财务报表、年度财务报告和投资计划书接触得越多，你的财务智慧、财务眼光也就会更胜人一筹，逐渐你就会把握一些普通投资者难以发现的信息。

我们都知道“温故而知新”是学习知识并掌握知识的有效办法。最近，我在听彼得·林奇的访谈录，在这之前我已经听过12遍了，但每次听的时候都会找到新的感觉。30多年以来，富爸爸一直在叫我反复回顾财务报表上的信息，今天，那些信息已在我脑海里留下了清晰深刻的印象。这也是为什么在我的书中对那些我认为重要的内容会一再重复的原因，学习的过程本来就在于重复。

当我们开始学骑自行车的时候，我们必须用心去想怎样骑车。一旦我们学会了，我们就不必刻意去想或回忆怎样骑车。学开车也是同样的道理。当学会以后，潜意识就会驱使我们，所以你可以一边开车，一边和别人说话、吃汉堡包、考虑工作中碰到的问题或听广播和录音。这些事依靠潜意识就自然而然地处理好了。那么，阅读财务报表也是这个道理。

为寻找一项有价值的投资，需要投入时间最多的就是财务数据分析。尤其是对于一个初学者而言，学习阅读财务报表是一个冗长乏味的过程。但只要你坚持不懈，这个过程会逐渐变得简单，你学习的步伐也会逐渐加快。到一定时候，你不用刻意去想，许多投资机遇就会自然而然地在你的头脑中闪现，就像骑自行车和开车一样。

意向测试

人类在许多情况下，是凭潜意识学着做很多事情的。如果你想成为一名成功的投资者，使自己多挣钱而少担风险，那么我建议你学着训练自己对财务报表的分析能力。对财务报表的分析，是像沃伦·巴菲特那样的世界上最成功的投资者首先必需掌握的基础知识。

这样做主要是可以在实践操作中学习，每个专业投资者手中都有很多需要资本投入的有潜力的项目和不动产投资。不论我们起初是否感兴趣，富爸爸教迈克和我不断地阅读、研究和分析这些投资。必须承认，这是个漫长而痛苦的过程，但几年下来，我们的步伐加快了，并且从中体会到了乐趣，以后的工作也就更加得心应手了。正是这个重复的过程得以让我能够提前退休，获得经济上的安全感，并引导我创造着更大的财富。

所以，意向测试的问题是：

你是否愿意练习制作自己的财务报表并随时更新你的财务报表，同时研究其他人的商业或不动产投资报表？

愿意________　　不愿意________

你会发现这个问题同第十五章末尾的一个问题相似，它再次强调了财务知识的重要性。对这个问题的回答极为重要，因为要想成为一个富有的投资者，或者进行富人们的投资，必须要付出的代价就是：投入大量的时间和精力研究财务报表，同时不断地增加你自己的财务知识。如果你对这个问题的回答是“愿意”，那么那些富人的投资行为对你而言也就不再危险了。如果你拥有丰富的财务知识，那么你就会具备独到的经济眼光，使你发现你认为最值得投资的项目。

第17章

投资第15课：错误的魔力

我的亲生父亲属于学术界，在这个圈子里人们认为错误是不对的，而且错误是可以避免的。如果一个人犯了太多的错误，那么他有可能会被认为是智商不高。

我出身贫寒的富爸爸对此却持有不同观点。对他而言，错误为他提供了获取新知识的机会。他认为，一个人错误犯得越多，他从犯错误中所汲取和学到的东西也就越多，进步也就会越快。他常说："在每个所犯的错误背后，都隐藏着一股神奇的力量。所以，我犯的错误越多，我就会花越多的时间去学习，我的生活也才会有可能出现更多奇迹。"

富爸爸经常用学骑自行车的例子，加深我对隐藏在错误背后的那股神奇力量的理解。他说："记住你在学骑车的过程中遇到过的挫折感：你的朋友们已经学会骑车并且上路了，而你一次又一次地骑上去，却一次又一次地摔下来，你不断地重复犯错……忽然有一天，你不再摔跤了，你可以慢慢地骑着走了，车轮开始转动起来。就像有一股神奇的力量助了你一臂之力，你眼前豁然开朗起来。这就是在错误当中可以发现的魔力。"

沃伦·巴菲特的错误

沃伦·巴菲特是全美国最富有的投资家之一，他拥有一个名叫伯克希尔·哈撒韦（Berkshire Hathaway）的公司。今天，伯克希尔公司已经成为全世界股票价格最高的公司之一。尽管一些人对这家公司评价颇高，但很少有人知道投资伯克希尔公司曾经是沃伦·巴菲特最失败的举措之一。

伯克希尔公司的前身是一个濒临倒闭的衬衣生产企业。沃伦·巴菲特认为通过他和员工的努力会使公司起死回生。然而正如我们所知，当时的针织品制造业尽管在其他国家有广阔的市场，但在美国却始终不景气。沃伦无力扭转这一趋势，尽管他竭尽全力，依旧无法改变公司日趋陷入绝境的事实。然而，沃伦从这一失败中找到了使他获得巨额财富的契机。对这一故事感兴趣的读者，可以读一下由罗伯特·哈格斯特伦执笔的《沃伦·巴菲特之路》。此书可以引导读者洞察世界上最伟大的投资家沃伦·巴菲特的思维方式。

其他错误

类似的例子不胜枚举，钻石天地公司（Diamond Fields）的案例也是其中之一。钻石天地成立的目的是从事钻石开采，但由于公司地质勘探人员犯了一个错误，结果他们没找到钻石，但却发现了世界上最大的镍矿之一。公司决策人员及时调整了经营方向，结果，公司的股票价格直线攀升。今天，尽管公司仍在沿用以前的名称，但其真正的业务却是制造镍币。

李维·斯特劳斯起初想在加州靠开采金矿发财。然而，他发现这个行道似乎并不适合于他。最后他不得不放弃金矿开采，转而开始用帆布缝制矿工穿的裤子。如果当初他没有做出这一重大决策，那么今天我们也不可能在全世界几乎每个角落都能听到“李维斯”牛仔裤的名字。

如果托马斯·爱迪生当初一直在公司就职的话，他也不会发明出给全世界带来光明的电灯泡。据说他在发明出灯泡以前已做过1万多次的试验。假如他仍是公司的职员，就凭他这无数次的失败，早已经被解雇不知多少次了。

哥伦布所犯的最大错误，就是本想去开辟连接中国的贸易航道，但却意外发现了美洲大陆。如今，美国已成为世界上最富有和最强大的国家。

生活里的智慧和学校里的智慧？

富爸爸在投资理财方面获得的巨大成功可归结于诸多因素，但最重要的是他对待错误所持的态度。其实，他也像我们一样讨厌犯错误，但他在错误面前并不感到畏惧。富爸爸甚至不惜冒险去犯错误。他说：“往往当成功离我们还有一步之遥的时候，就到了我们最有可能犯错误的时候。”

有几次，富爸爸生意经营失败，蒙受了亏损；我也看到过他推出的新产品被市场拒绝。但是，对待每一次错误，他并不是因此而意志消沉。相反，他变得更加乐观、明智和勇敢、果断，因为他从中获得了更多更丰富的宝贵经验。他常对迈克和我说：“犯错误是我获得知识和经验的途径。我每犯一次错误，都会从中学到不少东西，而且能够遇到我以前从未碰到过的人，这些都使我受益匪浅。”

在一次经营管件分销公司的惨败中，他碰到了后来的一个商业合作伙伴。他们在失败中建立起来的友谊和合作关系中使他们日后合力获得了巨额财富。他说：“假如当时我不冒险经营那个公司，就不可能遇到杰里，能认识他是我这一生中的一大幸事。”

我的穷爸爸在学校是个品学兼优的好学生，他很少犯错误。这也是他为什么能在几乎所有的考试中取得好成绩的原因。然而就在他 50 岁时，他似乎犯下了一生中最大的错误，并且一直难以从这些错误中走出来。

面对生父拥有专业知识却一生清贫的现实，富爸爸对我说："在商业领域，期望自己事业成功，仅有学校的智慧是远远不够的，你还必须具备街头的智慧。你父亲 5 岁开始读书，因为学习成绩优异，他继续留校完成他的学业，而且一直是学习尖子。可以说，你父亲在学校的时候是一帆风顺的。而他 50 岁时，却被抛进生活这个大课堂里，要重新去学习生活中的智慧。要知道，生活可是最严厉的老师。与学校书本教育的方式完全不同，生活的教育方式是：你得首先遭受挫折，然后从中汲取教训。大多数人由于不知道如何犯错误和从错误中悟出道理，所以只是一味地逃避错误。他们却不知道，这种行为本身已铸成大错；还有一些人犯了错误却没能从中汲取教训。这些都是为什么有如此多的人总是循环往复地犯着自己以前曾经犯过的错误。他们会一而再、再而三地犯错，就是因为他们不知道如何从错误中汲取教训。在学校，你可能会因为没犯错误而被认为是聪明的学生；而在生活中，你的智慧恰恰是因为你犯过错误，并且能从中汲取教训。

我所知道的最大的失败

富爸爸对我和迈克说："我之所以如此富有，是因为我在财务方面犯的错误比其他人多。每犯一次错误，我都会从中学到不少新的东西。在商界，这种所谓的新东西被称为'经验'，但仅有经验还是远远不够的。很多人认为自己已经有了丰富的经验，因为他们已经重复犯了几次同样的错误，可事实并非如此。我想说的是，如果一个人真正从所犯的错误中吸取了教训，那么他的生活就会发生改变。那么，他获得的就不是经验，而是智慧了。"富爸爸接着说，"人们想避免在财务上出错，这本身就是个错误。他们总是提醒自己'谨慎从事，不要冒险’，却不明白自己之所以会陷入经济困境，就是因为他们没有从自己所犯的错误当中汲取到教训。每天，他们起床、工作、重复老错误、避免新错误，却不能对其中的道理有所领悟。这些人常对自己说‘我做的每件事都对，但出于某些原因，我没有在财务上领先’。”富爸爸对此的评价是：“也许他们做的每件事都对，但问题是他们只想避免做错事，做那种诸如冒大风险之类的错事，因此他们总是试图掩盖自己的弱点而不是去勇敢地克服它。他们决不做他们害怕做的事情，并且有意识地避免犯错误，而不是找机会犯错误。”他说，“我所知道的最大的失败，就是那些从不失败的人。”

犯错误的技巧

富爸爸没有教迈克和我如何避免犯错，而是传授了如何制造错误并从中获取智慧的技巧。

富爸爸在其中一课中说道：“犯错误之后，你首先会感到很沮丧，我知道每个人都有这种情况，这是犯错误的第一个征兆。”他说，“但是从沮丧当中，你会发现一个真实的自我。”

迈克问：“什么叫真实的自我。”

“在你沮丧的那一刹那，你会展示你性格中的一部分。”富爸爸说，接着他就为我们描述了当人们犯错误之后，由于沮丧而暴露的几种性格特征。

1. **说谎**。说谎的人总是说：“我没做那件事，”或者“不，不，不，那不是我干的”，或者“我不知道这是怎么一回事”，还有“我发誓”之类的话。
2. **指责别人**。这类人犯错后往往会说：“这是你的错，不是我的错”，或者“如果我妻子花钱不大手大脚的话，我就不会落到如此的地步”，或者“如果没有孩子拖累的话，我早就很富裕了”；他们也会说：“顾客只是没有注意到我的产品”，或者“我的雇员对我不忠实”，“你们说得不清楚”，还有“这是老板的错”等等。

3. **开脱责任**。这些人会说：“因为我没受过良好的教育，所以我的事业不如意”，“如果再给我点时间的话，我会做好的”，或者“噢，我再不想变富了”，或者“人人都这样，我为何不可？”

4. **半途而废**。半途而废的人经常说的话是：“我早就告诉过你那样做不管用。”或者“这件事太难了，不值得我投入这么多的精力，还是换个简单一点的吧！”或者，“瞧，我都做了些什么啊？我不想自找麻烦了。”

5. **否认**。富爸爸也把这类人叫做“藏在罐头里的猫”。意思是说这类人犯了错误后，习惯于掩饰自己的行为。他们犯错后常常会说：“噢，这没什么大不了的，情况会好起来的。”或者“出错了吗？哪里出错了？”或“不要着急，事情会如你所愿的。”

富爸爸说：“当人们由于错误和特殊事件而沮丧时，上述性格特征中的一种或几种就会显露出来。若你想从这些错误中获得智慧的话，你就必须对自己负责任地控制自己的思维，并不断地问自己，我到底从这些错误中学到了什么？”

富爸爸接着说：“假如一个人说，‘我所得到的教训就是再也不那样做了’，那么，这个人也许还没有领悟到犯错误的重要性。如此多的人活在一个贫穷的世界里，是因为他们不断地对自己说‘我再也不那样做了’，而不是说：‘我很庆幸自己犯了错误，因为我从这次经历中受益不浅’。避免犯错误或浪费犯错误机会的人，永远没有机会看到硬币的另一面。”

我像婴儿一样沉睡

还有一个例子可供参考。当我经营的“维克牢”尼龙钱包生意倒闭后，我沮丧了整整一年的时间。我像个婴儿一样沉睡，其实就是每隔两小时就会哭喊一次的状态。我对自己说："我真不该做这个生意，我明知道会失败的，以后我再也不去做生意了。"我也埋怨了一些人，为自己开脱责任，说一些诸如"这完全是丹的错"和"其实我并不太喜欢这个产品"之类的话。

但是我并没有因此而逃脱或去找另外一份工作，富爸爸让我面对残局并且仔细研究，然后从我的生意的断壁残垣中走出来。今天，我可以对人们说："我对商业的了解，更多的是从我失败的教训中，而不是从我成功的经验中获得的。收拾残局，重整旗鼓的过程，使我成为了一个优秀的经营者。"我不会再说："我再不那样做了。"我会说："我很庆幸自己有失败的经历，并感谢从中获得的智慧。"然后，我会说："让我们再开始另一个生意吧。"这个过程不再是恐惧和愤恨，相反，其中充满了令人激动和快乐的东西。我不再害怕失败，因为我深刻理解了失败是成功之母。倘若我不犯错误或没有从中受到启发的话，那么，我的生命中将不会有奇迹，我的生活前景将会狭小暗淡，而不会是丰富多彩和充满传奇色彩的。"

上高中时我因为不会写作而曾经两次不及格。而现在，我的书登上了《纽约时报》、《悉尼早报》和《华尔街日报》等权威的畅销书排行榜。以前，我最不擅长的科目就是写作、商业、市场营销、演讲、财会和投资，而现在我却因为这些而为人所知。具有讽刺意味的是，我认为简单而且令我感兴趣的东西，例如：冲浪、经济学、橄榄球和画画却没有使我成名。

何为教训？

每当听到人们说"投资太冒险"或"我不想拿我的钱开玩笑"亦或"我如果失败了怎么办"之类的话时，穷爸爸的影子就会出现，因为他常说："我不想犯错误。"正像我所说的那样，在这些人眼里，犯错误的人是愚蠢的。

而在富爸爸眼里，风险、错误和失败是促进人类进步必不可少的条件。所以，他总是设法面对风险和错误，而不是千方百计地回避。他认为错误只是人们附带着感情色彩的教训。他说："人们犯错误时会感到沮丧，这正是叫我们从中获得教训的先兆。就像有人在轻拍你的肩膀提醒着你，'注意，有些重要的东西你得去学习'。如果你因为沮丧而撒谎、抱怨，找借口或否认，那么，你就是在浪费可以使你获得智慧的机会。"

在我生气的时候，富爸爸教我用数数的方法来缓解自己。若我生气，他叫我数到 10；若我非常生气，他就叫我数到 100。待冷静下来，我会说："很抱歉。"不管我有多气愤，我从不责备任何人。因为如果我责备其他人，我就是在给别人施以权威；如果我对发生的事负责的话，我就会获得宝贵的经验。但假如我说谎、责备、找脱辞或否认，我将一无所获。

富爸爸也说："没有多大作为的人往往会责备他人。他们总是希望别人有所改变，这是他们之所以长期沮丧的原因。他们沮丧还因为他们从来不从个人的教训中汲取经验和智慧。这些人不仅不应该沮丧，还应该感谢那些告诉他们该学习什么东西和该怎样做的人。"

"每个人都能从自身或别人身上汲取教训，问题是我们常常不知道自己应从别人身上汲取怎样的教训。当你试图学习新东西时，如果对他人不满或怨恨，就如同你在生自行车的气，因为你在学习新事物时从上面摔下了两三次。"富爸爸这样说。

今天所犯的错误

在我写作的时候，股票市场和不动产投资市场都正在攀升。以前从未做投资的人也开始涉足，纷纷谈论着投资行情。他们说"我投资不动产赚了不少钱"或"还好我抢先了一步，现在价格上升了 20 个百分点"。这些热情洋溢的投资新手们，还从未经受过市场的冲击，还从未尝过市场低靡时亏损的滋味。我相信不用多久，这些现在发了财的投资新手们，会有机会找到被市场击败的感觉。那时，我们才会看出谁才是真正的投资家。正如富爸爸所言："投资的价格上涨了多少并不重要，重要的是它下跌了多少，会给你带来多少损失。真正的投资者要随时准备好付出代价，以便应付突如其来的市场变动。市场能教给你的最重要的能力是如何从你的错误中汲取经验教训。"

对我而言，学着控制自己的情绪是个终身的过程，这样的终身过程还包括承担风险的过程、犯错误的过程和对任何人心怀感谢的过程。当我将来回顾一生时，我会说，这种积极的心理状态，不仅使我获得了事业上的巨大成功，为我创造了巨额财富，而且让我的生命放射出灿烂的光芒。

意向测试

我从两个爸爸那里体会到了学校里的智慧和生活里的智慧的区别和各自的重要性。明智的人应该认清两者间的区别。正如富爸爸所说："学校的智慧固然重要，但生活中的智慧才能真正使你生活富足。"

所以，我为你设置了以下意向测试题：

1. 你对风险、犯错误和学习是持什么态度的？
2. 你周围的人对风险、犯错误和学习持什么态度？
3. 你是否有财务上、职业上或商业上的烦恼有待解决？
4. 当涉及经济问题时你是否仍会对别人大发脾气？
5. 当你对自己或别人感到烦恼时，你是否能从中汲取教训并从内心深处充满感谢，因为这证明你有足够的勇气来承担风险和从错误中学习。

富爸爸说过一句让我刻骨铭心的话，他说："我之所以能够拥有今天的财富，是因为我比其他人愿意犯错误，并且能够从中汲取教训。多数人要么不愿犯错误，要么一而再再而三地犯着同样的错误却始终不能对其原因有所领悟。假如没有足够的犯错误的经历，或没有从错误中汲取到教训，那么你的生命中就注定不会出现奇迹。”

本章编后语

本章介绍的错误的魔力是富爸爸投资理财课程中最重要的章节之一，尤其是在这个我们即将跨入的勇敢者的世界里，这一课更显重要。本章所讲的知识将会就如何迎接未来的挑战助你一臂之力。随着信息时代的到来，那些害怕犯错误的人将会被远远地抛在后面。

最近，我同奈廷格尔·科南特制作了一个视听教程，名为《富爸爸为你揭开金钱、商业和投资的奥秘》（Rich Dad Secerts to Money，Business and Investing），其中也包括了这一重要章节的内容。这个教程是针对那些想学习克服对于失败、犯错误或冒险的畏惧心理的人而设计的。

请记住温斯顿·丘吉尔的一句话：“成功，是一种从一个失败走到另一个失败，却能够始终不丧失信心的能力。”

第18章

投资第16课：致富的代价是什么？

富爸爸告诉我，一个人致富的途径有很多，但每一条路都得付出相应的代价。

1. **为钱同某人结婚致富。**众所周知，这意味着将要付出什么样的代价。富爸爸曾说："男人或女人都可为钱而结婚，但你能想像同你不爱的人共度一生的情景吗？这个代价实在是太大了。"
2. **坑蒙拐骗和违法致富。**富爸爸说："合法致富是很容易的，人们为什么还要违法犯罪去冒坐牢的危险呢？除非他们真的喜欢从中寻求刺激。对我来说，冒坐牢之险致富是一个昂贵的代价。我是为了自由才想变得富有，何必去冒失去自由的危险？更何况如果干了不法勾当，我将无法面对家人和朋友。而且，我一直认为自己是个低级的撒谎者，记性又不好，总是不能自圆其说。因此，最好还是说实话，我觉得诚实才是上策。"
3. **继承遗产致富。**富爸爸说："迈克从前常常感到所拥有的一切不是自己挣来的，他总在怀疑自己是否有能力靠自己致富。因此，我只给了他很少一点钱，并像引导你一样引导他，然后就靠他自己去创造财富了。对他而言，能感觉到自己有能力赚钱是非常重要的。当然，并不是每个有幸继承财产的人都能这么想。”

我和迈克是一起长大的，小时候我们两家都比较穷。但到我们成年时，迈克的爸爸已经变成了夏威夷最富有的人之一，而我的亲生父亲仍然很穷。迈克命中注定会从那个我称作富爸爸的人那里继承财产，而我却注定要白手起家。

4. **中彩票致富**。对此，富爸爸只是说："偶尔买张彩票还是可以的，但是把你未来的财务状况完全押在彩票上，就是愚蠢的致富打算了。”

遗憾的是，许多美国人却说，中彩票正是他们的全部致富计划。把美好生活的希望建立在一个一亿分之一的奇迹上，是要付出很大代价的。而且，要是你对如何处理一大笔意外之财没有正确的打算，那么很快你将再度贫穷。最近，报纸上讲了一个人中彩票的故事。这个人疯狂地享受人生，但很快就债台高筑，最终不得不考虑宣告破产。但在中彩之前，他的财务问题曾经处理得很好。为了解除危机，他又去博彩，而且又一次中了。这一回，他去找了个财务顾问帮他规划并处理财产。这个故事意在告诉我们：如果你中了大彩一定要对钱有个规划，毕竟没有多少人能像他那样幸运地中第二次。

5. **成为影星、摇滚歌星、运动明星或某一领域的杰出人物而致富**。富爸爸说："我不聪明，又没天赋，长得也不怎么样，更不会逗人开心，所以做名人的办法对我并不实际。”

好莱坞到处都是身无分文的演员，俱乐部里也不乏成天梦想录制金唱片的摇滚乐队；高尔夫球训练队里的球员，都梦想着成为泰格·伍兹那样的职业球员。然而，如果你走近泰格·伍兹，你就会发现，泰格·伍兹走到今天这一步是付出了巨大代价的。他 3 岁就开始打球，一直打到 20 岁才成为职业球员，他的代价就是17年的艰苦训练。

6. **贪婪致富**。这种人在世上比比皆是。他们的口头禅就是："我要守住我的财富。"贪财的人通常对其他东西看得也很紧。要是别人有求于他们或要求他们面授机宜时，他们多半没空。贪心的代价是你不得不更加努力，以保住你想要得到的。牛顿定律提到，当有一个作用力的时候，必然有一个相对的反作用力存在。如果你贪得无厌，人们会以同样的方式回敬你。

   当我遇到那些把钱看得很重的人时，我会让他们开始试着拿出一部分钱捐给教堂或捐给他们喜欢的慈善机构。按照经济学和物理学的法则就是付出你想要的。想要得到微笑就先微笑，想要挨揍就先出拳，想要获得财富，就要先给予。虽然，对贪婪成性的人来说，松开拳头往外掏钱实在是一件难事。

7. **靠假冒伪劣产品致富**。这点让富爸爸情绪激动，他说："靠劣质产品致富，意味着你也很劣质。这就是问题的实质。这个世界最讨厌这种富人。人们之所以憎恨查尔斯·狄更斯的名篇《圣诞颂歌》中的人物斯克瑞奇就是因为这个原因。"富爸爸又说道："像斯克瑞奇那样致富的人给富人带来了不好的名声。生于贫穷，死于贫穷是一种悲剧，而生于贫穷，为财而死则是疯狂的。"

   富爸爸平静下来后又说："我认为有钱就可以享受生活，所以我努力工作，我的钱也在努力运转，最后我享受到了劳动的果实。"

造就美好人生

近来有一篇文章证实了富爸爸的观点。詹姆斯·戴尔·戴维森和洛德·威廉·雷斯莫格的"在变迁的时代创造美好人生"的文章刊登在《战略投资通讯》上。这两个人还合著过另外几本畅销书：《街头血雨》、《大结算》、《姣姣者》。这些书都极大地影响了我的投资方式和对未来的看法。戴维森是国家纳税人联合会的创始人，雷斯莫格是世界上许多经济实力最强大的投资人的经济顾问，他也曾担任过《伦敦时报》的编缉和英国广播公司的副总裁。

富爸爸说："致富有两种方法，一种是多赚钱，一种是少欲望。问题是大多数人在这两方面都不行。"这篇文章和本书，就是告诉你如何能多赚钱以便满足更多的欲望。下面是刊登在《战略投资通讯》上的"在变迁的时代造就美好人生"一文的节选：

> "节俭是积累财富的奠基石。"
>
> 托马斯·J·斯坦利　廉姆·丹科
>
> ——《邻家的百万富翁》，1996
>
> 这让我记起了我对畅销书理论的抱怨，如斯坦利和丹科写的《邻家的百万富翁》，我的朋友德怀特·李所著的《富在美国：八条创造财富和幸福生活的法则》。两本书都把成功解释成过着节俭的生活并节约每一分钱的人能够"致富"……
>
> 是的，如果你每年的收入从未超过 5 万美元，只要存好每一分钱你就能成为百万富翁。但是，由于你对钱财需求的底线，即使甚至顿顿吃从超市买的罐装意大利面，你也无法由于节俭而成为百万富翁。这有助于理解为什么仅有十分之一的百万富翁的净资产能达到 500 万美元。节俭只是那些无法继承财产、没有较高现金流入的人致富的第一步。对美国人来讲，成为百万富翁是最基本的一步，只有这样，你才可以以"特许投资者"的身份投资高速发展公司进行"证券私募"交易。这是致富的主要途径。我 20 多岁就成了百万富翁，但我很快意识到区区几百万根本算不了什么，这点钱负担不起我所喜欢的生活方式。
>
> ……我的结论是：赚钱的最佳途径就是参与私营公司的私人投资。

"在变迁的时代造就美好人生"这篇文章探讨了为什么节

俭并不能真正致富。戴维森认为，节俭有可能致富，但要付出巨大的代价。实际上，是要付出多方面的代价。其中之一就是节俭和吝啬只能让你的财富聚集而不能创造出更多的财富，如此而已。因为，精打细算并不意味着你有致富的能力。你只知道节俭本身就是一个高昂的代价。

我和戴维森都不赞同时下流行的一个观念：冻结信用卡量入为出。这对有的人是个不错的主意，但并不是我们赚钱的初衷和美好享受生活的方式。

节约的重要性

比起戴维森的文章，我更喜欢《邻家的百万富翁》一书。此书阐明了许多关于节俭的基本观点，并分析了吝啬与节约的区别。富爸爸对节约的关注远胜于吝啬，他说："如果你想真正富有，就应该知道何时该节约，何时该一掷千金。而问题是，很多人只知道如何节约和吝啬，这就好像是在用一条腿走路。"

100 万美元是一个起点

戴维森同样说过，利用理财能力致富是最可行的。百万富翁在如今并不能说明什么，100 万只不过是像富人一样投资的投资起点。因此，戴维森很现实地推荐第 8 条致富的途径。对富爸爸来说，财务上的精明包含了什么时候该考虑节约，什么时候应该放开手脚。

8. **通过财务上的明智决策致富**。在我 12 岁时，我在海滨看到富爸爸对那块土地的投资时，我就开始明白了明智的财务决策的重要性。许多来自 B 和 I 象限的人依靠丰富的知识致富。而且，这些人中有很多是在幕后操作，对世界金融体系进行管理、控制和调整。

有数以百万计的人虔诚地把退休金、存款和其他资金投入市场，但赚大钱的往往只有那些在幕后控制投资市场和分配系统的决策者，而很少是个体投资者和退休人员。就像富爸爸多年前教导我的那样："有人去体育场门口买比赛的门票，也有人在卖比赛的门票。而你应该选择进入卖票人的行列。"

为什么富人会更富

在我小的时候，富爸爸对我说："投资方式上的与众不同，造就了一部分富人更加富有。他们在那些不是提供给穷人和中产阶级的投资项目上投资。最重要的是他们拥有不同的教育背景。如果你获得了同样的知识，你就会同样拥有大量的金钱。"

戴维森指出，美元在过去的一个世纪中已经贬值 90%，所以，作为一个守财奴式的百万富翁是不够的。有能力参与富人的投资，其代价就是至少有净资产 100 万美元。即使这样，你可能仍没有足够的能力安全地投资于富人的投资。

富爸爸说："如果你想参与富人的投资项目，你必须具备：

1. 教育（Education）；

2. 经验（Experience）；

3. 充足的现金（Excessive cash）。

在富爸爸所讲的上面 3 个 E 的标准上，你会发现不同的投资者拥有的知识、经验以及资金的状况都是不同的。

实现财务自由的代价就是花费大量的时间和精力去接受教育，获得经验并寻求大量可投资的现金。当你能辨别以下概念的不同之处时，你就会发现，你在投资上更加理智，你的财务知识也随之增长：

①好的债务和坏的债务

②好的亏损和坏的亏损

③好支出与坏支出
④支付的税款和税收优惠
⑤你就职的公司和你的公司
⑥怎样开办企业、怎样稳步发展企业以及让公众了解企业
⑦股票、证券、共同基金、商业、不动产、保险品及各种合法机构的优缺点，以及何时该利用哪种产品

而大多数普通投资者只知道：
①坏的债务，这是他们竭尽全力偿还的。
②坏的亏损，正是它们使投资者认为损失金钱是件坏事。
③坏支出，是他们痛恨支付账单的原因。
④纳税，这让他们认为不公平。
⑤购买失业保险和在别人的公司中工作并一步一步向上爬，而不是去拥有和创造发展自己的公司平台。
⑥从外部投资，去购买一个公司的股份而不愿出售自己公司的股份。
⑦只投资于共同基金和选买蓝筹股。

9. **由于慷慨而致富**。这正是富爸爸的致富方式。他常说："我为人们服务得越多，我就会越富有。"他还说："在E象限和S象限中，你的服务对象是有限的，这就是问题。然而，如果你能在B和I象限中开创出一个较大的运作体系，你想为多少人服务就能为多少人服务。要是你做到了这一点，你将会比你想像的还要富有。"

为越来越多的人服务

富爸爸举了一个如何通过为更多人服务而致富的例子："如果我是个医生，一次只能治疗一个病人，那么，对我而言只有两种多赚钱的方法，一是延长工作时间，二是提高工作效

率。但是，假如我能在业余时间继续工作，并研制出治疗癌症的药物，我就会因为能够给更多的人提供服务而获得财富。”

富有的定义

《福布斯》杂志把“富有”定义为：收入 100 万美元并拥有净资产 1000 万美元。而富爸爸的定义更加严格：100 万美元稳定的被动收入，500 万美元不动产，而不是净资产。因为净资产是一个含糊的、过分虚饰的东西。同时，他认为，如果不能保证 20％的投资收益，就算不上是真正的投资者。

为了达到富爸爸的目标，从白手起家做起，其间所付出的代价应该由他给出的三个标准来衡量：所受的教育、经验及充足的现金。

当我 1973 年从越南回来的时候，我在这三个方面都很欠缺。我面临着一个选择：我是否愿意投入时间来获得这三个方面的东西？富爸爸做到了，他的儿子迈克做到了，而我的许多朋友也正在投入时间来获得这些东西，这就是他们越来越富有的原因所在。

从计划起步

作一个富有的投资者，你得先有个计划，然后坚持不懈地去实现它。普通投资者通常在投资前不考虑计划问题，总是在热点上投资，或者追随当天的热门投资项目。他们不停地从科技股跳到农矿产品，又跳到不动产，再跑去开公司。偶尔在热门股票上投点资还可以，但千万不要忘记，热门股票不会让人永远富有。

除了上述三个条件，富爸爸还例举了成为巨富应具备的另外五个条件。这五条对白手起家的人尤为重要：

1. 梦想（Dream）

2. 奉献（Dedication）

3. 动力（Drive）

4. 数据（信息）（Data）

5. 美元（Dollars）

大多数人只重视其中的最后两条：信息和美元。许多人认为，上学并从中获得的知识及信息能让他们赚到美元。从另外一个角度讲，如果他们没有接受过正规教育，他们会说“我没钱是因为我没上过大学”、“要赚钱就得花钱”或“只要我努力工作，就不愁赚不到钱，最终我会富有”等等换句话说，很多人都把缺乏教育或金钱，当作不能成为投资者而致富的借口。

富爸爸把他的5个D总结为一点：“在现实生活中，前三条才是最重要的，它们能帮你获得最终成为超级富翁所需要的信息和金钱。”也就是说，信息和美元来自于你的梦想、你的全心投入和你为目标而坚持不懈的努力。大多数情况下，专注于寻求更多的信息和金钱并不能让人富有。当然对于一个白手起家的人来说，信息和金钱也很重要，但更需要的是你走出家门，身体力行。

第一阶段结束语

至此，第一阶段结束了，这一阶段对我来说是最重要的阶段。钱，只是一个概念。如果你认为钱难赚，你就永远不可能富有，而且这个想法在你的生活中将成为事实。反之，如果你认为钱无所不在，那么你的想法也会成为事实。

下列四个阶段涵盖了富爸爸的全部计划内容，它和世界上一些最富的人的计划不谋而合。当你阅读时，想想富爸爸的计划与你的个人财务计划有何相同和不同之处，有什么需要补充，该做什么样的总结。

我还想提醒您本书所提供的信息仅作为投资的指导，而不是当作精确的数据使用。因为大多数信息会受到不同的法律的解释，参考时就应从自身特殊的环境出发。而且这些信息并不一定很清楚明了，所以应该反复仔细地阅读。最后，我建议您咨询您的法律顾问和财务顾问，以便制定出最符合您需要的目标和计划。

第19章

90/10之谜

2000年2月，我和一群非常聪明的来自美国桑德伯德大学国际管理学院的研究生一起工作。在三个小时的讲座中，我曾问其中一个学生："你的投资计划是什么？"

他毫不犹豫地回答："毕业后，我会找一份年薪不少于15万美元的工作，然后每年至少从中拿出2万美元进行投资。"

我首先感谢他乐意让我分享他的计划，然后说："你还记得我曾谈到过的富爸爸90/10的金钱规律吗？"

"当然。"年轻人笑着说。同时，他也意识到我要向他的思维方式挑战了。他当时正在参加我任客座教授的那所著名学府的企业家培训课程。从那次谈话以后他才知道，我的教学方式并不是直接把答案拿给学生，而是通过挑战传统理念，让学生去评估旧的思维模式学到东西。"可90/10的金钱规律和我的计划有什么联系呢？"他小心翼翼地问。

"太多了，"我说，"你认为你找份工作，每年投资2万美元的计划，能让你成为拥有90%财富的10%的投资者中的一员吗？"

"我不知道，"他说，"我还没真正仔细考虑过我的计划。"

"大多数人都没考虑过。"我又说，"很多人找到一个投资计划后，就认为它是惟一的或是最好的投资计划。这样就出现了一个问题，这些人直到状况已无可救药时才去考虑他们所采用的计划是否是正确的计划。”

“你的意思是说，普通投资者只是在为退休而投资，而且不到退休就不会发现他们的计划是否可行？”班上另一个学生问道，“当他们发现时已为时太晚了。”

“对许多人来说，年龄是一个现实问题。”我接着说，“悲哀但却现实。”

“那么找份高薪工作，每年拿两万美元出来投资就不是一个好计划了吗？”那个学生又问，“毕竟，我只有26岁啊。”

“当然是个好计划。”我答道，“拿出比常人更多的钱投资，你这么年轻就能以这么多钱作为投资起点，你将来确实有可能会很富有。但我有个问题，你的计划能让你成为90/10投资者中的一员吗？”

“我不知道，”这个年轻人说，“你能给我一些建议吗？”

“你记不记得我讲过的在我12岁那年，我和富爸爸一同在海边散步的故事？”我问他。

“你是说你为他买得起那样贵的一块地而受到震动的故事吧。”另一个人说道，“这是你富爸爸的第一次大投资，也是他走进更大的投资世界的第一步。”

我点了点头说：“就是那件事。”

“那件事又和90/10的金钱规律有什么联系呢？”他问。

“当然有。引用这个故事是因为我总在想，富爸爸在手里并没有多少钱的情况下是如何得到这样大的资产的。正是这件事教我弄明白了90/10现象之谜。”

“90/10之谜？”另一个学生发出了疑问，“什么是90/10之谜，它和我们的投资计划有什么关系？”

带着这个问题，我转身走向黑板，画了下面这样一幅示意图。“这就是90/10之谜。”我说。

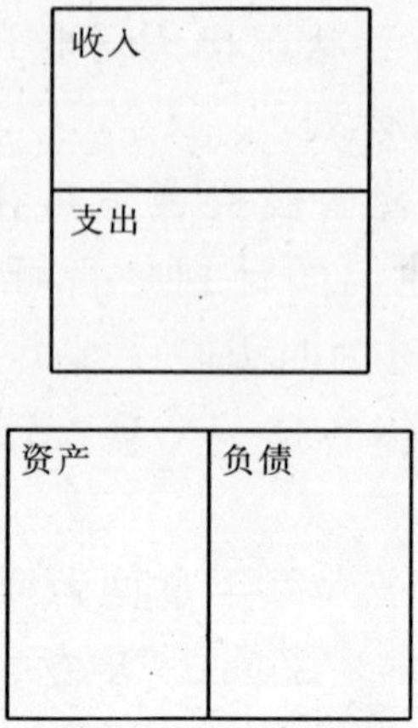

"这就是90/10之谜?"一个学生问，"不就是一个没有任何资产的财务报表嘛。"

"正是，但这正是迷题所在。"我微微一笑，盯着学生们的脸，看他们是否能跟上我的思路。

沉默了一阵，一个学生发问了："请告诉我们问题吧。"

"这问题就是，如何在不购置任何资产的情况下扩充你的资产。"我悠悠道出。

"不用购置任何资产，"一个学生问，"你是说不花一分钱吗?"

"差不多，"我说，"每年拿出2万美元来投资确实是个不错的计划。但我问你，这是按90/10的金钱法则购置资产的设想呢，还是一个普通投资者的主意?"

"因此，你想说的是用资产创造资产，而不是像常人那样用钱购置资产。"

我点了一下头："你看这个我叫作90/10之谜的示意图。它是富爸爸挑战我的常规思想的一个谜。他是在考验我，看我如何不花钱却能用资产创造资产。"

学生们都静静地看着黑板上的这个谜。最后，一个学生猛然醒悟，他说："这就是你常说的，赚钱却不用花钱吗?"

我点点头说道："你说对了。只能获得10%财富的90%的人常常说‘赚钱是要花钱的’，因此许多人通常因为没有钱就放弃了投资。”

“所以富爸爸出的题目就是，给你一个空白的资产框，然后让你不花钱就购置到资产然后填满资产框。”

“我从越南回来以后，他经常同我一起吃饭而且会习惯性地问我，怎样不用购置资产而是通过创造资产将资产项填满？因为他知道那是许多超级富翁成为巨富的途径，也是比尔·盖茨、迈克尔·戴尔、理查德·布兰森成为亿万富翁的途径。他们都不是凭借找个工作，然后拿点钱出来投资就成了百万富翁的。”

“那你是说，要成为富人就应该去做个企业家了？”

“不，我不是这个意思。我举这些例子，是因为你们现在上的课是企业家课程 。甲壳虫乐队通过创作各种经典的歌曲成为了巨富，而且，这些歌曲到今天仍在为他们赚钱。我所说的是，富爸爸将没有资产的财务报表放在了我们面前，然后问我如何不花钱却能在资产项中创造资产。当我问他靠什么不花一分钱却得到了最昂贵的海滨不动产时，他给我做了现在我给你们做的 90/10 的测试。”

“他说是他的公司买下了那块地。”一个学生说。

“正如我所说过的，那是许多不用自己花钱就可以在资产项下创造资产的方法之一。投资者可以创造出有巨大投资价值的项目。艺术家的画有很高的价值，作家写的书能给他们带来长期的版税收入。创业则是企业家的做法，但也不是只有成为企业家才能去创造资产的。我没花过一分钱，但通过经营不动产，也做到了这一切。你需要做的就是具有想像力和创造力，这样你将一生富有。”

“你是说可以用新技术发明一项东西然后就可以致富了吗？”一个学生问。

“你可以这样做，但不一定是一项发明或某种新技术。”我停了一下说，“这是一种创造财富的思维方式，一旦你掌握了这种思维方式，你就会变得比梦想中的还要富有。”

“你说不一定是新发明或新技术，那是指什么呢？除此之外还有什么其他的办法？”

我努力将我的观点进一步向他们阐述。“你们还记得我的书《富爸爸，穷爸爸》里讲的关于漫画书的故事吗？”

“记得。”一个学生说，“你要求富爸爸为你涨工资，可富爸爸不仅没有给你涨工资反而扣除了每小时10美分的工资，最后干脆让你免费为他工作。他扣除你10美分，是因为他不想让你一生都为钱而工作。”

“对，就是这个故事。”我说，“这个故事讲的就是不用购置资产就可以增加资产项。”

那个学生静静地站在那里思考着我说的话。最后，他说：“所以后来你就拿了旧漫画书，并把它们转化成了资产。”

我点了点头，“这些漫画书本身是资产吗？”我问。

“只有你把那些当做垃圾扔掉的东西找出来，并把它们转化成资产时，它们才是资产。”另一学生答道。

“对，那么这些漫画书是你们能够看得到的资产，但这也仅仅是你们能够看得到的资产，看不到的东西是什么呢？”

“噢，”另一个学生插了进来，“把漫画书变成资产的思维过程才是真正的资产。”

“这就是富爸爸看待事物的方法。后来他告诉我，他所拥有的力量就是思考。他常用玩笑的口吻把思维过程称作‘变垃圾为金钱’。他还说‘有很多人却做着相反的事情，他们把金钱变成了垃圾。这就是90/10原则真实存在的原因’。”

“他就像那些古代的炼丹家，”一个学生说，“炼丹家就是到处寻找能把石头变成金子的秘方。”

“完全正确。”我说，“那些处于90/10的金钱群体中的人，就是现代的炼丹家。惟一不同的是，他们能空手创造资产。他们所拥有的力量就是他们的思维及把创意转化为资产的能力。”

“但正如你所说的，虽然很多人都有好的想法，只是他们没有能力将想法转化为资产。”一个学生说。

我点了一下头：“这就是当时我在海滨感受到的富爸爸的神秘力量。普通投资者离开那块不动产说‘我买不起’或‘要有钱才能去赚钱’时，富爸爸的精神力量或财务知识却让他拥有了那样昂贵的不动产。”

“他经常给你做这种90/10的测试吗？”一个学生问。

“是的，”我回答说，“这是他帮我做脑筋运动的方式。富爸爸常说，头脑是我们最好的资产，如果使用不当，它也是我们最大的负债。”

学生们沉默了，我又让他们陷入到沉思和自我反省之中。最后，那位起初计划每年要拿出两万美元投资的学生说：“所以，《富爸爸，穷爸爸》一书中，富爸爸的其中一课就是，富人总是在创造属于他们自己的钱。”

我点头道：“六课中，第一课就是‘富人不为钱而工作’。”

又是一阵沉默，有人说：“所以当我们计划找一份工作，然后把钱存起来购置资产时，你受到的教育却是你的工作就是去创造资产。”

“说得好！”我说，“你已经理解了‘工作’的意义。‘工作’是工业时代的产物，自1989年以来，我们已经进入到信息时代。”

“你说工作是工业时代的概念是什么意思？”一个学生问，“人类不是总是需要有工作的吗？”

“不，至少不是我们今天所理解的工作。你看，在狩猎时代，人们按部落生活在一起，每个人的工作都是在为部落的共同生存而劳动。换句话说，就是人人为我，我为人人。到了农耕时期，出现了国王和王后，那个时期，人们的工作实际上是农奴或是农民去耕种国王的土地。进入工业时代，封建制和奴隶制被废除了，人类开始公开出卖劳动力。大多数人成为雇工或自我雇佣者，尽量把劳动卖给出价最高的人。这才是现代意义上的‘工作’。”

“所以，当我说我要找一份工作每年拿出 2 万美元来投资时，你认为这只是一种工业时代的想法。”

我点了点头：“就像现在，还有一些农耕时代的人，例如一些农民或牧民，此外，还有一些猎人、渔民的例子。但大多数人却在以工业时代的思想在工作，这也是为什么有这么多人有工作的原因。”

“那么信息时代的工作理念又是什么呢？”一个学生问。

“人们并不去工作是因为他们的思想在工作。今天，已经有很多像我富爸爸那样的学生，他们离开学校后不找工作，最终却发了财。网络界有的亿万富翁甚至始终没有工作过，他们中有些人，没念完大学就出来创业，并最终获得了财富。”

“也就是说，他们起步时资产项是一片空白，他们用信息时代特有的巨大的资产填充了它。”一个学生补充说。

“许多人都建立了几十亿美元的资产，”我说，“他们是从大学生直接过渡到亿万富翁，而且还有个别高中生不找工作就成为了亿万富翁。我就认识一个还没有工作的百万富翁，他买了一大片房地产，然后，他卖掉了其中的一部分空地，保留了公寓房。最后，他用从这块地上赚的钱偿还了银行贷款。现在，他拥有价值超过 100 万美元的公寓房，而且不用工作每月就有 4 千美元租费的现金流收入，而此时他离高中毕业还有一年左右的时间。”

那些学生再一次静静地立在那里思考着我的话。有些人一时还很难相信我所讲的高中生的故事，但他们知道大学生辍学成为亿万富翁是确有其事的。最后，一个学生说：“因此，在信息时代人们能够以信息致富。”

“不仅仅是在信息时代，”我接着说，“在所有的时代都可行。那些没有资产的人将为那些创造、获得、控制资产的人工作。”

“所以你认为一个高中生，他即使没有在名校接受过最好的教育，也没有高薪的工作，他却仍能在理财方面胜过我们。”

第一个提问的那个学生说。

“这的确是我要说的，重要的是你的思维方式而不是你所受的教育。畅销书《邻家的百万富翁》一书的作者托马斯·斯坦利在他的新书《百万富翁的头脑》中指出，根据他的调查，大学入学考试时的高分、好的毕业成绩和金钱之间并没有直接的联系。”

那个有一年两万美元投资计划的学生又说：“所以如果我想要加入90/10俱乐部，我最好去练习创造资产，而不是购置资产。要想得到资产，我就得比别人所做的更具创造性。”

“这就是为什么亿万富翁享利·福特说‘思考是世上最艰苦的工作，所以很少有人愿意从事它’。”我回答说，“这也说明了如果你做了90%的投资者所做的事，你就只能加入他们去分享10%的财富。”

“也就如同爱因斯坦所说的‘想像比知识更重要’。”另一个学生说。

“当我想请一名会计时，富爸爸给了我一些建议。他说，你面试一个会计时，你要问他一加一等于什么？如果他的答案是三，不要用他，因为他不够聪明。如果他说是二，也不要用他，因为他还是不够聪明。但是，如果这个会计说‘你想要一加一等于几’，这时你就应该马上录用他。”

学生们都笑了起来，我们开始收拾东西。“所以你创造出能购买其他资产和负债的资产，是这样吗？”一个学生问。

我点头表示同意。

“你曾用钱买过资产吗？”那个学生又问。

“当然，但我是用来源于我所创造的资产的钱，去购买别的资产的。”我边说边去拿我的皮包，“记住，我不喜欢为钱而工作，我喜欢能创造购买其他资产和负债的资产。”

一名来自中国的年轻学生顺手把包递给我，他说：“所以你推崇网络销售，因为人们可以在工作之余，以很少的资金和较小的风险建立他们的资产。”

我点点头说："这是一项全球性的资产，当他们的孩子想要得到时，他们可以交给他们的孩子。但我不知道你会把哪些公司的工作交给你的孩子。这是一项对资产的测试，看你能否把它交给你所爱的人。而我的父亲，我所称的穷爸爸，为了攀登政府职位的阶梯，工作非常努力。就算他没被解雇，他还是不可能把他这么多年的辛勤工作交给他的孩子们，因为政府不允许世袭，况且我们中也没有一个人想得到这份工作，也没有人有资格担任这项工作。"

学生们跟着我一起走出了教室。"所以，要考虑创造资产，而不是努力工作来购置资产。"那个有两万美元投资计划的学生说。

"如果你想加入 90/10 俱乐部，你就应该这么做。"我又说，"这是富爸爸常常挑战我的创造力的原因。他以不购置产业，而是创造各种资产来填补资产项。他说，你应该在创造资产上长期努力，而不是为了钱用你的一生去辛勤工作，到头来创造的却是别人的资产。"

在我上车时，那个拿两万美元来投资的学生又说："我所应该做的就是想出个好主意，并创造资产，一份大的资产，那样才会让我真正地成功。如果我做到了，我将成为占总人口 10％中拥有 90％财富的人。"

我笑着关上车门，回答了他的最后一个问题："如果你在现实生活中解答了 90/10 之谜，你就有可能加入到控制 90％财富的 10％的人的行列。如果你在现实生活中不能很好地解决这个问题，你就会成为仅仅控制 10％的财富的另外的 90％的人。"我向那个学生表示了谢意然后驾车离去。

意向测试

亨利·福特说过"思考是世上最艰苦的工作，所以很少有人愿意从事它"。我的富爸爸也说："你的头脑是你最有用的资产，但如果使用不当，它会是你最大的负债。”

富爸爸不断地让我在空白的资产项中创造新的资产。有时他同他的儿子迈克和我一起坐下来，问我们如何创造新的不同的资产。他一点也不介意某个创意是否疯狂或者是否滑稽可笑，他只是要求我们能具体说明如何能将它转变为资产。他可能会要求我们为自己的想法辩护并去应对他的挑战。从长期来看，比起我的穷爸爸教导我们的要努力工作、存钱、生活俭朴来说，富爸爸教给我们的东西要有用得多。

所以，意向测试的问题是：

你愿意去创造资产而不是仅仅购置资产吗？

愿意________不愿意________

有许多书和教育节目都在讲如何聪明地购买资产，而且对大多数人而言，购置资产对他们来说是最好的计划。从安全和宽裕、舒适这类投资计划的角度来说，我可能也会向你推荐你应该购买哪些资产。为了安全稳妥，可以去投资蓝筹股票和经营状况良好的共同基金。但是，如果你想成为非常富有的投资者，就要面对一个问题：你是否愿意创造资产，而不是去买别人的资产？如果你不愿意，我可以告诉你，有很多书和教育节目是教人购买资产的。

如果你愿意考虑如何创造资产，那么这本书下面的部分，对你而言就会很有价值，或许是价值连城的。下一个部分要讲的是如何得到一个创意，并把它转化成资产，并能够用这项资产去创造财富。它不仅介绍了如何在资产项中挣到很多的钱，而且介绍了如何留住那些资产带来的钱，并用这些钱换来更多的资产和优越的生活。它揭示了10%的人群中的很多人是如何获得90%的财富的。因此，如果你对此感兴趣，请接着读下去。

让我们再看看90/10之谜：

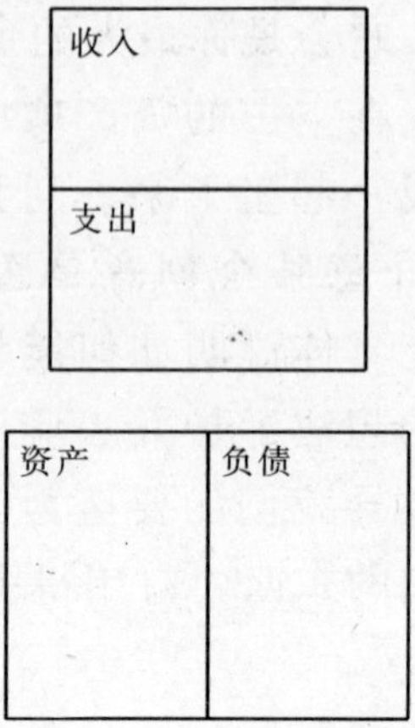

这个谜就是：你如何在资产项中不用花钱就能创造资产？

罗伯特的笔记

我的第一宗大生意是在1977年做的，即“维可牢”尼龙钱包，它使我的资产项中增加了一大笔资产，但是出现了一个问题：我创造的资产很大，而我的经商技巧却很差。所以，在我二十多岁成为百万富翁以后，我又很快地把到手的财富弄丢了。在以后的三年中，我在摇滚音乐的生意中又重复了同样的过程。当音乐电视刚刚开始风靡全美时，我组建的小公司在这次热潮中又获得了大好时机进行融资，而后资产再一次迅速膨胀到了我们没有足够的能力去驾驭它的地步。于是我们就像是火箭飞速地上升，然后又像是没有了燃料一头堕落下来。本书其余部分将致力于讨论创造大量资产的同时，应具备相应的专业技巧来和这些资产相匹配，以及如何通过在其他更稳定的资产项上投资，留住你所赚到的钱。就像富爸爸所说的：“如果你没法留住你赚到的钱，那么赚那么多钱又有什么用呢？”投资正是聪明人留住钱的方式。

第二阶段

您想成为哪一类的投资者？

第20章

解答90/10之谜

富爸爸说："有两种投资者，一种是购买资产的投资者，另一种是创造资产的投资者。如果你想解答90/10之谜，你应当同时成为这两种类型的投资者。"

在序言里，我讲了一个当富爸爸、迈克和我在海滨散步时看到富爸爸刚刚买下的那块昂贵的不动产的故事。你也许要问为什么穷爸爸买不起而富爸爸却买得起这样一处昂贵的不动产呢。富爸爸的回答是："我也买不起这块土地，但是我的公司买得起。"我所看到的是在这块土地上，废弃的汽车四处停放着，一幢建筑摇摇欲坠，到处是垃圾和瓦砾，一块大牌子上面写着"出售"的字样还立在地中央。12岁的我看不出这块地皮上有什么潜在的商业价值，而富爸爸却看得出来。在他脑子里萌发的创业念头以及创造商机的能力，是他很快跻身于夏威夷富翁行列的原因。换句话说，富爸爸通过购买资产，再利用所赚的利润购买其他资产的方式为我们解答了90/10之谜。那个计划不仅是富爸爸的计划，而且是那10%的富人中大多数人的计划，他们从过去到现在以至未来一直在赚取全世界90%的财富。

读过《富爸爸，穷爸爸》一书的朋友也许还记得雷·克罗克的故事。他在我朋友的MBA课堂上说麦当劳不是做汉堡包生意的，他们是做不动产生意的。这再一次体现了创造能再生其他资产的资产的秘密，这个秘密也是麦当劳拥有世界上最昂贵的不动产的原因。这就是计划的全部，也是为什么当富爸爸知道我真心想成为富翁时再三对我讲的："如果你想解答90/10之谜，你就应当同时成为这两种类型的投资者，既要知道怎样购买资产，又要知道怎样创造资产。而大多数一般的投资者对这两种不同的投资运作程序都不清楚，甚至连书面计划都没有。"

你的观念使你成为百万富翁，甚至亿万富翁

本书的第二部分主要讲述人们是如何创造资产的。富爸爸花了很多时间教会我怎样形成商业头脑，以及怎样把这种意识转化为能够再生资产的资产。在一次课上，富爸爸说："很多人都有能使他们变富的点子，但问题是大多数人没有学会怎样把商业系统融入他们的观念，他们的许多想法都没有成形，或者说是孤立的。如果你想成为10%的人中的一个的话，那么，你应当在你创造性思维里构建起商业结构。"富爸爸的"B－I三角形"是一个能够给你的财务观念增添生命力的思想构架。它能够帮助你形成正确的观念，并转化为资产，这就是"B－I三角形"的力量所在。

富爸爸经常说："不仅仅要懂得怎样创造能够再生资产的资产，最成功的投资者能够变得越来越富裕的主要原因之一还在于他们懂得如何把他们的观念转变成上百万甚至几十亿的美元。普通投资者也许有很不错的想法，但是他们常常仅仅停留于想法而缺乏把他们的观念转化为能够再生资产的资产的技能。"这本书以下部分，主要就是讲述关于普通人怎样才能把他们的观念转变成再生资产的资产。

“你不能那样做”

在教我怎样把观念变成资产的过程中，富爸爸经常说：“当你第一次着手要把你的观念变为你个人财富的时候，很多人会说‘你不能那样做’。你务必要记住没有什么能够扼杀你的理想，但是你要提防那些没有远大理想、缺乏想像力的人。”富爸爸认为他们说“你不能做”这样的话有两个原因：1. 即使你已经在做他们说你不能做的事情，他们仍会说“你不能做”。这不是因为你真的没有能力去做，而是因为他们没有能力做。2. 因为他们不愿意看到你在做的事情。

富爸爸说：挣大钱与其说是一个物理过程，还不如说是一个心理过程。

富爸爸最喜欢的一句话是爱因斯坦说的：“伟大的思想常常遭遇庸人的强烈反对。”富爸爸对爱因斯坦这句话的评述是：“我们每个人都有伟大的思想和平庸的想法。把我们的观念变成百万甚至亿万资产的挑战，经常来源于我们伟大的思想和我们自己的平庸想法之间的斗争。”

当我向许多人解释本书第二部分中提到的“B-I 三角形”时，尽管他们都感受到“B-I 三角形”是一种能给经营理念带来生命力的商业结构，但一些人还是被运用“B-I 三角形”为他们工作所需要的大量的知识吓倒了。当这种事情发生时，我常常提醒他们伟大的思想和平庸的想法之间的斗争。无论什么时候，当一个人的平庸想法开始反对他们自己的优秀想法时，我总是用富爸爸对我说过的话提醒他们。他说：“很多有伟大创意的人，很少有很多的钱。原因就是 90/10 这个规则在发生作用，因为伟大的创意不一定能变成财富，把你的观念转变为财富，你一定要有坚定的信念。即使创造百万甚至亿万美元财富的过程，你也务必要记住：只有在观念背后，有坚强意志的人，才能把伟大思想变成财富。当你周围的人都对你说“你不能做”时，你就要更加坚强。不听从你的朋友或你自己的不好的意见时，并不意味着你在盲目耕耘。当他们的想法比你自己的更完美的时候，你应当听取他们的意见，并积极采纳他们的建议。但在此时，我想告诉你要成功不仅仅是想法或建议就可以达到的。

我想告诉你的是你不仅仅需要思想，而且还需要继续坚持下去的精神和意志，特别是在你疑虑重重、一筹莫展的时候，没有人能够告诉你，在你的生命中你能做什么，你不能做什么，只有你自己才能够决定。你自己的伟大之处常常在你穷途末路时才被发现，它会把你的观念转变为财富，你的一生中或许会有很多次面临困境，在你没主意、没钱、彷徨不前的时候，如果你能够振作精神，继续前进，你就会发现是精神的力量把你的观念转变为财富。将思想转变成财富的过程是人类的精神活动，而不单纯是人类思想的力量，当面临困境时，企业家就会找到他们的精神力量所在。找到你的企业精神并且使它更强大，比你形成一个观念或者创办一个企业更加重要。一旦你找到了你的企业精神，你甚至能够把平凡的观念转变为可观的财富。请务必记住：这个世界上，有许多人拥有非凡的想法但是只有少数人拥有巨额财富。

这本书以下的部分是关于如何找到你的企业精神，以及如何发展你的能力去把平凡的观念转变为可观的财富的。第二部分会让你深入了解富爸爸关于不同类型的投资者的分类，以及让你如何选择适合自己的正确道路。第三部分是富爸爸关于“B－I三角形”的分析，以及它怎样为你提供把你的观念转变为资产的系统。第四部分分析了智谋型投资者的观念、以及他们是如何分析投资、如何利用他们的观念以及“B－I三角形”来创造财富并成为终极投资者的。最后一个部分也就是第五部分——“用财富回报社会”，这是最重要的一个部分。

第21章

富爸爸对投资者的分类

本书是一个教育故事，是关于我的富爸爸从我离开海军陆战队时起指引我从一无所有到成为终极投资者——成为一个股票销售者而不是股票购买者，一个内部投资者而不是外部投资者的历程。本书还介绍了富人的其他的一些投资工具包括股票的首次发行、证券私募和其他公司证券。无论你是内部投资者还是外部投资者，了解证券方面的基本常识都是非常重要的。

读过《富爸爸，穷爸爸》一书，你已经了解了对一个成功的投资者而言的必不可少的财务知识。在《富爸爸财务自由之路》一书中，你已经知道了有四种不同的象限，处于不同象限的人挣钱的方式以及税收对他们的影响都是不同的。读了前两本书，也许你也玩过了教育游戏——《现金流》，你已经比许多投资者了解了更多的投资的基本规则。

一旦你懂得了投资的基本规则，你就可以更好地理解富爸爸对投资者的分类和十大投资控制原则，这些知识对更好地理解所有的投资者来说都是非常重要的：

十大投资控制原则

1. 自我控制
2. 控制两个比率，即收入/支出比率及资产/负债比率
3. 投资管理控制

4. 控制税款

5. 控制购买和售出的时机

6. 控制经纪业务

7. 控制 E－T－C（实体、时机和收入特征）

8. 控制协议的期限和条件

9. 信息渠道控制

10. 控制财富回馈、慈善事业和财富再分配

富爸爸经常说："投资不是在冒险，但是，没有控制的投资就是冒险。"很多人发现投资风险很大，主要是因为他们没有驾驭好以上的十项投资控制方法。然而，当你读过这本书，你就会对如何成为一个有控制能力的投资者有更加深入的了解，特别是第七项控制，这是很多投资者难以做到的。

本书的第一部分，主要讲的是富爸爸最重要的投资控制——自控。如果你没有思想准备成为一个成功的投资者，你应当请一个专业的理财顾问，或者是一个智囊团为你指点迷津，帮你选择投资方向。

我已经万事俱备

在对我的理财教育过程中，富爸爸知道我已经做出了选择：

我在思想上已经准备好做一个投资者。

我渴望成为一个成功的投资者。

我知道我已做好了思想准备并且我也想成为一个富翁。这个时候富爸爸问我："你想成为哪种类型的投资者？"

"富有的投资者"我迅速地回答道。这时，富爸爸又拿出他的小黄本，然后写了以下几种投资者的类型：

1. 特许投资者。

2. 资深投资者。

3. 智谋型投资者。

4. 内部投资者。

5. 终极投资者。

“他们有何区别?”我问道。

富爸爸便对每种类型的投资者做了简要的描述:

1. 特许投资者赚钱很多，或者说纯收入很高;

2. 资深投资者了解基本型投资和技术型投资;

3. 智谋型投资者了解投资项目及相关法律;

4. 内部投资者创造投资项目;

5. 终极投资者成为股票销售者。

当我读到对有资格的投资者的定义时，我感到颇为失望，因为我一无所有而且没有工作。

富爸爸察觉到了我的失望，又拿出他的小黄本，并在内部投资者上画了一个圈。

从一个内部投资者开始

“罗伯特，这就是你要开始的地方。”富爸爸指着内部投资者对我说。

“即使你没有钱，又缺乏经验，你也可以从内部投资开始。”富爸爸继续说道:“你需要从小项目做起并不断地学习。记住，挣钱并不一定需要花钱。”

说到这里，他在小本子上列下了 3 个 E:

1. 教育（Education）

2. 经验（Experience）

3. 充足的现金（Excessive cash）

“一旦你拥有了这三个 E，你就会成为一个成功的投资者。”富爸爸说:“你的财务知识已经学得不错，但是你需要丰富你的经验。当你有了丰富的经验，再加上精通财务知识，自然就会有充足的现金。”

“但是你把内部投资者列在第四位，我怎么能够从内部投资者开始呢?”我仍然感到困惑不解。

后来我终于明白，富爸爸想让我从内部投资者开始，是因为他要我成为一个能够创造出能衍生出资产的资产的投资者。

从创业开始

“我要教给你创建一个成功企业的基本知识。”富爸爸继续说，“如果你能学会创立一个成功的B象限企业，你的企业就会产生充足的现金，那么，你就能够像我一样运用你所学到的成功的B的技能来分析各种投资。”

“这就像从后门进入，对吗?”我问道。

“哦，我倒要说这是人生中的一次机会!”富爸爸回答道，“一旦你学会了挣第一个100万，下一个100万就轻而易举了!”

“那么，我该怎样开始呢?”我急切地问道。

“首先，我要给你讲讲几种不同类型的投资者，”富爸爸回答道，“这样，你就能理解我后面要说的话了。”

纵观全局——请作出选择

在本书的这一部分，我将向大家介绍富爸爸对他的不同类型的投资者的描述。以下章节将阐述每种类型投资者的特征(优点和缺点)，因为我选择的道路可能对你来说并不是最好的选择。

特许投资者

有资格成为特许投资者的是一些高收入者或者说是纯收入高的人。我知道我没有资格作为这一类的投资者。

那些为安全、舒适去投资的长期投资者，是很有可能有资格作为这一类的投资者的。这个队伍里有许多对他们的财务地位非常满意的E象限和S象限中的人。他们早就认识到需要通过在I象限的投资为未来打算，因此应采纳一个合适的投资计划，用他们从E象限和S象限赚得的钱进行投资以便实现他们的财务计划，无论是安全的，还是舒适的。

在《富爸爸财务自由之路》一书里，我们讨论过建立财务安全的“两条腿”方法。这些人严格执行财务计划以实现未来的财务梦想，对此我非常的赞成。对他们来说，我选择的道路既不务实，又很艰辛。

有许多高收入的E象限和S象限中的人，只靠他们自己的收入就有资格成为这一类的投资者。

如果你是有资格投资者，你就有机会从事大多数人不能进入的投资领域。然而，为了成功地选择你的投资项目，你仍然需要财务知识。如果你不想投入时间去学习，你就得出钱请财务顾问帮你作出投资决策。

据统计，现在美国只有600万人符合特许投资者的条件。在一个大约有2.5亿人口的国家里，如果这个数字准确的话，那么只有2.4%的人符合这个最低要求，属于下面投资者级别的人则会更少。这就意味着很多不够格的投资者在冒险去投资于他们不应涉足的投资领域。。

今天，美国证券交易委员会对特许的投资者的定义是：

1. 个人年收入在20万美元或20万美元以上；

2. 夫妻二人年收入在30万美元或30万美元以上；

3. 拥有100万美元的纯收入。

了解到只有600万人符合特许投资者条件，那么对我而言，为钱拼命工作以成为一个特许投资者，这条路会非常困难。我坐在那里，想着个人最低收入必须达到20万美元的条件，又使我回忆起我的父亲。我的穷爸爸，无论他工作多么卖命，政府给他多少薪水，他永远也不能成为有资格的投资者。

如果你玩过《现金流》游戏，你也许注意到了这个游戏的快车道，进入快车道代表了游戏达到了作为一个特许投资者的最低要求。换句话说，美国人口中只有2.4%的人才符合这个游戏中的快车道上的投资要求，这就意味着97%以上的人在“老鼠赛跑圈”内投资。

资深投资者

资深投资者知道如何分析公开交易的股票。资深投资者是被看作与内部投资者相对的外部投资者。一般来说，资深投资者包括股票交易者和股票分析家。

智谋型投资者

智谋型投资者是典型地具有富爸爸所讲的所有的3个E的投资者。并且，他们还熟悉投资领域，善于利用税法、公司法和证券法扩大自己的收益并保护原始资本。

如果你想成为一个成功的投资者，又不想创立自己的企业，那么，你的目标就应当成为一个智谋型的投资者。

智谋型投资者之上的投资者，都知道硬币有两面。他们知道世界一方面是一个黑白分明的世界，另一方面，也有着其他不同的色调。在黑白的世界里，一些投资者能够独立地投资；而在多色调的世界里，一个投资者需要与他人协作才能进行投资。

内部投资者

创建一个成功企业是内部投资者的目标。这个企业可以是一块供出租的不动产，也可以是拥有几百万资产的零售公司。

一个成功的B象限的人知道如何创建资产。富爸爸会说：“富人发明金钱。一旦你学会了挣第一个100万，那么接下来的十个 100 万都会轻而易举了。”

一个成功的 B 象限的人，也将学会从外部分析投资公司内部情况的技能，因此，一个成功的内部投资者能够成为一个成功的智谋型投资者。

终极投资者

成为销售企业股票的股东是终极投资者的目标。终极投资者拥有一个成功的企业，他们出售企业股份，这样就成了销售股票的股东。这就是我的目标。虽然我还没有达到这个级别，但我会继续学习，并从我的经历中汲取经验，我会再接再厉，直到我成为一个销售股票的股东。

你是哪种类型的投资者？

下面几章中会详细介绍每种类型的投资者。当你研究了每种类型的投资者以后，你会更加得心应手地选择你的投资目标。

第22章
特许投资者

谁是特许投资者？

多数发达国家已有了保护普通人远离风险投资的法律。但问题是：就是这些法律同时也阻碍了很多人进行一些很好的投资项目。

在美国，有1933年制订的《证券法》、1934年的《证券交易法》以及按这些法律制订的证券交易规章制度。这些法律、法规的颁布，是为了保护公众在证券交易中免受不法者的虚报、操纵以及其他欺骗行为的侵害。它使某些投资项目只限于特许投资者和智谋型投资者才能进行投资，同时，要求详细地将投资信息公诸于众。证券交易委员会的创立就是为了监督法律的实施。

美国证券交易委员会为了履行它对证券的监督职责，把特许投资者定义为：在最近两年内，每年的个人收入至少有20万美元（一对夫妇至少有30美元），同时，在今后还会有相同数目的收入。达到这样的条件，方可算作特许投资者。个人或一对夫妇的纯收入在100万美元以上，也可算作特许投资者。

富爸爸说："特许投资者，简单地说，就是比一般人能够赚更多钱的人，这并不意味着这个人就是富翁，或是对投资有什么了解。"

问题是根据这个条件，在美国，只有不到3%的美国人才能满足要求。这就意味着只有这3%的人，才能在证券交易委员会规定的投资项目内进行投资，其他97%的人没有资格对这些项目投资。

我记得德克萨斯设备公司公开上市以前，富爸爸曾有机会投资这个公司，但他还没来得及调查、分析这个公司的情况，由此放弃了这次机会。丧失这次机会，让他后悔了好几年。但是，后来在其他公司公开上市以前，他再没有拒绝过类似的投资机会。他从公众得不到的投资项目中，积累了越来越多的财富。富爸爸称得上是一个特许投资者。

当我提出来我想同他一起投资一个公开上市前的公司时，富爸爸告诉我说我还不够有钱，也不够精明。我仍记得他说的话："等到你有钱的那一天，最好的投资机会就会光顾你，因为有钱的人总是会得到最好的投资机会。此外，他们能够以低价格买入大量的股票。这就是有钱人会变得越来越富的原因之一。"

虽然富爸爸作为一个特许投资者挣了不少钱，但是他还是相当赞成美国证券交易委员会的行为。他认为保护一般投资者不必冒这类投资所冒的风险是维持社会稳定的一个很明智的做法。

然而，富爸爸又提醒我："即使你是一个特许投资者，你也许仍然得不到在最优投资项目进行投资的机会，因为这需要你成为一个具备相关知识结构并能捕捉到投资信息的完全不同类型的投资者。"

特许投资者的投资控制

无。

富爸爸认为：没有接受过财务知识教育的特许投资者，不具备这十项投资控制能力。特许投资者也许家财万贯，但是，他们中的大多数人不知道怎么利用这些钱。

特许投资者拥有的E

充足的现金（Excessive cash）。

富爸爸常说：你也许符合特许投资者的条件，但你仍然需要接受教育，积累经验，以便进一步成为资深的、智谋型的、内部的或是终极的投资者。实际上，他了解到有许多特许投资者，并没有多余的现金，他们只能做到收支平衡，不懂得如何管理现金。

莎伦评注

任何人都能开一个委托账户，买卖所谓上市公司的股票。上市公司的股票是指公众通过交易方式自由买卖的股票。股票市场，在操作上可算是一个真正的自由市场。没有政府或任何外界的干涉，个人可以自行认定股票价格是否合理。一旦他们决定买下股票，便拥有了公司的股权。

近十年来，共同基金越来越受到欢迎。他们是专家管理的证券组合，每一股基金代表了许多不同证券组合后的所有权。很多人投资于共同基金，因为这是专家理财，且可在每个公司中都拥有一小份股权，而不是仅投资于一家公司股票。如果你没有时间研究投资（你也可以请人帮你做投资决策），那就选择一种共同基金，或是雇佣一个投资顾问为你出谋划策，这会是一个明智的选择。

靠证券发财的生财之道之一是参与一个公司股票的首次发行。通常公司的创立人和首次投资者在首次发行时可以掌握许多股份。为了吸引公众对这家公司的融资，可以实行首次公开发行股票。但证券交易委员会要求详细申请且公开所有信息以防止欺诈行为，并保护投资者的利益。然而，这并不意味着证券交易委员会提供的首次公开发行都是好的交易。一次首次公开发行是合法的，但可能不是好的投资，也可能是完全负债的(因为贬值)。

1933年的《证券法》和1934年的《证券交易法》的颁布，规范了这种类型的投资，保护了投资者免受欺诈、遭遇高风险，以及经纪人的不良管理。证券交易委员会的成立就是为了监督证券业和证券的发行。

股票发行的规定既适用于股票的某些私募发行，也适用于公开发行。当然，也有一些我们没有包括在内的例外。而现在，明白特许投资者的定义是至关重要的。特许投资者可以投资于特定类型的证券，而非特许投资者、非智谋型投资者却不能在这些领域投资，因为“特许地位”就暗示了特许投资者比非特许投资者能承担更多的资金风险。

罗伯特讨论了个人或是夫妻要成为特许投资者在收入或纯收入方面的要求。事实上任何股票的董事、执行总裁或是股票发行的一般合伙人，也被看作是特许投资者，即使他的收入或是纯收入达不到上述的要求。当我们讨论“内部投资者”时，这会是一个很重要的特征。实际上，这是内部投资者和终极投资者通常选择的投资道路。

第23章 资深投资者

富爸爸对资深投资者的定义是：既有钱又对投资有一定了解的投资者。资深投资者通常首先是一个特许投资者，同时接受过良好的财务教育。比如在股票市场，资深投资者包括了最专业的股票交易商。通过所接受的财务教育，他们懂得基础型投资和技术型投资的区别。

1. **基础型投资**：富爸爸说：“一个基础型投资者会通过研究公司财务报表来减少风险，期待股票升值。”要选择一支好的股票投资，最重要的考虑是这个公司未来的盈利潜力。一个基础型投资者在决定投资以前，要对这个公司的财务情况作全盘了解。同时，也要考虑国家的经济发展远景，以及该公司所处行业的发展情况。在基础分析中，股利率的走势是个相当重要的因素。

   沃伦·巴菲特被公认为是最优秀的基础型投资者之一。

2. **技术型投资**：富爸爸说：“一个训练有素的技术投资者是根据市场的变化进行投资的，而且为自己的投资进行保险，以免受灾难性的损失。选股时主要考虑公司股票的供求情况。技术型投资者会研究公司股票价格走势图。上市流通的股票是否能够满足市场对这些股票的需求等等。”

技术型投资者常常是在价格下跌或市场萧条时来购买股票的，就像买东西的人买降价或打折的商品一样。实际上，很多技术型投资者就像我姑妈多丽斯一样。她和她的朋友们逛街是为了讨价还价，买廉价商品，因为这些商品价格便宜，又在大减价。买回以后，她就会想为什么要买这件衣服，试穿后，她又将它退回，而后她又有钱去逛商店了。

技术型投资者要研究公司股票价格的历史情况。一个真正的技术型投资者，不会像基础型投资者那样，去关心公司的内部经营情况，而是更多地考虑市场的变化和股票的价格。

许多人都认为投资风险大，原因之一就是因为大多数人，在技术操作上是一个“技术型投资者”，但是他们搞不清楚技术型投资者和基础型投资者之间的区别。从技术角度看，投资风险大的原因，是股票价格随着市场变化而变化。下面有几个引起股票价格波动的例子：

一支股票在某一天颇受欢迎，而且是头条新闻，到下个星期则是两回事了。公司通过股票剥离、二次发行，或是回收股票以减少股份来控制供求；或者一个机构（像共同基金或养老基金）购买了某家公司大量的股票进行买卖足以扰乱市场。

对一般投资者而言，投资看起来很冒险，是因为他们没有接受过财务教育，缺乏基础型投资者应有的基本技能，也缺乏技术型投资者应有的充分技能。如果他们不是可以改变股票的供求的公司的董事，那么，在公开股市上，就不能控制股票供求价格的波动，因而只能沉浸在对市场的幻想之中。

很多时候，基础型投资者会发现一家利润可观、业绩非常棒的公司。但是由于某种原因，技术型投资者对此毫无兴趣，因此，公司股票价格就是上不去，即使这家公司经营得有利可图。在今天的市场上，有许多人投资于网络公司的首次公开发行，但这些公司既不廉价又不盈利。这个例子就是技术型投资者决定公司股票价格的实证。

自1995年以来，严格按照基础型投资者进行操作的投资商，没有那些考虑市场技术面的投资者做得那么出色。在这个变幻莫测、令人疯狂的股票市场里，冒着最大风险的人竟然赢了，而小心翼翼考虑股票价值的人却输得一败涂地。实际上，很多冒险的股民购买已经没有价值的高价股票，使得许多技术型投资者都感到害怕。一旦股市下跌，只有具备技术交易能力和很强基础性投资能力的人才能够死里逃生。莽撞地冲入股票市场，盲目参与所有股票首次公开发行的业余投机商，在股市下跌时一定会被撞得头破血流。富爸爸说："没有降落伞的暴发户会跌得又快又惨。轻而易举就能挣大钱的人往往被认为简直是商业天才，而实际上，他们是商业傻瓜。"富爸爸认为，要经受股票市场起起伏伏的考验，技术技能和基本技能都相当重要。

因道·琼斯而闻名的查尔斯·道是一个技术型投资者。《华尔街日报》是他资助创办的，所以这份报纸主要是为技术型投资者服务而不是为基础型投资者服务的。

乔治·索罗斯通常被认为是最优秀的技术型投资者之一。

这两种投资风格的差异是迥然不同的。基础型投资者是从公司的财务报表到估量公司的能力和未来成功的潜力来分析公司情况的。此外，基础型投资者也跟踪调查经济形势和公司所处行业的情况。

技术型投资者则是根据公司股票的价格和交易量走势图来进行投资。技术型投资者会观察买入期权/卖出期权比率和股票的卖空。但是，这两种投资者都是根据真实情况来投资的，他们在数据资料中寻找他们满意的事实。当然，这两种类型的投资者需要不同的技能和知识。可是，让人感到"恐怖"的是，今天的大部分投资者，既缺乏技术型投资技能又缺少基础型投资技能。事实上，我敢打赌，今天大部分的投资新手，还不懂得基础型投资者和技术型投资者之间的差别。

富爸爸曾经说："合格的投资者既要精通基础分析又要擅

长技术分析。”他会给我画出下面的表进行分析。这些表说明我们一定要以自己的方式来开发我们的产品的原因。我们希望人们能够学会成为有财务知识的人，同时教会他们的孩子在小小年纪就有财务知识，就像富爸爸教我一样。

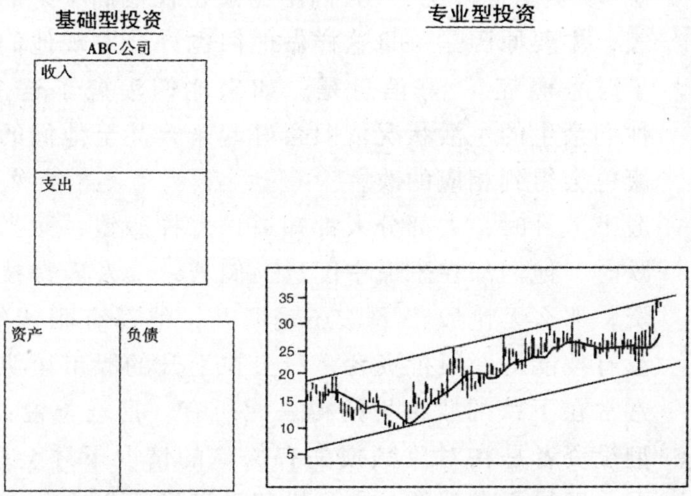

ABC公司 财务报表　　ABC公司的股票价格

重要技能

- 财务基础知识
- 财务必备知识
- 经济预测

教育工具

《现金流》（成人版）

《现金流》（儿童版）

重要技能

- 股票价格及销售历史
- 看跌期权、看涨期权技巧
- 短线抛售

教育工具

《现金流》（高级版）

经常有人问我：“一名资深投资者为什么需要懂得基础型投资和技术型投资?”我的回答只有一个：“自信”。一般的投资者感觉投资冒险是因为：

1. 他们试图从外部调查公司的内部情况或者调查他们投资的资产情况。如果他们不知道怎样阅读财务报表，他们就只能完全依赖于他人的建议。人们常常没有意识到内部投资者掌握着更精确的资料，他们投资的风险要低很多。

2. 不能阅读财务报表的人他们自己的个人财务报表也常常是一团乱麻。富爸爸说："如果一个人的财务基础是脆弱的，那么他的自信心也是不堪一击的。"我的朋友基思·坝宁安常常说："人们不愿意正视他们个人的财务报表，主要原因是一旦这样做他们也许会发现他们已经患了财务癌症。"好消息是，如果他们治愈了这个癌症，他们余生的生活状况依旧会好起来，甚至他们的生理健康也会得到相应的改善。
3. 股市上升时，大部分人都知道该怎样赚钱，而当股市下跌时，他们却在恐慌中度过。倘若一个人懂得技术性投资，那么无论股市下跌还是回升，他都有赚钱的技能。没有技能的一般投资者，只会在上升的股市里赚钱，但常常在下跌的股市里赔得一无所有。富爸爸说："技术型投资者是在对巨额损失有保险的情况下才会去投资，而一般投资者就像是乘飞机却没带降落伞的人一样。"

关于技术型投资者，富爸爸常说："牛市爬着楼梯慢慢上来，而熊市则是从窗子往下跳。"牛市是慢慢上升，但一旦崩溃，股市就会像往窗外跳的熊。股市下跌，技术型投资者会感到分外兴奋，因为他们将很快赚钱，一般投资者这时却在遭受损失，而他们损失的钱是好不容易才涨起来的。

因此，不同类型的投资者和他们的收益常常是这样的：

	市场	
	上升	下跌
亏本的投资者	亏本	亏本
一般投资者	盈利	亏本
资深投资者	盈利	盈利

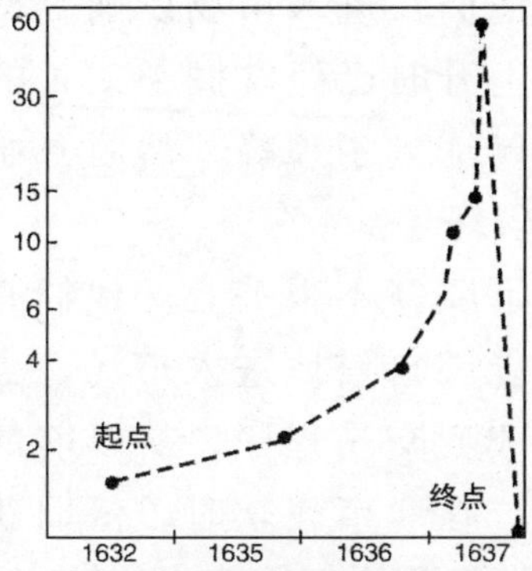

GTBM 公司（1634 年 ~1637 年）
根据历史情况预测

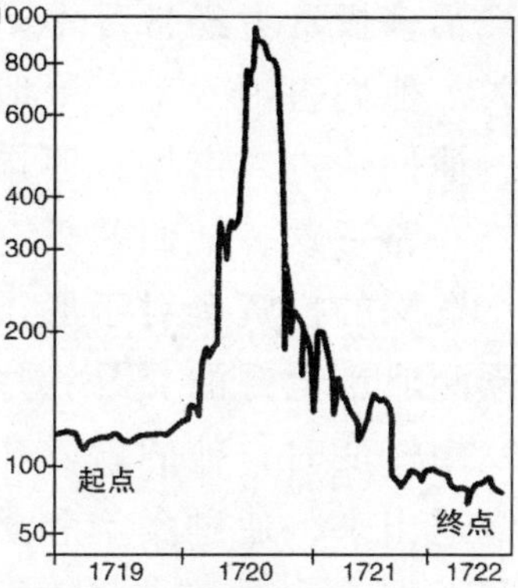

南海公司
（1719 年 ~1722 年）

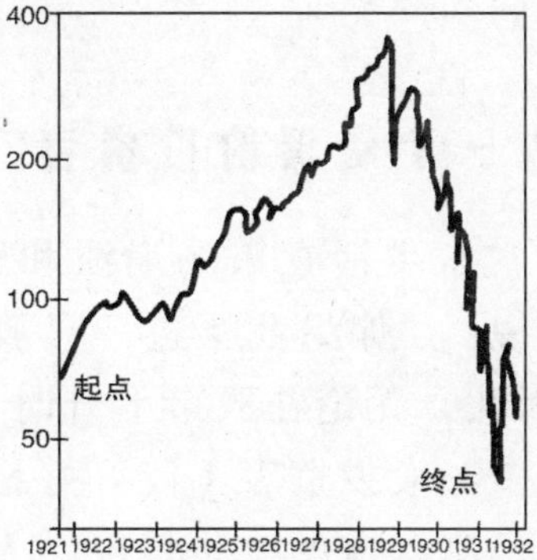

DJIA 公司
（1921 年 ~1932 年）

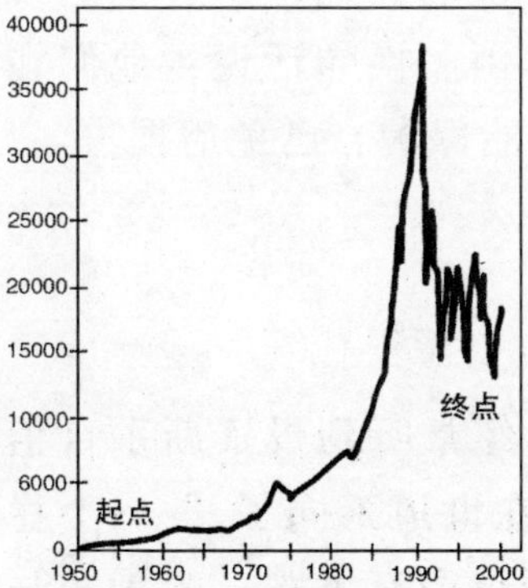

Nikkei 公司（1950 年 ~）

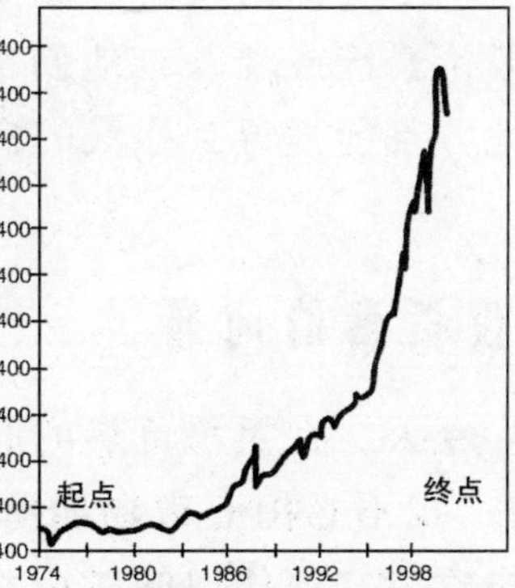

DJIA 公司　(1974 年 ~)

资料提供：Robert Prechter Jr.

很多投资者经常亏本，是因为他们在进入市场以前等待了太久。他们害怕亏本，等股市完全上升时已经耽搁了太长的时间。他们一进入市场，股市就几乎已涨到了顶峰，然后开始下跌，一路下跌，他们就只有以亏本告终了。

资深的投资者对于股市上升、下跌并不很关心。他们有一套预测股市上升的交易程序，所以能够自信地进入市场。当市场发生转变时，他们就随机应变，改变交易程序，从以前的交易中退出来，通过卖空和卖出期权，在股市疲软时，依旧获得盈利。拥有多种交易程序和战略能增强他们作为投资者的信心。

为什么你想成为一个资深的投资者?

一般的投资者常常生活在市场崩溃和股价下跌的恐慌中。你经常能听到他们说："如果我买进一只股票，然后股市下跌了我该怎么办?"因此，无论在股市上升时，还是股市疲软时，盲目地恐惧感使很多一般投资者不能好好地利用机会赚钱。一个资深的投资者能预测股市的变化情况，无论股价上升还是下跌，他们都有把风险降到最小的技能，而且还能赚上一大笔钱。一个资深的投资者总是能够保护他们的地位，这就是说无论股价暴涨或暴跌，他们都能稳如泰山。换句话说：他们在任何地方都能搜寻到挣钱的良机，而且能保护自己免遭损失。

新投资者的问题

今天，在炙手可热的股市里，我经常听到投资新手自信地说："我不必担心市场崩溃，因为现在世道不同了。"一个稳妥的投资者知道任何的股市都会有上升也会有下跌。今天我写作的时候，我们正处在世界历史上最好的牛市之中，这个市场会遭受崩溃的命运吗?如果历史会重演，那么我们将面临世界上迄今为止最大的一次股灾。今天，人们在对没有任何利润的公司投资，这就意味着他们在做一件疯狂的事。前页的那些表，就是世界经历过的泡沫、疯狂或者是繁荣与萧条的真实展现。

在南海事件中遭受巨大损失的牛顿爵士说过：“我能计算天体的运动，却不能计算人们疯狂的程度。”今天，在我看来，疯狂浸染在每个人心中。每个人都想在股市里成为暴发户，我担心我们也许很快就会看到——成千上万的人会一无所有，只是因为他们在股市投资时，有些人宁可借钱投资，也不会首先投资于他们的教育和经验；同时，也因为很多人在恐慌中会很快抛售股票，而这恰恰是资深投资者真正赚钱的时候。

股市崩溃并不见得是一件坏事，但是当这种市场灾难发生时，会造成人们情感上的恐慌。大部分投资新手的问题是：他们还没有经历过真正的熊市……自 1974 年以来股市可以说得上都是牛市。很多共同基金的经营者在 1974 年还没有出生，因此，他们并不知道股市崩溃和熊市究竟是怎么一回事，特别是如果这种情况持续好几年的话，就像日本股市所经历的那样。

富爸爸只是说：“不可能完全预测股市，但是无论市场往何处走我们都已经做好了准备，这一点很重要。”他也说：“牛市的势头似乎还会持续下去，这就使人们变得迟钝、愚蠢而且得意忘形。熊市似乎也会永远持续下去，但它使人们忘记了这是成为富翁的最好时机。这就是你想成为一个资深投资者的原因”

为什么信息时代的股市会加速崩溃？

对于想了解新经济时代的全球化商业的发展的人，我愿意强力推荐《凌志和橄榄树》这本书。在该书中，作者托马斯·L·弗里德曼常常提及“电子一族”。电子一族是一类人的群体，有几千人。他们通常很年轻，控制着大量的电子货币。他们是以个人的名义为大银行、共同基金、对冲基金、保险公司诸如此类的机构效劳。他们鼠标一点，在一秒种之内，就能把数兆美元从一个国家转移到另一个国家。电子一族的权力，甚至比政客的权力还要强大得多。

1997 年我在东南亚的时候，电子一族把他们的钱从泰国、印度尼西亚、马来西亚和韩国移了出去，竟在一夜之间把这些国家的经济抽空了，使得这些国家看上去非常狼狈和不快。

对于进行全球投资的人而言，你也许能回忆起世界上的大多数人、甚至华尔街是怎样吹捧新亚洲小虎的经济的。人人都想在这些国家投资。然而突然在一夜之间，他们的世界面目全非，谋杀、自杀、暴乱、抢劫以及财务疾病四处弥漫。电子一族不喜欢这些国家的这类现象，便在几秒钟之内把他们的资金转了出去。

引用托马斯·弗里德曼在书中的话来说：“想起电子一族，就像是在非洲大草原吃草的一群牛羚。当在边上吃草的一只牛羚看见附近高深浓密的灌木丛里有什么东西在移动时，他不会对他的同伴发出警告，‘哎呀！我怀疑灌木丛里好像有一只狮子’没门！那只牛羚会立即独自奔逃，接着其余的牛羚也会跟着没命似地奔逃几百里远，他们逃到邻近的草原，道路上的一切被它们压得粉碎。”

这就是 1997 年发生在亚洲小虎们身上的一切。电子一族不喜欢看到这些地区正在发生的情况，便在一夜之间卷走了资金。而这些国家在几天之内就从快乐的巅峰跌入了低谷，几天之内，暴乱、谋杀犯罪不断。

这就是我预测在信息时代，股市崩溃会越来越快、越来越严重的原因，因为电子货币的转移是如何地轻易和迅速。

投资者怎样在股市崩溃中保护自己？

一些国家为了免受电子一族力量的冲击，采取了紧缩财政支出、增加财政收入的办法。

“如果你要写关于美国资本市场的历史，”财政部副部长拉里·萨默斯曾谈道，“我认为完善资本市场惟一最重要的改革，是公认的会计准则的改变，我们需要国际通用的会计准则。”这很微不足道，但并不是没有重要意义，这是国际货币基金组织的胜利。有个韩国夜校会计课的老师告诉我以往在冬季他一般只有 22 个学生，但今年（1998），他却有 385 个学生。因为在韩国我们要求公司有统一标准的会计准则，我们要求国家有统一制定的标准。

几年前，富爸爸讲了一件类似的事情，但不是像拉里·萨默斯讲的整个一个国家，富爸爸讲的是想在财务上做得很出色的个人。他说：“穷人和富人之间的差别不仅仅是他们挣钱多少，而在于他们的财务知识以及把财务知识放到何等重要的位置。简单地说，穷人的财务知识标准很低，不管他挣多少钱。财务水平低的人，常常不能形成他们的观念并创造资产，不但资产不能创造出来，很多人还创造负债，仅仅是因为他们的财务水平很低。”

出来比进去更重要

富爸爸常说：“大部分普通投资者亏本的原因，是因为投资进去很容易，但要退出来却很困难。如果你想成为一个智谋型的投资者，你需要知道怎样进行投资，还要知道怎样撤出投资。”今天当我投资的时候，我必须考虑的最重要的战略之一就叫作“退出战略”。富爸爸用这样的字眼来表达其重要性，以便我能理解它的重要地位。他说：“进行一项投资像结婚一样，刚开始时非常兴奋，但如果相处不融洽，离婚的痛苦就比开始的兴奋和快乐多得多。所以你必须真正意识到投资就像一桩婚姻的过程，进去常比出来容易得多。”

我的两个爸爸都非常幸福，所以当富爸爸谈论婚姻问题时，他并不鼓励人们离婚，他只是劝我要做长远打算。他说：

"50%的婚姻会以离婚告终，而事实上，几乎100%已经结婚的人认为他们会面临离婚的危险。"这也许就是如此多的投资新手要购买IPO以及要购买稳妥投资者手中的股份的原因。关于这个问题，富爸爸最好的忠告是：要时刻牢记，当你欢天喜地购买资产时，往往是有人正在兴高采烈地卖这个资产给你，因为他比你更了解这个资产。

当人们通过玩《现金流》游戏来学习投资时，他们要学的一个技能就是什么时候买进，什么时候卖出。富爸爸说："当你买进一份投资时，你应当也有什么时候抛售出去的想法，特别是对特许投资者以及他们之上的投资者而言。在更复杂的投资类型里面，你的退出战略往往比进入战略更重要。当进入这类投资时，你心里应当有一个计划，如果投资进展顺利，有什么样的事情会发生；如果投资失败，又会有什么样的事情会发生。"

资深投资者的财务技能

为了帮助想学会基本投资技能的人们，我们设计了《现金流》（成人版）游戏。我们建议这个游戏至少要玩6到12次才能达到学习的效果。通过反复地玩《现金流》（成人版）游戏，你就会开始懂得基础投资分析的基础知识。在玩过成人版并且理解其所教授的财务技能以后，你也许会继续想玩现金流的高级版。这个高级版使用和成人版一样的游戏板，但是上升到了另一个水平，使用另一套卡片和记分单。在高级版中，你开始学会复杂的技能和技术交易方面的生词。你可以学会使用这些交易技能，比如说，当预测到股价会下跌时，你可以卖空。你也可以使用买入期权、卖出期权和双向期权所有这些高深的交易技能，这些都是所有资深投资者有必要了解的。玩这个游戏的最大好处是你通过虚拟的游戏来获取知识，而在现实世界中获得相同的教育会是非常昂贵的。

为什么游戏是最好的老师？

1950 年，曾有一个修女在加尔各答教历史和地理，她响应号召去帮助穷人并与他们住在一起。她不是在高谈阔论如何去帮助穷人，而是用她的实际行动去帮助他们。正是因为她的善行，在她说话的时候，人们才会洗耳恭听。关于言论和行动的区别，她这样说道："应该少说一些，布道不是开会，你应当多一些行动。"

我选择用游戏来传授富爸爸教给我的投资技能是因为游戏在教和学的过程中，需要更多的动手操作，而不是被动地听演讲。正如修女特里莎所说："布道不是聚会。"我们的游戏也不仅是聚会。游戏提供了一个进行社会交流的舞台，帮助其他的人掌握这些财务技能。当我们投资时，有很多人试着通过传道的方式来教授投资知识。但我们都知道，有些东西并不是简单地通过听读，就能很好地掌握，而是需要动手操作才能学会。这些游戏就为掌握财务技能提供了基本的操作步骤以供学习。

有一则古老的格言是这样的：

"我听见了，我又忘记了；我看见了，我就记住了；我做了，我就明白了。"

我的目的并不只是写关于金钱和投资的书，发明作为学习的游戏工具，我的目的是创造更多的理解机会。人们理解得越多，他们看事物就看得越透彻。玩游戏的人开始看到了他们以前从未看到过的机会，而且不再恐惧和犹豫，因为他们的理解能力随着玩游戏次数的增多而增长。

我们的网站介绍了很多玩游戏的故事，有的玩过游戏的人的生活也因此发生了变化。他们已经形成了关于金钱和投资的新理念，摒除了那些老的观念，并为他们的生活注入了新的血液。

富爸爸通过教我玩《大富翁》使我成为一个企业主和投资

者。游戏结束后，当我们去参观他的企业和不动产时，我才发现他居然通过游戏教会了迈克和我如此多的东西。我想我现在发明出来的财务教育游戏所传授的富爸爸教给我的基本投资技能，已经远远超过了当年《大富翁》游戏里传授的知识。正如富爸爸所说："管理现金流和阅读财务报表的能力，是成功通向现金流象限B和I象限的基础。"而这些技能都将在我们游戏中学习和体验。

资深投资者的投资控制

1. 自我控制
2. 控制两个比率，即收入/支出比率及资产/负债比率
3. 控制购买与售出的时机

资深投资者拥有的E

1. 教育（Education）
3. 充足的现金（Excessiue cash）

莎伦评注

资深投资者，无论是基础型投资者还是技术型投资者，都是从外部分析公司情况的。他们将决定是否要成为股份购买者。许多成功的投资者都是资深投资者。由于拥有适当的教育和财务建议，很多资深投资者能够成为百成富翁。他们在别人经营和发展起来的企业里投资。由于接受过理财教育，他们能从公司的财务报表中分析出公司的真实情况。

p/e是什么意思？

资深投资者能够理解标志着一支股票优劣的增值市盈率

（price earnings，简称 p/e）意味着什么，p/e 的计算，就是每股市价除以每股净收入。一般来说，较低的市盈率意味着这只股票的价格与其收入相比价格相对较低；较高的市盈率指的是一支股票的价格相对较高，或许不是一笔好交易。

$$市盈率=\frac{每股市价}{每股净收入}$$

如果两个成功的公司涉及产业不同，那么两个公司的市盈率则会迥然不同。比如说，增长迅速、有高额利润的高新技术公司的市盈率会比技术含量低的公司或增长平稳的公司的市盈率要高得多。让我们看看互联网公司的股票销售情况：很多公司在没有利润可赚的情况下，其股票都在以高价出售。股票价格攀高的现象反映了市场期望以后能够获得更高的收入。

未来市盈率很重要

一个资深投资者认为目前的市盈率没有将来的市盈率重要，投资者总是喜欢在有巨大发展前途的商业公司投资。为了使市盈率对投资者更加有所帮助，则需要了解关于公司的更多信息。一般来说，投资者会把公司现年的市盈率同往年的市盈率进行比较，从而推断出公司的增长情况。同时，投资者还会把这家公司的市盈率，同从事相同产业的其他公司的市盈率进行对比。

并非每日交易者才是资深投资者

现在，很多人参与“每日交易”，由于网上交易方便快捷，这种交易变得越来越火爆。每日交易者希望在一天之内，通过买卖证券来赚取利润。他们对市盈率非常熟悉。一个成功的每日交易者和不成功者之间的差别，常常是他们洞察市盈率的能力有很大不同。很大部分原因，是成功的每日交易者花了时间学习技术性或基础性投资的基本知识；而没有受过适当的企业教育和财务分析技能教育的每日交易者，则更像是个赌博者，而不是交易者。只有受过教育的成功的每日交易者才能被看作是资深投资者。

实际上，据说大部分的每日交易新手，在两年内就损失掉了他们部分或是所有的资本，以致放弃从事交易。每日交易是一种非常有竞争性的S象限的行为，需要非常渊博的知识，还要会充分地使用别人的钱。

在我们的网站 www.richdadbook3.com 上可以免费下载录音报告《富爸爸之利润而非恐慌篇》(Profit Don't Panic)。学会在股市崩溃时保持一个冷静的头脑和明智投资，这些都是资深投资者相当重要的心理素质和技能。此外，一定要记住，正是在股市崩溃时，很多人成了富翁。

第24章 智谋型投资者

智谋型投资者之所以比资深投资者技高一筹，就在于他还悉心研究法律体系并从中找到对投资有利的条件。富爸爸把智谋投资者定义为既精通资深投资者的理财知识又熟悉以下法律的投资者：

1. 税法
2. 公司法
3. 证券法

虽然智谋型投资者并不是律师，但是他们会依据法律，按投资项目和潜在利润来制定投资策略。他们常常会利用不同的法律法规，以极小的风险获得较高的投资回报。

E-T-C

由于了解了法律基本知识，智谋型投资者就能充分利用E-T-C的优势，"E-T-C"这三个字母分别代表实体（entity）、时机（timing）和收入特性（characteristic）。

富爸爸对E-T-C的描述是："E代表对实体的控制管理，即对商业组织结构的选择。"如果你仅仅是一个雇员，那么这些往往是你无法控制的。S象限的人通常能选择以下实体：独家经营企业，合伙经营企业（这是最差的组织结构，因为你有权拥有收益的一部分但要承担所有的风险）、自由职业者公司，有限责任公司、有限责任合伙企业、股份有限公司。

如今在美国，倘若你是律师、医生、建筑师、牙医等，并且选择股份有限公司做为你的实体，那么你的最低税率为35%，而像我一样提供非特许的专业服务的公司只需缴纳15%的税。

这额外的20%的税差长年累计起来就是很多的钱。这意味着，在股份有限公司里非职业人员每年的年初比职业人员在财务上要有20%的领先优势。

富爸爸对我说："想想那些不能选择实体的E象限的人们吧，对他们来说，不管怎样努力工作，不管挣得多少薪水，总得先向政府缴纳所得税。他们工作越努力，挣钱越多，政府向他们征税就越多。究其原因，还在于E象限的人不能控制实体、支出和税款。再者，他们不能首先支付自己所需，因为早在1943年的《税收法案》就规定了政府有权向公民征收所得税。自该法案通过之日起，政府一直是首先需要支付的对象。"

莎伦评注

在美国，合伙企业、自由职业者公司、有限责任合伙企业和有限责任公司常被称为"传递"（pass-through）实体，因为其收入通过投资回报的形式进而转为了业主利润。我的建议是你可以请教一位税务顾问，从而找到一种适合你自己情况的实体。

股份有限公司（C Corporations）

"你总是选择股份有限公司作为你的实体，是吧？"我问富爸爸。

“大多数时候是的，”他回答：“要记住选择产品与公司实体前应该先有个计划，B 象限的人通常对最好的经营实体有更多的选择机会和控制力量，从而能最好地实现他们的计划。当然，这个计划依旧需要与你的税务顾问和会计师一起讨论制定。”

“但是你为什么选择股份有限公司作为你的实体呢？”我问，“它有什么不同之处对你来说如此重要？”

“有很大的不同。”他说。等了一会儿，他才解释道：“独家经营企业、合伙企业、自由职业者公司都是你的一部分，简言之，它们是你的外延。”

“那么股份有限公司是什么？”我问。

“股份有限公司是另一个你，它不仅仅是你的外延，它也能成为你的克隆。如果你真想学经商，就不要想着仅仅作为一个个体户从事商业活动，那样做有太多的风险，特别是在当今这个法律诉讼满天飞的年代。当你想要从事商业活动时，你应让你的克隆进行商业活动。你不要希望作为个体公民经商或拥有财产。”富爸爸教导我，“如果你想变成富裕的个体公民，那么在账面上你就要尽量显得一贫如洗、身无分文。”富爸爸又说，“与此相反，穷人和中产阶级却总希望以个人的名义拥有一切。他们称之为‘占有的荣誉’，我却称之为‘掠夺者和律师的目标’。”

富爸爸竭力阐明的是“富人不想拥有一切而想控制一切。他们通过公司和有限责任合伙企业控制一切。”这正是对富人来说对 E-T-C 中的 E（实体）进行控制至关重要的原因。

在过去的两年里，我目睹了一场灾难。它使我清楚地认识到，对于实体的准确选择，确实能帮助一个家庭避免毁灭性财务事件的发生。

有一家五金商店经营得非常成功，这是一个家庭合伙制小企业。这家人在镇子里住了很久了，认识镇上的每一个人，生活也很富裕，积极参加社会活动并加入了各种慈善组织。你再也找不到比他们更加充满爱心、愿意慷慨解囊的夫妇了。一天夜里，他们的女儿酒后驾车，出了车祸，撞死了另一辆车上的一位乘客。这家人的生活从此发生了巨变。17 岁的女儿被判入狱 7 年，整个家庭失去了包括生意在内的曾经拥有的一切。我举这个例子，并不想做道义上的声明，而仅仅想说明合理的理财方案无论是家庭的还是公司的财务方案——如果能够通过使用保险、信托、有限合伙企业或公司等方式也许可以阻止这个家庭的悲剧。

什么是双重纳税？

经常会有人问我："你为什么推荐股份有限公司，而不是自由职业者公司或有限责任公司？你为什么愿意双重纳税呢？"

公司之所以会有双重纳税是因为公司不仅要为其收入纳税而且当公司向股东发放股息时，股东还须以个人身份纳税。双重纳税还会发生在公司出现不当销售，而又已宣布了清算股利时。对公司来说，股利不可减少；就股东而言，股利必须纳税，这便是双重纳税的缘由。

实际上，雇主经常通过增加自己的工资来减少或除去企业利润，从而排除重复纳税的可能性。另外，随着公司继续发展，企业留利不断用于扩大经营规模，进而促进企业的壮大。(在美国，公司必须证明自己的累计收益是正当的，否则就会受到《累计收益税法》的制裁。）这样一来，在没有股息申报时，双重征税就不会出现。

我个人非常喜欢股份有限公司，因为我认为股份有限公司能够提供最大的灵活性。我做事总是喜欢展望鸿图。创业伊始，我期望自己的公司能成长为大企业。如今许多大企业都是股份有限公司。我发展企业，是因为我想出售它们或将其上市，而非获得股息。

有时，我也选择其他的实体。例如，我最近与人合伙创建了一家有限责任公司，凭此我能买下一栋楼。

你应该与你的财务顾问和税务顾问商量，以确定适合你自己情况的商业机构。

时　机

富爸爸所说的 T 指的是时机（Timing）。“因为最终我们都需要纳税，所以纳税时机才是最重要的。纳税是文明社会的一种生活费用，富人不但尽力控制纳税数额，而且控制纳税的时间。”

了解法律有助于控制纳税时间。比方说，美国税法第 1031 条允许你在不动产投资中将收入“滚雪球”，只要你将收入用于以更高价格买下另一笔不动产，你就被允许延缓纳税时间直到第二笔不动产出售（或者你可以选择反复“滚雪球”——可能永远!）。

股份有限公司还具有另一时机上的优势。大多数的个人、合伙企业、自由职业者公司和有限责任公司必须在 12 月 31 日申报纳税，而股份有限公司能按会计需要，挑选不同的年终纳税报账时间（如 6 月 30 日）。这就使公司有时间制定如公司和个人的纳税计划并确定纳税时机。

莎伦评注

虽然罗伯特把实体和时机问题当做简单的纳税计划工具，但是所有实体选择、时间安排都应该具有合法的商业目的并且都必须通过与你的法律顾问和税务顾问充分讨论决定。虽然罗伯特个人也运用这些税务方案，但他都是在法律顾问、税务顾问的悉心指导和策划下进行的。

下页的图表描述了多种形式的商业实体，指出了当你选择实体时应考虑的问题。请注意，当你选择适合的商业实体时，有必要与法律、税务顾问仔细讨论一下你个人的财务、税务状况。

收入的特性

E－T－C中的第三个组成部分C（收入的特性，Characteristic），富爸爸说："投资者有控制力，而其余的人在赌博。富人之所以富有是因为与穷人和中产阶级相比，他们对钱有更大的控制力。你一旦理解了金钱游戏就是控制游戏，你就会把眼光集中于一条重要的生活法则，不是挣更多的钱而是获得更多的对钱的控制力。"

富爸爸伸手取出他的小黄本，写下三行字：

1．工资收入（earned income）；

2．被动收入（passive income）；

3．证券组合收入（portfolio income）。

"这是三种不同类型的收入，"富爸爸强调我应当知道这三种收入是不同的。他同时指出E－T－C中的C指的是收入的特性。

"这三种收入有很大差别吗？"我问。

"是的，"他回答："特别是当与实体和时机结合起来考虑时，差别就更大了。你可能首先会想到控制实体和时机，但是不要忘记控制收入特性是最重要的财务管理项目。"

揣摩了一阵，我才渐渐理解了为什么说控制这三种收入的特性是如此的重要。

"了解不同收入的特性是十分重要的，因为各种收入的特性把富人和穷人区分开来，"富爸爸分析道："穷人和中产阶级关注工资收入，富人则关注被动收入和投资组合收入。这正是富人和工薪阶级的基本区别。由此可见，收入特性控制的确是基本控制，特别是对想发财致富的人来说。"

合法的商业实体

实体	控制	负债	上税	会计年度结束日	持续时间
独资企业	你有完全控制力	由你全权负责	你需在个人纳税申报表上报告所有的收入与支出	日历年末	公司在你死亡时终止
一般合伙企业	包括你在内的每一个合伙人都应参与合同和其他商业协议的签定	对公司全部债务负完全的法律责任，包括合伙人的债务	在个人纳税申报表上填报你的合伙收入	多数与利息税交纳日期一致，或由主要合伙人商议决定；否则，必须是日历年度	合伙人任何一方死亡或退股则公司终止
有限合伙企业	普通合伙人控制企业	普通合伙人负完全责任——有限合伙人仅对自己投资部分负责	由公司负责年度申报——总合伙人和有限合伙人需填写个人纳税申报表报告其收入与损失。损失限制在一定范围以内。	多数与利息税交纳日期一致，或由主要合伙人商议决定；否则，必须是日历年度	不随有限合伙人的死亡而终结，但可能随总合伙人的死亡而终结，除非合伙协议上有另外的规定
有限责任公司	业主，即股东有控制权	业主或股东对公司债务不负法律责任	各州法律不同，允许你自行选择处理办法	各州法律不同，允许你自行选择处理办法	各州法律不同，在一些州，公司会随某一业主或股东的死亡而终止
股份有限公司	股东选出董事会，董事会任命经理等职，董事长等拥有最大控制权	股东仅对投资于该公司的股权负责	公司缴纳公司税款，股东缴纳各自的股利税	任何一个月末。私人服务型公司必须使用日历年度	公司作为法律实体而独立存在，它不随业主、股东或董事长的死亡而终止
附属公司	股东任命董事会，董事会任命董事长，董事长掌握最大权力	股东仅对投资于该公司的股权负责	股东在纳税申报表上申报其股权的盈亏状况	日历年度	公司作为法律实体而独立在，它不以业主、股东、董事长的死亡而终结

注意：请与您的财务顾问及税务顾问讨论以确定适合您具体情况的实体。

“在美国和其他一些经济发达国家，即便是一美元的工资收入也须缴纳比非工资收入和证券组合收入更高的税率。这部分税款用来提供多种形式的社会保险。”富爸爸继续解释道。所谓“社会保险”就是政府支付给社会各阶层的保障费用。在美国，社会保险包括社会安全保险、医疗保险、失业保险等。所得税被列为社会保险税之首，而被动收入和投资组合收入不需缴纳社会保险税。

“每天我起床后拼命工作挣到的钱都属于工资收入，那不是意味着我得缴纳更多的税吗？所以，你就一直鼓励我把注意力转向弄清我想要哪种收入上。”

我意识到富爸爸把我带回了《富爸爸，穷爸爸》中的第一课，“富人不为钱拼命工作，而是让钱为自己努力工作”。我突然明白了这句话的含义。我需要学会怎样把工资收入转变成被动收入和投资组合收入，以使我的钱能够开始为我工作。

智谋型投资者掌握的投资控制工具

1. 自我控制
2. 控制两个比率，即收入/支出比率及资产/负债比率
3. 控制税款
4. 控制购买和售出的时间
5. 控制经纪业务
6. 控制 E－T－C（实体、时机和收入特性）

智谋型投资者拥有的“E”

1. 教育（Education）
2. 经验（Experience）
3. 充足的现金（Excessive cash）

美国证券交易委员会规定中的智谋型投资者并不一定是特许投资者，但他们在财务和公司业务上有充分的知识和经验，能评估出投资的预期收益和风险。美国证券交易委员会认为特

许投资者（因有一定的财力能支付得起雇用顾问的费用）有能力保护自己的利益。

相比之下，我们认为许多的特许投资者和资深投资者其实并不够有智谋。许多有钱人从未学习过投资和有关法律基础知识，他们中许多人是依靠智谋型投资顾问为其投资的。

智谋型投资者充分理解法律的影响力和所提供的有利条件，他们构造投资组合以求最大限度地利用实体、时机和收入特性。与此同时，他们也向法律顾问、税务顾问征求意见。

许多智谋型投资者常常愿意作为外部投资者投资于其他实体。由于他们不可以拥有投资管理控制权，这就把他们与内部投资者区别开来。他们可以在不拥有公司控股权前提下投资于管理层，另外，他们可以作为不动产财团的合伙人或者作为大公司的股东参与投资。他们仔细研究，谨慎投资，但是缺乏对潜在资产管理的控制力，因而只能获得公司运作的大众信息。缺乏对管理的控制力，正是智谋型投资者与内部投资者的根本不同之处。

然而，智谋型投资者仍然利用E－T－C分析法分析其投资组合。在第四部分，我们将讨论智谋型投资者是怎样运用这些原则获取法律提供的最优惠条件的。

好与坏

除了以上讨论的三种收入特性外，还有三种普遍原则可以区分智谋型投资者与一般投资者。智谋型投资者对下列概念了如指掌：

1. 好债与坏债；
2. 好支出与坏支出；
3. 好亏损与坏亏损。

按常规，好债、好支出、好的亏损都能为你带来额外的现金流。例如，用来获取每月都有现金收入的可出租资产的债务就是好债务。同样，用于法律、税务咨询方面的支出是好支出，因为在纳税时，它可能为你节约上千元。因不动产贬值而引起的亏损称为好亏损，这种亏损也称为“影子”亏损，因为它只是纸上的亏损，不需要现金的实际花销，其最终结果是一笔因亏损而收入抵减，纳税额减少形成的储蓄。

知道了好坏债、好坏支出、好坏亏损的不同，就能辨别智谋型投资者与普通投资者了。普通投资者当听到“债务、支出、亏损”这些词时，常会做出消极反应，因为据他们的经验，债务、支出、亏损总会导致现金流出腰包。

智谋型投资者会虚心听取会计师、财务顾问、税务顾问的建议，然后构建起最利于他们投资的财务机构。他们寻找体现E-T-C特征的业务来投资，因为这些特征能支持他们的个人理财方案——他们发财致富的宏伟蓝图。

你怎样识别智谋型投资者？

我记得富爸爸曾给我讲过一个有关风险的故事。尽管其中一些已在书中提过，但是有必要在这里重复一下。一般投资者与智谋型投资者对风险的看法大相径庭。因此，从风险观入手，能真正识别谁是智谋型投资者。

为什么安全是危险的？

一天，我找到富爸爸，对他说：“我爸觉得您太冒险。他认为一份财务报表是安全的，你却认为一份财务报表是危险的。你们俩的观点似乎完全不同。”

富爸爸笑了：“的确如此。”接着又是一阵笑声。“我们俩几乎是针锋相对呢，”富爸爸思量片刻后又说道：“如果你想真正富起来，就不得不改变你的安全风险观。穷人和中产阶级认为安全的，我却认为是危险。”

我琢磨着富爸爸的话，仍不能全懂，于是问道："可以给我举个例子吗？"

"当然可以，"富爸爸说，"你爸爸常说应该去找一份没有风险的工作，是不是这样？"

我点点头："是的，他认为那样的生活最有保障。"

"真的吗？"富爸爸问。

"对他来说是吧，"我回答，"您有什么见解？"

富爸爸点点头，接着问："当大的股份公司宣布解雇大量雇员时，通常有什么情况发生？"

"不知道，"我答道，"你是问公司解雇很多员工后会产生什么结果？

"是的，"富爸爸说，"他们的股票价格会有什么变化？"

"不知道，"我回答，"股票价格会下跌吗？"

富爸爸摇摇头，平静地说："不对，相反的是股票价格常常会上扬。"

我思忖了片刻，说道，"所以你经常谈到现金流象限左右两侧的人有着巨大的差异。"

富爸爸点头道："非常大的差异，对一方来说是安全的东西，对另一方来说却是危险的。"

"那就是只有少数的人成为富翁的原因吧？"

富爸爸再次点点头，重复着说过的话，"对一方来说是安全的东西，对另一方来说便是危险的。如果你想致富，并为你的后代创造财富的话，那么你就必须看到风险与安全的两个方面，而一般投资者仅仅看到了其中的一面。"

看起来安全的东西实际上却是危险的

如今我已长大成人，已能明白富爸爸的各种见解。现在，我认为是安全的东西许多人却认为是危险的。下面这张表里所列举的是两者的一些区别。

普通投资者	智谋型投资者
仅拥有一张财务报表	拥有多种财务报表
希望每一样东西都以私人名义得到。	不想以私人名义得到任何东西，而是利用公司实体。私人住宅、汽车通常都不在其名下。
不把保险当作投资，投资追求多样性。	把保险当作投资产品，以避免风险带来的损失。多使用诸如"已投保的"、"承受风险"、"套期保值"等词语。
仅持有货币资产，包括现金和储蓄。	既有软资产(货币资产)又有硬资产，诸如不动产、珍贵金属。珍贵金属能避免因政府对货币供给管理不善而带来的损失。
关注于工作保障。	关注于财务自由。
重视专业教育，避免犯错误。	重视财务教育，懂得犯错误是学习的一部分。
不关注财务信息，或希望免费得到财务信息。	乐意付钱获取财务信息。
考虑问题的方式是非好即坏，非黑即白、非对即错。	从不同角度考虑问题。
死盯着过去的指标，如市盈率和顶利率。	寻找未来指标，如动向、形式、管理及产品的变化。
首先找经纪人，征询投资建议或者不请教任何人独自投资。	最后找经纪人，与财务、法律顾问组商量后再找合适的经纪人。经纪人通常为工作组的一部分。
寻求外界保障，如工作、公司、政府等。	重视自信、独立等人格力量的培养。

总之，对一些投资者来说是安全的东西，对另一些投资者来说就是危险的。

第25章

内部投资者

内部投资者是了解公司内部投资信息并且具有一定程度管理控制力的人。

虽然具有管理控制力是内部投资者的一个重要特征，但是富爸爸指出，他们最重要的特征是，成为内部投资者不需拥有大量收入或资产净值。经理、董事长或者持有公司10%以上现有股票的业主，都属于内部投资者。

许多有关投资的书籍都是为外部投资者所著，本书则是为想做内部投资者而写的。

在真正的投资领域，既有合法的内部投资行为，也有不合法的内部投资行为。富爸爸总是希望我和他的儿子成为内部投资者而不是外部投资者，因为这是减少风险增加回报的非常有用的途径。

具备一定的金融知识但又不符合特许投资者标准的人也能成为内部投资者。正是由于这个原因，如今许多人进入了内部投资领域。内部投资者正在通过创建公司来积累他们所管理的、可以出售并可以公开上市的资产。

奥肖内西在他的《华尔街股市投资经典》一书中分析了股市中各种股票的利润。该书表明小盘股比其他投资运作得更好。下页是书中的一个图表，以供大家参考。

几乎所有的高额回报都是在市场资本低于2500万美元的小盘股中被发现的。不被发现的原因是由于共同基金会认为盘子太小无法投资，而一般投资者又很难找到。正如奥肖内西所说的："小盘黑马股对每个人来说几乎都是可望而不可及的。"这种股票交易量很小，因而询价与收购价通常是分离的。这就是只有10%的投资者控制90%股份的一个实例。

如果你不能找到这样的股票投资，那么考虑一下另外一个好办法吧，建立起你自己的小盘股公司，作为内部投资者去享受超额利润。

我是怎样做的？

作为内部投资者，我实现了财务自由。记住，我以开小公司起家，并作为智谋型投资者买进不动产。我学会了运用有限合伙企业和有限责任公司经营公司和业务来减少税收并进行资产保护。我接着又开了几家公司获得了更多的经验。利用从富爸爸那里学到的金融知识，作为内部投资者我开始经营公司和业务。直到我作为智谋型投资者取得了巨大的成功之后，我才成为特许投资者。我从来不认为自己是资深投资者。我不知道怎样挑选股票，并且不作为外部投资者选购股票。（为什么我要作为外部投资者呢？内部投资者风险既小又能获得更多的利润！）

我讲这些是想给你带来希望。如果我通过开公司能成为内部投资者，那么你也同样能做到。记住，你掌握的对公司的控制权越多，风险就会越小。

内部投资者掌握的投资控制工具

1. 自我控制
2. 控制两个比率，即收入/支出比率及资产/负债比率

3. 投资管理控制
4. 控制税款
5. 控制购买和售出的时机
6. 控制经纪业务
7. 控制 E－T－C（实体、时机和收入特性）
8. 控制协议的期限和条件
9. 信息渠道控制

内部投资者拥有的“E”

1. 教育（Education）
2. 经验（Experience）
3. 充足的现金（Excesive cash）

资料提供：《华尔街股票投资宝典》（奥肖内西著）

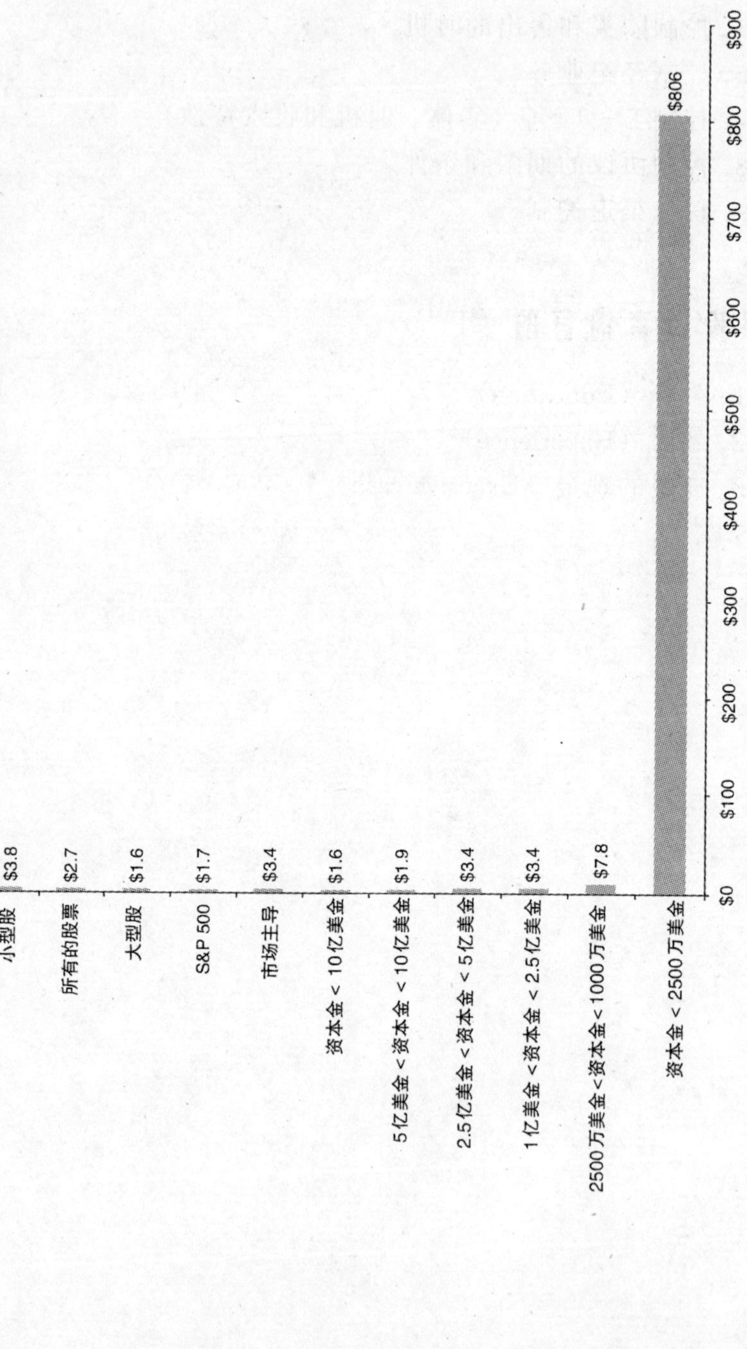

1951年12月31日投资的10000美元，经过每年市场资本化的再平衡过程，至1996年12月31日所达到的价值。

莎伦评注

美国证券交易委员会把“内部人”定义为知道有关公司未公开信息的人。1934 年《证券交易法案》规定任何人从未公开的信息中谋取利益是违法的。这些人包括公司内部的人，也包括从公司内部人员之处获得到秘密信息并利用这些信息谋利的人。

而罗伯特这里讲的“内部人”，是指能管理控制公司运作的投资者。内部投资者对公司的经营方向有控制力，而外部投资者对公司的经营方向没有控制力。罗伯特区别了合法的和不合法的内部人交易，他也强烈反对不合法的内部人交易。同时他指出合法赚钱其实是件很容易的事。

创造控制力

作为私人企业的雇主，你投资的钱是你自己的。如果你有外部投资者，那么你就有受信托的责任，管理好他们的投资，同时你也能控制公司的管理，并有控制、获得内部信息的途径。

购买控股

除了建立你自己的公司以外，你还可以通过买下一家公司的控股权而成为内部投资者。买下公司的大量股票就能使你获得控股权。记住，当你不断增加你的控制力时，你就是在不断减少投资中的风险。当然，这是在你掌握了妥善管理投资技巧的前提下。

如果你已经拥有了公司并想扩大其规模，你可以通过兼并或合并获得另一家公司。有关兼并或合并的重要问题实在太多了，这里不能一一解释。然而，有一点非常重要，那就是在购买、兼并、合并之前，要寻求令人满意的法律、税务、财务方面的建议以确保这种交易的顺利进行。

从内部投资者变为终极投资者，你必须下决心出售一部分或全部的生意。下面的问题会有助于你做出决定：

1. 你还喜欢这家公司吗？
2. 你想开设另一家公司吗？
3. 你想退休吗？
4. 这个公司盈利吗？
5. 这个公司是不是发展得太迅速以致于令你无法控制？
6. 你的公司是否想通过出售股票或把自己的公司出售给另一家公司来筹集投资基金？
7. 你的公司有公开拍卖的金钱和时机吗？
8. 在不影响公司运作的情况下，你能把工作重心从公司日常的运作转到谈判公开拍卖等问题上吗？
9. 你所在的行业在扩大还是在缩减？
10. 你的竞争对手对你的生意会产生哪些影响？
11. 如果你的公司足够强大，你能把它传给孩子或其他家庭成员吗？
12. 家庭成员中（如孩子）是否有人训练有素，有较强的管理能力能够接管公司的业务？
13. 这个公司需要你所不具备的管理技能吗？

许多内部投资者都在十分快乐地经营着他们的公司和投资组合。他们不想通过公开拍卖出售他们的一部分生意，他们也不想彻底卖掉公司。罗伯特最好的朋友迈克就已经成为这种类型的投资者。他非常满意地经营着这个他和他父亲共同建立起来的公司。

第26章

终极投资者

终极投资者是像比尔·盖茨和沃伦·巴菲特这样声名显赫的人物。他们创建了庞大的公司，别的投资者也都想向这些公司投资。他们创造了巨额资产，价值需以亿计。

盖茨和巴菲特之所以能够成为大富豪，不是因为他们拥有高薪或拥有出色的产品，而是因为他们创建了巨大的公司并且将其公开上市。

我们中的许多人不可能创建像微软或伯克希尔公司这样的大公司，但是我们有可能创建小型企业，然后将其出售给个人或公众以发财致富。

富爸爸常说："有些人建造房子出售赚钱，也有人制造汽车，而终极人物创建千百万人都想拥有其股份的公司。"

终极投资者的投资控制工具

1. 自我控制
2. 两个比率，即收入/支出比率及资产/负债比率
3. 投资管理控制
4. 控制税款
5. 控制购买和售出时间

6. 控制经纪业务
7. 控制E－T－C（实体、时机和收入特性）
8. 控制协议的期限和条件
9. 信息渠道控制
10. 控制财富回馈、慈善活动和财产再分配

终极投资者拥有的“E”

1. 教育（Education）
2. 经验（Experience）
3. 充足的现金（Excessive cash）

莎伦评注

“公开上市”有优势也有劣势，我们以后将会就这点详细讨论。下面是首次公开发行（IPO）的一些优缺点。

优点：

1. 允许业主兑现部分公司的股权，例如盖茨最初的合伙人保罗·艾伦为了买下几家有线电视公司而出售了一些微软的股票。
2. 增加发展资金。
3. 偿还公司债务。
4. 增加公司资产净值。
5. 允许公司向其雇员提供认股权，以此作为福利。

缺点：

1. 你的经营活动已公众化，所以不得不向公众透露那些原属私有的信息。
2. 首次公开发行太昂贵。
3. 你的工作重心从管理企业经营活动转向适应和符合公开

上市公司的要求。

4. 季度、年度汇报项目繁多。

5. 你时刻面临失去对公司控制的风险。

6. 如果你的股票不能在股票市场上良好运行，你就会面临被股东控告的危险。

对许多投资者来说，企业上市的潜在财务利润远远超过了首次发行的潜在不利条件。

从我的道路出发

本书以下部分的内容，是关于富爸爸引导我从一个内部投资者到智谋型投资者成长为终极投资者的过程。

他再也没必要引导他的儿子迈克了，因为迈克已经很满足于成为一位内部投资者。在此后几章中，你将会了解到富爸爸认为是十分重要的东西、我需要学的东西以及我在创业道路上犯下的一些错误。我真心希望你们能够记取我成功的经验和失败的教训，阔步迈进通向终极投资者的光明灿烂的大道。

第 27 章

怎样快速发财致富

富爸爸常常向我进述各种不同水平的投资者，他想让我懂得致富的各种投资途径。富爸爸就是作为内部投资者投资而致富的。他以开办小企业起家并不断学习运用税务优惠政策。他很快获得了自信，很年轻的时候就成为了一名智谋型的投资者。他已创建了惊人的金融企业；而我的亲生父亲，一位政府雇员，一辈子拼命工作，至死依然是两手空空。

随着我一天天长大，富爸爸和穷爸爸的差距日益明显。后来我问过富爸爸，为什么他变得越来越富有，而我爸爸却工作得越来越艰辛。

在本书的前言中，我讲述了我与富爸爸漫步海滨，参观他的海滨不动产的故事。在海滨漫步时，我意识到富爸爸买下了只有富人才能获得的投资。当时我很纳闷，我爸爸比他挣钱挣得多，却无法承受那笔昂贵的投资，这是什么原因呢？于是我决定问个究竟。

在海滨散步的时候富爸爸给我讲了他的基本投资方案。他说："我也买不起这笔不动产，但我的公司买得起。"正如我在前言中提到的，就是那个时候我对投资的力量产生了极大的好奇，然后我开始学习不动产方面的知识。那次海滨散步时我 12 岁，但我已开始了解到世界上的许多富豪的投资秘密以及占总人口总数 10％的人能够控制全球 90％财富的原因。

我也曾提到过麦当劳的创始人雷·克罗克给我朋友的 MBA 班讲课的事情。这他告诉同学们：“我不是做汉堡包的，我是在经营不动产。”这就是麦当劳拥有世界上最高价值不动产的原因。雷·克罗克和富爸爸都懂得做生意的目的是购买资产。

富爸爸的投资方案

在我还在读小学的时候，富爸爸就试图教会我识别富人、穷人和中产阶级的差异。在一次星期六的课上，他对我说：“如果你想得到一份有保障的工作，就听从你爸爸的建议吧；如果你想获得财富，就得听从我的建议。鱼和熊掌不可兼得，你爸爸既想获得工作保障又想发财致富，这种希望十分渺茫。游戏规则并不垂青于他。”

在《富爸爸，穷爸爸》一书中，富爸爸曾描述过公司的力量。在《富爸爸财务自由之路》一书中，我分析过不同的税法怎样限制着不同象限的人。富爸爸对我讲这些，是想让我清楚地认识到他的投资方案和我爸爸的投资方案是何等不同。他讲的这些不同之处，对我大学毕业和服完兵役后的那段人生道路产生了重大影响。

“我的公司用纳税前的资金购买资产。”富爸爸边说边画出如下的示意图：

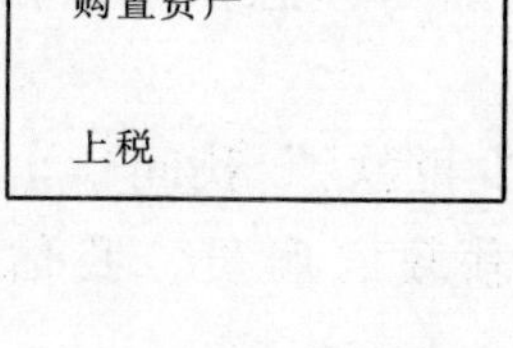

“你爸爸用纳税后的资金购买资产，他的财务报表如下所示。”

收入
支出 上税 购置资产

作为一个孩子，我用好奇的眼神望着富爸爸，我还不能完全理解富爸爸的这些话语，但是我确实看到了它们的区别。为了彻底搞明白，我不懈地向他探询究竟。为了帮助我更好地理解，他又画出如下的示意图：

收入	
支出	
上税	你父亲
购置资产	
上税	我

“怎么回事？”我问富爸爸，“为什么你可以后纳税而我爸爸要先纳税？”

“因为你爸爸是雇员而我是企业主。”富爸爸说，“要知道，虽然我们都生活在同一个自由的国度，但是并非每个人都遵循相同的游戏规则行事。如果你想快速致富，最好遵从富人使用的游戏规则。”

“我爸爸要缴纳多少税款？”我问。

“嗯，你爸爸是高薪政府雇员，我估计他得以一种或多种形式，缴纳其收入至少50%到60%的税款。”富爸爸说。

“那你支付多少税款？”我问。

“嗯，这个问题提得不准确，”富爸爸说，“你该问我的应税收入是多少？”

我不解地问：“这两者区别何在？”

富爸爸说：“我只对净收入纳税，而你爸爸是从总收入中提留税款，这就是你爸爸和我最大的区别。我之所以很快致富，是因为我用总收入购买资产而以净收入纳税。你爸爸为总收入纳税而用净收入购买资产。这就是他很难变富的根本原因。他把大量的收入首先给了政府，这些收入他本该用来购买资产。相反，我买了资产后才为剩余的净收入纳税。我先购买资产，然后缴纳税款；而你爸爸先缴纳税款然后才用剩余的很少的现金购买资产。”

在十一二岁时，我还不能真正听懂富爸爸的话。我只是觉得他的话听起来是不公平的，所以我抗议道：“真不公平！”

“是的，你说得对。”富爸爸点点头：“是不公平，但这是法律。”

游戏规则是相同的

当我在投资研习班上与大家讨论这个问题时，常有人说：“这可能是美国的规则但不是我们国家的规则。”

由于我是在英语国家授课，所以经常这样回答：“你怎么知道？是什么使你觉得每个国家的规则是不同的？”事实上，许多学生根本不知道哪些规则是相同的，哪些是不同的，因此通常我会给他们上一节短课讲解经济史和法律。

我告诉他们，许多英语国家的法律是共同建立在英国法律的基础之上的，这个法律被英国的东印度公司传遍了整个世界。同时，我也告诉他们富人开始制定法律的确切时间。1215年，《马格拉·卡达法案》这一英国宪法史上最著名的文件签署了。随后，约翰国王把他的部分权力交给了英国的贵族。现在人们普遍认为该法案导致了历史上反对滥用贵族权力的运动。

接着我进一步解释了富爸爸告诉我的《马格拉·卡达法案》的重要性。“该法案签署以后，富人们就一直在制定法律，制定他们的游戏规则。”他又说：“道德上的黄金规则是‘对待别人要像你希望别人对待你自己一样’；经济上的黄金规则是‘有钱的人制定法律’；然而我认为真正的黄金规则是‘制定法律的人才能获得财富’。”

在前言中我提到的 1999 年 9 月 13 日《华尔街日报》中的文章就印证了富爸爸的经济黄金原则。文章中指出，当共同资金投资信息公诸于众时，富有阶级已掌握了股市的优先权。

纽约大学经济学家埃德华·沃尔夫指出：1997 年美国仅有 43.3% 的家庭持有股票。其中大部分家庭持有股票的数量较少而近 90% 的股票都被最富裕的 10% 的家庭占有。这些家庭控制的国家财富的比例从 1983 年的 68% 上升到了 1997 年的 73%。

用你的公司为你购置资产

当我 25 岁即将离开海军陆战队时，富爸爸提醒我不要忘记富人与穷人的生活道路是不同的。

他说：“这就是你爸爸投资获得财产的示意图。”

他又说："下面这幅示意图表明了我是怎样投资的。"

"要知道，对于不同象限的人，游戏规则也是不同的。尽管你可能认为在航空公司的工作在短期内更富有乐趣，但从长远来看它并不会使你变得像你所期望的那样富有。因此，应该仔细考虑一下再决定你该做什么。"

税法是怎样改变的？

虽然富爸爸没能完成正式学业，但他锲而不舍地钻研经济学、法律和世界史。当他得知我在纽约 Kings Point 的美国商业海运学院（1965～1969）学习世界贸易时，他非常兴奋，因为我的课程包括海事法、商业法、经济学和公司法，因为学完这些课程后很有可能我就不想当飞行员了。

在历史中发现原因

历史上，波士顿居民为抗议繁重的赋税而组织了"波士顿倾茶事件"，这正是美国和其他英属殖民地的不同之处。也正因为美国是低税国家，吸引了许多来自世界各地想迅速致富的企业家，所以美国经济在 19 世纪、20 世纪取得了迅猛发展。

1913年，我们通过了《第十六次宪法修订案》，该法案规定富人必须向政府缴纳足够税款，从而美国的低税历史结束了。然而，富人们已经找到了逃出陷阱的办法。由此可见，对不同象限的人来说，规则是不同的。但规则特别青睐B象限的人，也就是美国超级富有的企业家们的象限。

富人们为了报1913年税法改革的一箭之仇，悄悄寻找机会改变着法律。他们把税款压力转嫁到其他象限身上。税款的演变过程如下：

1943年，《现行纳税法案》通过。如今，不光是富人要向政府纳税，E象限的人也必须纳税。如果你是政府雇员，即在E象限内，你再也不能首先支付自己的生活费用了，因为政府首先会得到你的个人收入所得税。人们常常会惊讶地发现，从他们收入中扣留的直接税和隐藏税是如此之多。

1986年《税务改革法案》通过，它大大影响了社会中每一位职业人员，如医生、律师、会计师、建筑师、工程师等等。该法案阻止了S象限的人运用与B象限的人相同的税法。例如，倘若S象限的人有和B象限的人一样的收入，S象限的人不得不按最低为35%的税率纳税（如果加上社会保险税将会是收入的50%）；而B象限的人很可能在同等收入上支付0%的税款。

换句话说，这条黄金法则——“谁控制了规则，谁就拥有了财富”，再次被证明是千真万确的。自从 1215 年英国贵族强迫国王签署《马格拉法案》起，法律的制定一直被 B 象限的人所控制。

一些法律及其沿革在《富爸爸，穷爸爸》和《富爸爸财务自由之路》两书中有更详细的解释。

做出决定

我决定遵从富爸爸的投资方案之后，他对我成功的机会作了简洁明了的分析，这更加使我信心百倍。他画了一幅现金流象限图，对我说：“你首先应该决定在哪个象限你最有机会成就辉煌的事业。”

他指着 E 象限说：“你不具备能使雇主给你高薪的专业技术，因而你永远不能挣到足够的钱用于投资。另外，由于你感情脆弱，易于厌烦、疲惫，注意力不易集中，不能很好地接受专业训练，所以你在 E 象限取得成功的机会很小。”

接着他又指着 S 象限说：“S 象限代表机灵聪慧，那正是许多医生、律师、会计师和工程师在 S 象限的原因所在。你也很聪明，但够不上精明，永远不是最好的学生。S 还代表明星，但你不会成为歌星、电影明星、体育明星，因此你在 S 象限挣大钱的机会也很小。”

富爸爸继续说：“现在就剩下 B 象限了，而这个象限很适合你。由于你缺乏专业技能或独特的天赋，那么你只有在这个象限才能发财致富。”

经过一番分析，我作出了决定：我取得成功的最佳途径就是开办公司，因为这样一来税法对我有利。我在其他象限缺乏致富的技能，这反倒使我更加容易作出了上面的决定。

在实践中豁然开朗

我在今天的研习班上努力把从富爸爸那里学到的智慧传授给我的学生。当别人问我是怎样投资的，我通常告诉他们我会通过公司投资，就是按照富爸爸说的那样，用我的公司购买我的资产。

讲到这里，人们总是举手发言：

1. “但是我只是个雇员，没有自己的公司。”

2. “不是每个人都能拥有公司呀。”

3. “开公司是有风险的。”

4. “我没有钱投资。”

对于这些对富爸爸投资方案的不同反应，我提供以下的观点。

就“不是每个人都能拥有自己的公司”这一说法，我想提醒大家，不到100年前，许多人拥有自己的公司。大约85%的美国人要么是农场主，要么是小商贩，仅仅只有少部分人是雇员。我的祖父母、外祖父母那时都是小企业主。然而在工业时代，在高薪工作、生活保障、救济金保障的前提下，人们仿佛失去了独立意识。我还得指出，我们的教育体系被设计为专门用来造就雇员和专业人员的体系，而非企业家的摇篮。因此，自然而然地，人们就会感到开公司是件冒险的事。

我想指出的是：

1. 如果你们决心发展自己在商业方面的技能，所有的人都有潜力成为成功的公司的老板。我们的先人就是通过不断发展并依靠他们的创业的本领而生存发展的。如果你今天没有自己的公司，我要问的问题是你愿意付出努力去学习怎样建立一个公司吗？你是惟一能回答这个问题的人。
2. 当人们说“我没钱投资”或者是“我想不花钱购买不动产”时，我回答“也许你应转换你所在的象限，在允许你先投资后纳税的象限中投资，那样也许你会有更多的钱投资了”。

在投资方案中，你应首先考虑你自己在哪个象限成功的机会更大。在这个问题上做出决定之后，你就可以开始以最低的风险为最高的回报投资了。我相信你一定能抓住最好的机会获得越来越多的财富。

第28章

保留日常工作仍能致富

我已经决定开一家公司，但是接下来面临的难题是资金短缺。首先，我不知道如何建立公司，其次我没钱投资，甚至连维持生活的钱都不够。饥肠辘辘，缺乏自信，于是我只好又拨通了富爸爸的电话，问他我该怎么办。

他立即答道："去找一份工作。"

他的答复让我感到吃惊："我还以为你会叫我开一家自己的公司呢。"

"我是这么想的，但你总得先有吃有住吧。"他说。

他接下来给我说的话，我已告诉过了无数的人，富爸爸说："成为一个企业家的首要原则是不要单纯地为钱工作，找一份工作只是为了能使你学到永久性的工作技能。"

在施乐公司，我找到海军退役后的第一份也是惟一的一份工作。我选择这家公司，是因为它拥有最好的员工训练计划。富爸爸认为，我不但非常害羞而且怕受挫折，因此他建议我学习推销，以便克服我的恐惧心理。于是从那以后，我每天穿梭在办公楼宇之间，敲开每一扇门，费尽心思地推销每一台施乐复印机。那是一个非常艰辛的学习过程，然而正是这个过程使我日后成为了百万富翁。

富爸爸认为："如果不懂得推销，你就不可能成为一名企业家。”

起初两年，我是火奴鲁鲁分公司中最差的推销员，于是我自己去上销售课，买了许多相关的磁带，反复地听，几次我差点被解雇，终于我渐渐打开了销路。尽管我仍然很害羞，但是推销训练帮我获得了创业的基本的技能。

但无论怎样努力，无论我卖出多少台机器我还是摆脱不了缺钱的现实。我仍旧没钱投资，没钱开公司。有一天我告诉富爸爸我打算去做兼职增加收入，以便我早一点开始投资。

富爸爸说：“人的最大的弱点是为金钱所累。”他继续说道：“大多数人的财务状况总是得不到改善，是因为当他们需要更多的钱的时候，他们就去做兼职。如果他们真的想改善财务状况，他们要做的事应该是在工作之余开始兼职的生意。”

富爸爸知道我正在学有价值的技能并且很想成为投资者后，他画了如下的图表：

“现在是你创立你自己的事业的时候了，在业余时间创立你自己的企业。”他说：“不要把你的时间浪费在做兼职工作上。如果你做兼职工作，那么你只能呆在 E 象限。但如果你在业余时间创立自己的企业，你就会到B象限了。多数大公司开始时都是企业主在业余时间创建经营的。”

1977年，我利用业余时间开办了“维可牢”尼龙搭链钱包公司。如今，很多人已经熟悉这种产品了。同时，在1977年到1978年，我努力为施乐公司工作，最终成为那家分公司最好的明星推销员。显然，我在做好本职工作的同时用空闲时间筹备建立起了一家公司，并很快成为在其他国家设有分公司并为我带来数百万美元收益的公司。

我的产品有各色的尼龙钱包、尼龙表带和运动鞋上带的尼龙袋，尼龙鞋袋里可以装钥匙、钱或者身份证。当有人问我是否喜欢我的产品时，我的答案是不太喜欢。我说：“我并不喜欢这些产品线，实际上，我真正感兴趣的是建立公司时所要面临的挑战。”

我之所以特别提及这一点，是因为现在很多人对我说过这样的话：

1.“我有一个新产品的创意。”

2.“你应该对你的产品充满激情。”

3.“在我建立公司之前，我得物色到合适的产品项目。”

我通常对这些人说：“世界上充满了新产品的伟大创意和已经生产出来的出色的产品，可是世界上缺乏远见卓识的企业家，利用业余时间创办公司的根本目的不是要制造出卓越的产品，而是要使你成为卓越的企业家。越是出色的产品常常就是很普通的最常用的东西，虽然成功的企业家很少，可他们都很富有。”

就拿微软的创始人比尔·盖茨来说吧，他甚至没有发明过自己的软件产品，他从一群计算机编程人员那里购买软件，以此创办了迄今为止世界历史上最有实力和影响力的公司。盖茨自己没有生产出卓越的产品，但是他创办了出色的企业，这个企业使他成为世界上最富有的人。

这个要诀就是不要绞尽脑汁去生产最好的产品，而是要集中精力去重视创办一家公司，以便你能在其中学会怎样成为一位卓越的企业家。

在德克萨斯大学的学生宿舍，迈克尔·戴尔利用他的戴尔计算机开始了他的业余创业。后来，他退学了，因为他从他利用业余时间所做的生意中积累了财富，任何其他工作都不能使他如此的富有。

亚马逊网上书店是以在汽车库里兼职创办的公司起家的。如今，那个年轻人也已是亿万富翁了。

前车之鉴

许多人梦想建立自己的公司，但是因为害怕失败而从未去尝试。不少人想成为富人，却因为他们缺乏基本的技巧和经验而落了空，而商业技巧和经验恰恰是获得金钱的“法宝”。

富爸爸意味深长地对我说：“你在学校里接受的教育固然重要，但是你在大街上学到的东西从某种意义上讲或许更加重要。”

在家里利用业余时间来创建一个企业，你可以学到无价的商业技巧，在许多方面能力得到提高，例如：

1. 社交技巧
2. 领导艺术
3. 合作技巧
4. 税法
5. 公司法
6. 证券法

这些能力和知识在周末补习班上或者单从一本书中是学不到的。直到现在，我仍然坚持学习，我学到的东西越多，我的企业就越受益。人们通过利用业余时间创建企业从而学到如此多的技能的一个原因就是因为他们已经是作为内部投资者来经营其业务了。如果一个人能够试着学习去建立企业那么他就已经拥有了获得无限财富的商机。然而E象限和S象限的人们存在的问题是他们的机遇通常已被他们工作时的努力程度和一天中有限的时间而限定了，终究无法获得更多的财富。

第29章
创业精神

人们投资往往基于以下两种原因：

1. 攒钱以备退休后使用

2. 赚更多钱

虽然，我们许多人投资都是出于这两个重要原因，但是大多数人是因第一种原因去投资的。他们像储蓄者一样把钱放到一边，希望随着时间的推移钱会增值。他们决定投资，却总是忐忑不安，担心失败往往多于关注如何成功。我曾目睹很多人因为害怕失败而失去了许多投资机遇。其实，投资有时候需要跟着感觉走。如果失败的痛苦和恐惧过于强烈的话，那么这样的投资者最好选择谨慎投资。

然而，如果你留意观察，你就会发现谨小慎微的投资者是不可能获得巨额财富的。惟有具备极强创业精神的投资者才能使世界发生翻天覆地、日新月异的变化。

勇敢的探险家哥伦布的故事，是我最喜欢的故事之一，哥伦布坚信地球是圆的，他大胆地设计了一条通往富庶亚洲的新航线。但是在他生活的年代，大多数人认为地球是平的。许多人认为，如果哥伦布实施了他的荒唐计划，他将沿着地球的边缘从地球上掉下去。为了向世人证明他的理论，身为意大利人的哥伦布不得不寻求西班牙皇家的支持，说服西班牙皇家投资他的商业冒险行动。幸运的是费迪南德国王和伊莎贝娜王后提供了第一笔经费，支持哥伦布的探险行动。

在学校里，我的历史老师告诉我，这笔钱是哥伦布为了获得知识去探险而筹集的。富爸爸却告诉我，那是商业控险行为需要的资金。而西班牙国王和王后清楚，如果哥伦布成功地从西半球航行到东半球，他们的投资回报将是无比丰厚的。国王、王后和哥伦布一样都有锐意进取的创业精神。国王和王后并不是盲目投资，他们投资是想要挣到更多的钱。这就是冒险精神，为得到巨大回报而冒险。国王和王后正是具备了投资的冒险精神。

为什么要创建企业？

当我开始筹划怎样利用业余时间来创建自己的企业时，富爸爸“固执”地要求我接受这种精神。带着这种精神，我开始了自己的事业——创立跨国的企业。富爸爸说：“巨大的挑战和不竭的激情是你建立企业的动力。要成功，你就要全身心地投入。”

富爸爸坚持要我建立企业，开发我的创业精神。他常说：“世界上到处都是有伟大思想的人，但是因此而获得了巨额财富的人却屈指可数。”因此，他鼓励我建立企业。他不关心产品是什么，也不关心我喜欢那类产品的程度；他不在乎我的失败，他只是鼓励我去做。如今，我遇到过许多有头脑的人不敢开办企业，或者初次的失败就让他们一蹶不振。在解释这种现象的原因时，富爸爸常常引用爱因斯坦的话：伟大的思想常常遭遇平庸思想的强烈冲击。富爸爸只要求我建立企业，以此来挑战我的平庸思想，并在奋斗的过程中，培养我的创业精神。富爸爸还说：“许多人宁愿购买资产也不愿创造资产，究其原因，就是他们无法让创业精神统治头脑，无力将创意转化成无穷的财富。”

20 万美元不是目标

让我们回到特许投资者的定义上来。富爸爸说："一个特许投资者最低标准是薪水要达到 20 万美元。对于某些人来说，这是一大笔钱，但是挣钱绝不是开公司的全部原因。如果你只是梦想获得 20 万美元的薪水，那么你就呆在 E 或者 S 象限好了。用这样一小笔钱投在 B 和 I 象限，风险非常大。如果你决定建立企业，就不要仅仅为了 20 万美元，这样风险太大而回报却很低。要做就要有更高的目标，要么为上百万甚于上亿美元而奋斗，否则干脆别做。但是，当你决定要为创建企业而不懈追求时，你就必须要具备创业精神。"

富爸爸还说："没有一贫如洗的成功企业家，你可以是一位成功的但是窘迫的医生或会计师，而事业有成生活拮据的企业家是不存在的。一般来说，成功的企业家绝对富有。"

前车之鉴

许多人问我："有多少钱才算富有?""多少钱才算够?"有这类问题的人，一定从来没有建立过能赚很多钱的成功企业。我也曾注意到，有这类问题的人通常来自 E 象限和 S 象限。而象限左侧和象限右侧的人之间实际上存在着相当大的差别。

在象限左侧的人，一般只有一张财务报表，因为他们的收入来源很单一，只有一份工作。在象限右侧的人则有很多财务报表，他们的收入来源多样。我和我妻子都分别是几家公司的雇员，同时我们也拥有这些公司的股份。所以，我们不仅拥有各自的财务报表而且持有我们公司的财务报表。由于公司成功为我们带来了更多的现金流，所以我们不必完全依赖作为雇员的收入。在左象限的许多人没有体会过钱越来越多，工作量却越来越少的感觉。

金钱固然很重要，但它不是建立企业的主要动机。如果你用另一种方式问同样的问题，必然能得到最好的答案。你问的这个问题就类似于问一个高尔夫球员：“你为什么坚持打高尔夫?”他会回答你：你会在体育竞赛的精神中找到答案。

尽管我遭遇了许多坎坷与不幸，但是挑战精神始终激励着我去建立企业，现在，我的一些朋友以高价卖掉了公司。但许多人休息了几个月之后又回到了这个游戏当中。正是因为向往最后能获得高额回报的激情、挑战精神和无穷的潜力使企业家们不断进取。在我创办“维可牢”钱包公司之前，富爸爸就要我确信我是在为创业精神而努力。

在建立成功的B象限企业时，创业精神是最有价值的资产。当今世界上，许多卓越的企业家的创业精神仍然驻留在人们的心间。

第三阶段

怎样建立一个强大的企业

第30章
为什么要建立企业？

富爸爸说："有三个原因，可以解释开公司不仅仅是为了创造资产。"

1. "为你提供充足的现金流。"J·保罗·格蒂在他的《如何致富》一书中说"首先你必须是在为你自己经营。"他认为如果你为别人工作，你就永远富不了。

   富爸爸之所以建立了许多企业，是因为他从他的其他的企业中，获得了额外的现金流。他有充裕的时间，因为公司花不了他太多的精力。于是，他的空余时间和额外的钱就能继续投资在越来越多的免税资产上。这就是他迅速变富，并强调"关注你自己的事业"的原因。

2. "卖掉它。"富爸爸解释了作为雇员的问题，那就是不管你工作有多努力，你都不可能出售你的这份工作。在S象限，建立企业存在的问题是买方市场不兴旺。例如，一位牙科医生开了个诊所，一般来讲诊所的购买者只会是另一个牙医。对富爸爸而言，那是一个非常有限的市场。他说："有价值的商品应该是，除了你之外必须还有许多人想要得到它。问题是S象限的企业你可能是惟一需要的人。"

富爸爸说："所谓资产是能够往你的兜里装钱的东西，即能够以比你投资或购买时更高的价格自由地卖给他人的东西。如果你建立了成功的企业，通常你就会有很多的钱。如果你学会了创立成功的企业，那么你将具有一般人所不具备的能力。"

1975 年，我正在学习推销施乐复印机，偶然的机会我结识了一个年轻人，他在火奴鲁鲁拥有四家快速复印店。他经营复印文件的生意的起因是在他上学期间，他在大学里的复印社打工，学了一些复印机操作方面的知识。毕业以后，他没有找到合适的工作，于是他在火奴鲁鲁市中心开了一家复印店，干起了他的老本行。很快，他在市中心四个较大的办公楼区分别建立起复印中心，并且都是长期租约。后来一家更大的复印连锁店的生意扩展到这个城市并打算出高价购买他的复印店。他接受了 75 万美元的出价，这在当时是一个天文数字，然后他买了一艘游艇，将其余的 50 万美金交给专职基金经纪人就环游世界去了。当一年半后他回来时，经纪人已经将他的资产增至 90 万美元，于是他再次出航，并返回南太平洋的小岛上过着逍遥自在的生活。

当时，我只不过是那个卖给他复印机的小职员，得到的是少得可怜的酬金。他却是建立了企业又出售了企业，周游世界的大人物。我最后一次看到他是在 1978 年，但是我听说，他有时会回来检查他的财务报表，然后又启航。

正如富爸爸所说："作为企业主，你不必在 51% 的时间中全部正确，你只需要正确一次就行了。"他还说："对大多数人而言，创办企业是最冒风险的求生之路。但是如果你能生存下去并不断提高技能，那么你获得财富的潜力将是无限的。"而在 E 象限和 S 象限那边，虽然你可以避免冒险并游刃有余地操纵本职业务，但你的收入却是有限的。

3. “建立企业并将其上市”，这是富爸爸成为终极投资者的关键。正是建立企业并使其上市的理念使得比尔·盖茨、亨利·福特、沃伦·巴菲特、特德·特纳和安妮塔·罗迪克变得非常的富有。他们出售股份，而我们购买股份。他们是内部投资者，而我们只是局外人。

你不老也不年轻

如果有人告诉你“你已经太老了或者你还太年轻，不可能建立起别人想买的企业”，那你就应该用充满自信的思想激励自己：众所周知，比尔·盖茨年轻有为，创建了微软；而桑德斯上校 66 岁才开创了肯德基。

在接下来的几章里，我会讲述富爸爸的“B－I 三角形”，我用这个三角形的理念指导我建立企业，它勾画出了创建企业所需要的主要的专业技巧。富爸爸认为杰出的企业家需要具备以下的个性特征：

1. **远见**：见别人所不能见的能力。

2. **果敢**：面对怀疑的目光仍能大胆行动的能力。

3. **创意**：思想超前，有创新意识。

4. **经得起批评的能力**：成功人士都曾遭到过批评。

5. **永不满足**：做到戒骄戒躁非常困难，但是它对于我们获得更大的长期回报非常有利。

第31章
"B-I三角形"

致富决窍

富爸爸称下面的图表为B－I三角——致富的决窍。

"B－I三角形"对富爸爸来说非常重要，因为它使他的想法形象化。正如他常说的："有美妙想法的人很多，但是只有少数人由此拥有了巨额财富。B－I三角能使普通的想法变成巨大的财富，它能引导你接受新思想，创造更多的资产。""B－I三角形"代表着能使你在现金流象限的B象限、I象限获得成功的知识。经过数年之后，我只对它作了小小的修正。

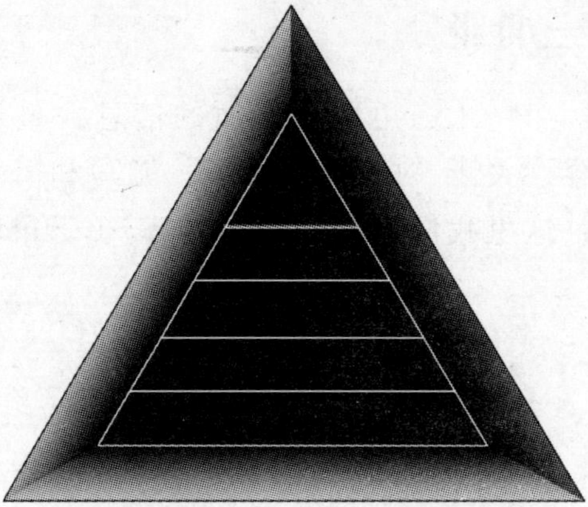

当我第一次看到这个图时，我大约16岁。当我向富爸爸提出以下一些问题时，他为我画了这张图：

1. “对其他人来说，管理一个企业都很困难，你怎么能经营这么多的企业？”
2. “为什么你的公司能够不断增长发展而别人的公司却总是处于很小的规模？”
3. “为什么别的老板不停地工作，你却有空闲时间？”
4. “为什么许多公司开张没多久就倒闭了？”

我不止一次问他这些问题的，每当我研究他的公司时，这些问题就在我的脑海中了。当时富爸爸已经四十多岁，我对他能够在不同的领域控制几个不同类型的公司感到吃惊。例如，他同时经营餐馆、快餐店、连锁便利店、运输公司、房地产建筑公司和财产管理公司。我知道，他按计划让他的公司购买他真正想买的投资，即不动产。但是令我吃惊的是，他能够同时管理许多家企业。当我问他是如何开始、拥有并经营如此多的企业时，他的回答便是这张B-I三角图。

现在，在业务完全不同的几家公司中，我都拥有股份，因为我以“B-I三角形”作为操作指南。我拥有的公司没有富爸爸的多，但是通过仿效“B-I三角形”中相同的方案，我还能够拥有更多的公司，如果我想要的话。

解读“B-I三角形”

显而易见，“B-I三角形”里面的信息含量远远超过了本书所涉及的内容，关于“B-I三角形”能写和需要写的内容实在太多。但是，这里我们会首先描述“B-I三角形”的基本要素。

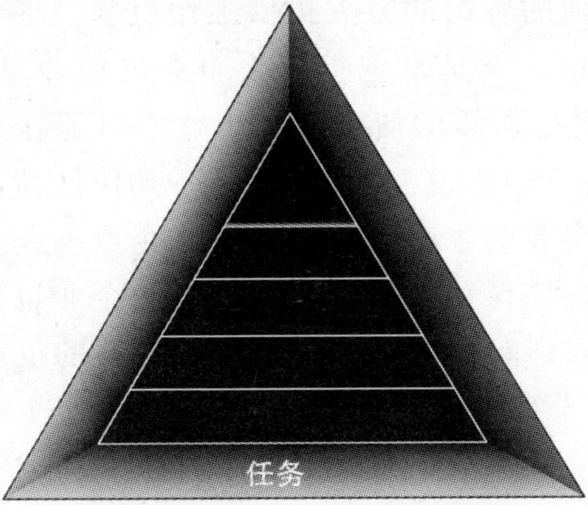

使　命

富爸爸说："一个企业需要企业精神和企业使命，只有这样，企业才会成功。尤其是在起步时企业特别需要使命感。"当他向迈克和我解释这个图时，他总是首先谈到使命，因为在他眼里，使命是三角形中最重要的方面，并且处于基础地位。"如果使命清晰、强而有力，那么企业就能经受起每个企业在头十年所要经历的考验。当企业逐渐变大忘记了它的使命时，或者不再具有使命时，企业就会开始消亡。"

富爸爸非常看重"企业精神"和"企业使命"这两句话。他说："许多人建立企业仅仅是为了赚钱，赚钱不构成强烈的使命。仅仅为了金钱是不能有足够的热情、干劲或期望的。企业的使命应该满足消费者的需求。如果能很好地满足这种需求，企业便开始挣钱了。"

当谈及精神追求时，富爸爸说："在企业管理方面，亨利·福特总是把精神追求放在首位，把企业使命放在第二位。他想使汽车成为大众的消费品，而不仅仅是富人的'专利'。因此，他的使命是'使汽车百姓化'。"富爸爸继续说，"当精神追求和企业使命紧紧相连时，这种合力就会创造出大型的企业。"

富爸爸的精神追求和企业使命紧紧相连，他的精神追求是为那些常光顾他的餐馆的穷人提供工作机会。尽管洞察和衡量企业使命非常难，但是富爸爸认为企业的使命是非常重要的。他说："如果没有强烈的使命感，企业不可能在第一个五至十年中生存下去。"他还说："当企业处于初级阶段时，使命感和企业家精神对企业的生存至关重要。在企业家去世之后，这种精神和使命还应该保留并发扬光大，不然企业也会随之倒闭。"富爸爸总是说："企业的使命是企业家精神的反映。爱迪生凭借自己的聪明才智创建了通用电气公司。通过不断发明新产品，弘扬伟大发明家的精神，同时公司也获得成长和壮大。而福特汽车公司，也因保留了福特的精神才使福特汽车公司得以生存下去。"

如今，我深信比尔·盖茨的精神将继续激励微软在世界软件业中占据统治地位。与之相反的是，当史蒂文·约布斯被排挤出苹果公司，一个来自传统公司的管理层取代了他时，导致公司很快走向下坡路。而当吉布斯一回到苹果公司，整个公司的精神重新振奋了，新产品问世了，利润增加了，股票价格也回升了。

尽管企业使命感很难衡量，看不见摸不着，但是我们大多数人都已经体验过。我们能识别两种人经营企业的不同使命，一种人是靠卖东西给我们并以此得到报酬，而另一种人是为了尽力满足我们的需要。如今，世界上充斥着各种商品，一个企业想要生存并在财务上获得利润，就应不仅关注如何提高公司的收入，而且还要在完成公司使命和满足顾客需要方面狠下功夫。

我和金及莎伦创办的现金流技术公司不仅为你带来了这本书，而且带来了其他的财经教育产品。我们的使命是"提高人类的财务健康状况"。因为我们明白并忠实于这个公司的企业精神和使命目标，所以我们尽情享受了超越幸运的成功。由于明确了我们的使命，我们吸引了具有相同使命的个人和团队，加入到我们的行列来协同工作。许多人认为这就是幸运，我却认为这是由于我们忠实于我们的使命的结果。经过多年之后，在实践中我越来越信服富爸爸的话，他早就意识到了企业精神和企业使命强有力的结合的重要性。

其实，并非我所有的企业都象现金流技术公司一样拥有强烈而持久的使命。在我拥有股票的其他一些公司里，企业使命强于企业精神。

现在，我意识到，我的维可牢钱包公司的使命与当初我的想法有很大的出入。建立那个公司的使命，是使我得到关于建立世界级公司的快速训练。那个公司相当艰难地完成了使命。换句话说，我得到了我想要的。企业发展快了，成功的脚步靠近了，但各种冲击也纷至沓来。经过艰苦的体验，我意识到自己已经完成了使命。我从破碎的瓦砾中获得了新生，重新建立了企业，我学到了我要学的东西。富爸爸说："许多企业家都会失去他们的第一个企业，但他们正因为而此成为了真正的企业家。"换句话说，失去和重新建立企业这一过程使每一个经历过的人学到很多东西。我从成功中学到的东西，远不及我从失败中学到的多。正如富爸爸所说："学校固然重要，但是生活是一位更好的老师。"因此，在我离开海军陆战队之后，我的第一个大的商业冒险是昂贵和痛苦的，但是我得到的经验和教训却是无价的，同时那个企业也由此而完成了它的使命。

莎伦评注

公司的使命会帮助公司维持经营的焦点。在公司发展的早期阶段，许多因素都能导致公司混乱。这时，回到轨道上来的最好方法是重新审视你的使命。是不是什么事情让你分心从而影响了你完成使命？如果真是这样，你必须尽快地处理令你分心的事，以便你能将你的精力集中在整个使命上。

如今，我注意到，很多人变成了暴发户，百万富翁甚至亿万富翁，他们的办法是通过首次公开发行股票从而使公司上市。我很想知道，他们公司的使命是否仅仅是为了老板和投资者赚钱？或者公司是否是真正为了完成使命或某种服务而组建起来的？我担心那些新上市的公司最终会倒闭，因为他们的惟一的使命是尽快挣钱。而公司的使命应是企业家精神的所在。

团队协作

富爸爸总是说：“商业活动是一个团队协作活动。投资也是一个团队协作活动。”他还说：“在 E 象限和 S 象限玩金钱游戏，是一个人去对付一个团体。”

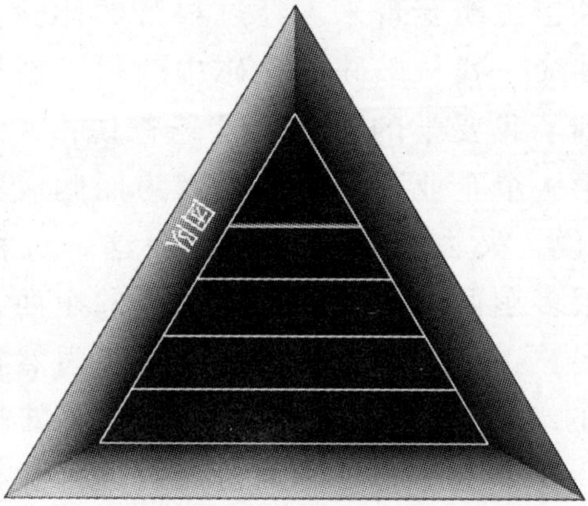

富爸爸画了一张现金流象限图来阐释他的观点：

富爸爸强烈批评了现存的教育体制。他认为："在学校里，老师们过分强调训练学生靠自己的能力参加考试而忽视了对团队协作精神的培养，如果学生在考试时企图合作，这会被称作是'作弊'。"富爸爸说："而在现实的商业领域中，企业主们在考试时需要合作，懂得并且善于合作的人才能合格，而且在商业领域里，每一天都在考试。"

非常重要的一课

对于那些正考虑建立强大的成功企业的人来说，我认为学习团队协作是非常重要的。我在财务方面取得成功的关键之一就是团队协作。投资和从事企业经营都是一种讲求团队合作的活动，并且要牢记商场上每一天都在"考试"。在学校想当优秀生，你就应当独立完成考试。而在商场上，成功源于对一个团体的考验而不是单靠某一个人的力量。

在 E 象限和 S 象限的人们，挣的钱常常少于他们能够挣到的或想要挣的钱，因为他们总是只依靠自己的力量做工作。如果他们一起工作，尤其是 E 象限的人们，他们可以组成工会。现在，美国的内科医生开始团结起来，形成一个团体，他们组成了一个专业工会以便与健康保障组织抗衡。

如今，许多投资者想方设法单独投资。我从资料上读过有关成千上万的人在互联网上做一日交易的报道。这是个人与有组织的团队较量的例子。这也可以解释为什么他们当中很少人成功和大多数人为什么会损失金钱。当我投资时，富爸爸告诉我，应该作为一个小组的成员去投资。富爸爸说："如果人们想成为精明或更老练的投资者，他们必须集体投资。"富爸爸的小组成员有很多的会计师、律师、证券经纪人、财务顾问、保险经纪人和银行家。我在这里用了复数，这是因为他总是有不止一位顾问。当他做出决策后，就会很快传到小组的每个成员，并取得大多数人的共识。现在，我做着与他同样的事。

不是一艘大船……而是一个强大的团体

在时下的电视节目里，我看到过这样的一则广告：一对富有的夫妻，悠闲地乘着游艇在热带水域上畅游。这则广告似乎吸引了那些想靠个人力量变富的所有个体。无论何时我看到那则广告，我就想起富爸爸对我说的话："大多数做小业务的人都会梦想有一天拥有一艘船或一架飞机。正因为有这种想法，他们从未实现梦想。当我着手开创事业时，我只是梦想着有天拥有自己的会计师和工作团队，而不是一艘船。"

在我梦想得到船之前，富爸爸要我把目标投向如何去拥有为我服务的会计师和律师团队。为了更清楚的阐释他的观点，他要我带着我的所得税申报表，去一个小镇找一个会计师。当我坐在职业会计师罗恩的对面时，我首先注意到了他的办公桌上放着的厚厚一叠吕宋纸文件。我立即明白了富爸爸的教诲，这个职业会计师在一天中需要处理30笔业务，他怎么能全身心地关注我的业务呢？

当天下午，我回到富爸爸的办公室，看到了以前从未留意的事。当我坐在接待室，等待富爸爸的私人秘书叫我进去时，看到一群人正在为富爸爸的公司努力工作。在他的办公区里有一群记账员，大约有14个人，除此之外，还有5个全职的会计师外加一个财务总监。在他的主办公室里，还有两名全职律师。当我坐在富爸爸面前时，我所说的是："他们是真正关心你公司业务的人，别人是无法做到的。"

富爸爸点点头："因为我说过，多数人努力工作并梦想有朝一日能够坐在他们自己的船上去云游四海。但是，我首先梦想拥有全职的会计师和律师团队为我服务，所以我现在拥有了大船和空闲时间。拥有自己的会计师和律师是应该优先考虑的事。"

你怎么才能支付得起这么一个宠大的团体？

在我的研习班上中，也时常有人问我："你怎样付钱给这个团队?"这样的问题通常是在E象限和S象限的人提出来的。这种不同，应追溯到在不同的象限有不同的法律和规则。例如，E象限的人支付专业服务费时，这种交易看起来很像如下的示意图：

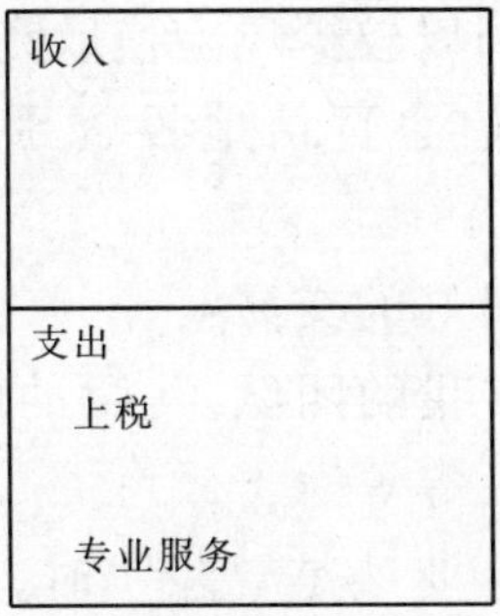

对于在B象限和S象限的人来说，交易过程如下图：

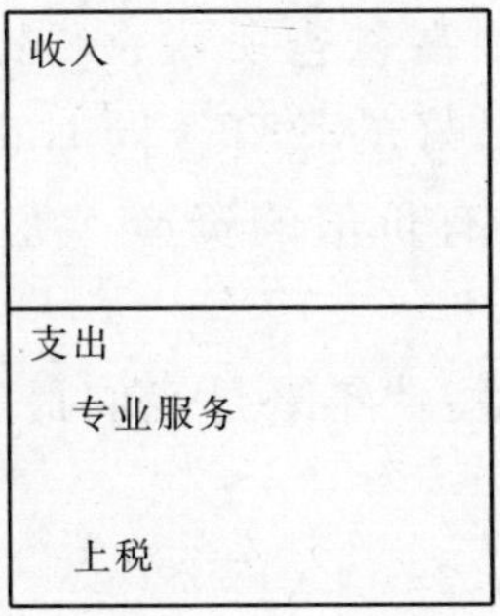

在B象限和S象限的企业主之间同样存在着差异。B象限的企业主会毫不犹豫地支付这些服务费，因为事实上是由公司业务体系支付的整个"B-I三角形"正在支付服务费。而S象限的企业主是用他们自己的血汗钱支付服务费，因此常常是他雇佣不起全职工作人员，所以他们挣的钱无法满足自己的财务需要。

最好的教育

当有人问我以下问题时，我的答案是相同的。例如：

1．“关于投资和经营企业，你怎么懂得如此之多？

2．“你是怎样做到以较少风险换取高额利润的？”

3．“是什么使你信心百倍地投资别人认为是有风险的项目？”

4．“你怎样找到最好的交易？”

我的回答是：“靠我的团队。”我的团队成员包括会计师、律师、银行家、经纪人等等。

当人们说“建立企业就是冒险”时，他们的这种见解，来源于独自做事的观点和他们在学校里养成的习惯。依我之见，不建立公司的风险和代价更大。没有建立公司，你就得不到现实世界中的宝贵的经验，得不到世界上最好的教育，这种教育来自你的智囊团。正如富爸爸所说：“想靠自己安全地经营企业的人错过了世界上最好的教育，同时也浪费了宝贵的时间。”他还会说，“时间是最有价值的资产，尤其是当你渐渐变老时，你会领悟到这一点。”

托尔斯泰的格言是：“年老是我们最不希望的。”

四面体和团队

常有人这样问我：“B象限的和S象限的公司有什么不同吗？”我的回答是：“不同点在于团队协作。”多数S象限的公司是建立在独资所有关系或合伙关系之上的。他们可能有团队协作，但是不是我认为的那种团队协作。正如E象限的人常常联合起来成立工会，而S象限的人组织建立合伙关系。我所说的协作是具有不同技能的不同类型的人联合起来一起工作。在工会和合伙关系中（如教师工会或律师合伙人关系），是同一种类型的人和专业人士常常碰头讨论问题。

R·巴克敏斯特·富勒博士是我最好的老师之一。几年前，富勒博士便开始寻找他所谓的“宇宙构造体”。在他的调查中，他发现在自然界中根本不存在正方体和立方体。他说：“四面体是大自然的基本构造体。”

当我看到埃及的金字塔时，我对富勒博士所谈到的“宇宙构造体”有了更多的理解。当今的许多摩天大楼出现又消失时，而那些金字塔在经历了数十个世纪的风吹雨打后仍然屹立不动。局部放置少量的炸药的爆炸就可能导致摩天大楼倒塌，而同样的爆炸根本动摇不了金字塔。

富勒博士正在寻找宇宙中的稳定结构，最后，他在四边形中找到了答案。

不同的模型

下面的图形解释了不同的企业结构：

1. 这是独资所有关系：

2. 这是合伙关系：

3. 这是B象限企业：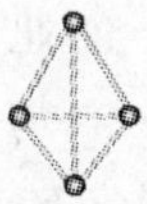

英文“四面体”（tetrahedrons）中的前缀“tetra”代表四，换句话说，它有四个端点。同富勒博士一起研究之后，我开始明白它在一个结构中的重要性。例如，你看到的现金流象限就有四个部分。所以，一个稳固的企业结构应该如下面这幅图所示：

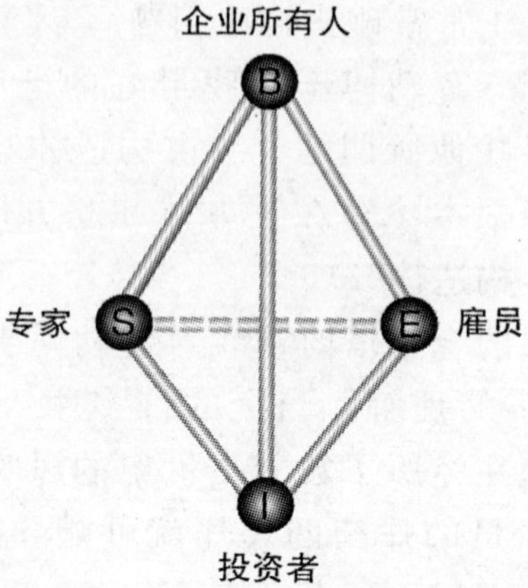

一个管理出色的企业会有许多优秀的雇员。在这个方面，我认为E代表了“优秀”（excellent）和“基础”（essential），因为雇员肩负着日常业务活动。同时，E又代表着“扩展”（extension），因为雇员是企业的延伸，在客户面前，他们代表着企业。

专家主要来自S象限。S代表“专业”（specialized），因为每个专家都可以在他的专业领域利用他的专业知识来指导你。虽然专家们不参与日常工作，但是他们的指导对于你的企业朝着正确的方向前进非常重要。

如果四点联合起来工作，企业结构就会象四面体那样稳固持久。投资者提供资金，企业主与专家、雇员一道努力，拓展业务，发展公司，那么投资者的原始投资将会得到好的回报。

我遇到的另一个有趣的四角关系是四种基本元素，它们构成了我们赖以生存的世界。古代人认为这四种元素是土、空气、火、雨（水）。我认为小到一个公司中仍然可以适用这四种元素的道理，当然了，仅仅依靠个体要想在独资公司和合伙公司中获得成功，个体必须身兼四职，这显然是非常困难的。

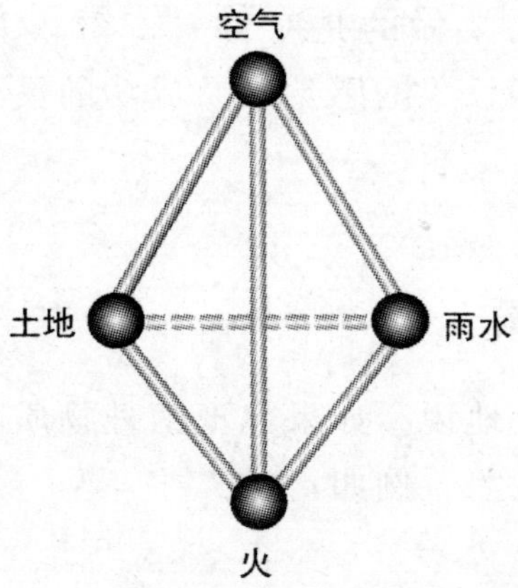

我们大多数人都有四种元素的特征，但是只有某一种元素在我们体内占绝对优势。例如，我是火，是白羊座和火星。我很容易在工作中能善始却不能善终。我妻子金则是土。我和我的妻子有美满的婚姻，因为她不仅对我有根深蒂固的影响，而且影响了我周围的人，尽管我时常会使我身边的人感到不快。她常常说："与你说话就像对着一个火把交谈。"没有她，我只会生气并使公司里的人感到心烦意乱，而且一事无成。另外莎伦在公司里充当了空气的角色。她使火燃得更旺，使公司向着正确的方向发展，并且保证所有的系统顺利运行。莎伦作为我们公司的首席执行官，确保了大家能够并肩奋斗，朝着我们共同的使命而努力工作。当我们的业务经理玛丽加入到我们的行列时，我们的公司便一下子腾飞了。玛丽如同"及时雨"一般将我们的承诺落到实处，她的到来使公司完整起来。需要特别指出的是，我们花了两年时间才使这个团队走到一起。人们来来去去，直到相同的使命把我们四个人定位在同一个公司里面。一旦这种模式固定下来之后，公司的发展便初见端倪，并快速稳定地增长。由于我现在拥有了四个元素组成的四面体，我就能够做得非常成功，而这单凭我个人的力量是无法达到的。

我认为，对于成功的企业来说，这不是个固定不变的规则。然而，我们需要做的是时常看一看埃及金字塔，每当这时，力量、稳固和长久的感觉以及成功的灵感便会在我们的心中油然而生。

仅仅是两种物质

我经常开玩笑地说，如果你把两种物质融合在一起，你会得到某种奇妙的现象。例如：

1. 空气+水=水雾　　2. 空气+土=尘埃
3. 水+土=泥　　4. 土+火=熔岩或者灰烬
5. 火+水=蒸气　　6. 火+空气=火焰

团队由不同水平层次组成

作为投资者，我关注的第一件事是企业背后的工作团队。如果这个团队摇摇欲坠或者缺乏经验和成功的纪录，我是不会投资的。我结交过许多人，他们总是为新产品和新业务尽力地筹资。在他们当中，多数个人缺乏经验，而且在他们身后没有坚强的后盾——工作团队——支持他们，激发他们的自信。

许多人想要我投资他们公司的商业计划。他们都说："一旦公司业务蒸蒸日上，我们就会使公司上市而您作为投资者将获得巨大的利润……"这样的陈词总是引起我的极大兴趣，因此我向他们提出你们也应该提出的问题："在你的团队中，谁有过包装公司上市的经历？那个人曾使多少家公司上市了？"如果答案很含糊，我就明白我正听推销商说话而不是一个真正的商业计划。

在大量的商业计划中，我关注的另一个数字是工资。如果员工薪水很高，我就会意识到，我正看到一群为了使自己得到丰厚的薪水而筹资的人。我问他们是否愿意无偿工作或工资减半，如果他们的回答含糊或者是斩钉截铁的"不"，我就明白了他们的企业使命。这种企业使命很可能只是为他们提供一份报酬丰厚的工作而已。

投资者投资于管理。在投资目标的企业当中，他们关注工作团队的情况，并希望看到他们的经验、热情和责任。我很难相信只为了赚钱、只关心自己薪水的人会有高度的责任感。

关于《现金流》游戏

许多人曾经问我为什么没有开发电子游戏一类的教育游戏。主要的原因是我现在想鼓励合作学习和促进相互沟通。在现实世界里，能够与尽可能多的人合作和乐于助人，使大家共同发展，是非常重要的人类生存技巧。

也许在不久的将来，我们会推出《现金流》的电子版，但是目前我们非常高兴去鼓励人们合作学习，相互交流。因为我们教得越多，我们自己也会学得越多。现在，我们的孩子常常是在与其他小朋友隔离的状态下度过了他们的童年生活，他们沉迷于一个人玩电脑、看电视和单独考试。由此我们每一个人都应该反思为什么如此多的孩子变得自私和不善于交往。要想获得成功，我们就需要学会与不同类型的人相处。《现金流》就是需要人们合作才能完成的游戏。我们必须学会同个人和群体合作，而且我们要不断地提高我们的交际能力和技巧。

莎伦评注

罗伯特常常提到在商业领域里“金钱追随管理”的观念，要想成功，企业必须在关键部门有好的专家。

当你没有足够的钱雇佣你需要的人才时，你可以考虑吸引人才作为顾问团的成员，并且要明白你一旦筹集到足够的资金，你的工作组就要马上运行了。如果你的管理小组成员在给你建议的商业或工业领域内有成功的纪录，那么你成功的机会会更大。

你的工作组还应该包括你公司外围的顾问。会计师、税收顾问、财务顾问和法律顾问的正确指导，对你建立一个强大的成功企业非常必要。如果你的公司业务是房地产，你的不动产经纪人在你的工作组中就扮演了非常重要的角色。尽管这些顾问非常“昂贵”，但是他们的建议会为你的投资带来难以置信的回报，在你前进的道路上指导你避免那些容易犯的错误，并且帮助你建立强大的公司。

“B－I三角形”的另一部分是：领导者，因为每一个团队都需要一个领导。

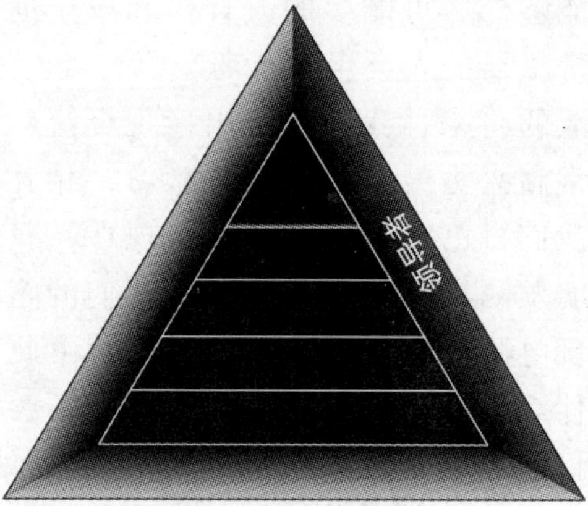

领导者

我之所以不读一般的大学而去读联邦军事学院，是因为富爸爸认为如果我想成为企业家，就需要培养我的领导才能。毕业后，我加入了美国海军陆战队，成为了一名飞行员，这是在现实世界中对我的实际技能的考验，而我是在越南接受这一考验的。正如富爸爸所说：“学校很重要，但是生活是更好的老师。”

我仍然记得空军中队指挥官的话：“先生们，你们最重要的工作就是使你的部队为了你，为了你的队伍，为了你的国家甘愿付出生命。”他继续说：“如果你不鼓励他们那样做，他们很可能反过来杀掉你。军队不会服从没有领导能力的长官。”同样的情形每一天都发生在我们今天的商业领域里。多数企业是从内部开始失败的而不是从外部。

在越南，我学到了一个领导者最重要的素质之一——信任。一架直升飞机有四个飞行员，我必须对我的队员们有信心，而且他们也不得不信赖我。如果信任破裂，我知道我们不可能活着回来。富爸爸说：“一个领导的职责是使最好的人脱颖而出，而不是自己成为最棒的人。”他还说：“如果在你的业务中你是团队中最优秀的人，那么你的公司就有麻烦了。”

当人们问我如何获得领导技巧时，我总是说同样的话：“志愿当领袖的人会得到更多的领导技巧。”在多数的组织中，很难找到愿意当领导的人。大多数人隐藏在某个角落，希望没有人发现他们。我告诉他们：“在教堂，志愿者是去做工作。在工作中，志愿者是去领导工作。”当然，志愿不会让你成为一个好领导，但是如果你能接受反馈并且很好地改正你自己的行为，你可以成长为好的领导。

通过志愿当领导，你可以得到关于你的实际领导能力的反馈。如果你志愿领导，但是没有人服从，你就需要不断学习生活经验并不停地修正自己。除此之外，你还需要获得反馈意见，求得他人的支持。这样的行为是一个领导最突出的特征。我看到许多公司在失败中挣扎，因为他们的领导没有接受来自公司里的各级经理或者员工们的反馈信息。我的空军中队指挥官在海军陆战队中对我们说：“真正的领导不是天生的，真正的领导是想当领导并且乐意接受训练的人，而这种训练就是尽可能多地接受别人的意见并不断进行修正。”

一个真正的领导还要知道什么时候应该听别人的话。我说过，以前我只是个普通人，不是成功的商人和投资者。我依靠我的顾问和工作小组中的成员，是他们帮助我成为了一个好的领导。

莎伦评注

一个领导者的角色是有远见的人、啦啦队队长和老板的综合体。

作为一个有远见的人，领导者必须集中注意力完成公司的使命。作为啦啦队队长，他必须激励团队团结一致，朝着使命努力工作，并且在前进的道路上为大家展示成功。作为老板，当遇到使工作组分心，并远离使命的难题时，他必须能够作出强硬的号召。当需要坚持你的最终使命时，真正领导者的超群能力是采取断然的行动。

有了正确的使命、团队和领导，你就可以顺利地建立起强大的B象限的公司。正如我以前所说，金钱追随管理。由于这点，你能够从外面的投资者那里吸引资金建立公司。五种因素对发展强大的公司都非常必要，后面我们将一一讨论这五种重要因素。

第 32 章
现金流管理

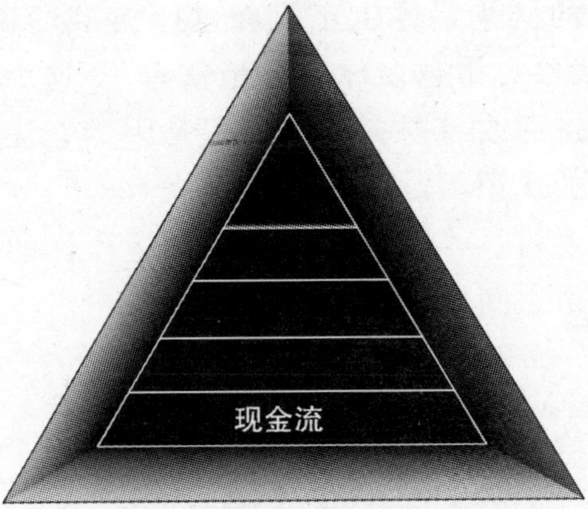

富爸爸说："对于想在 B 象限和 I 象限成功的人，对现金流的管理能力是必备的，也是基本的投资前提。"这也正是富爸爸坚持要我和迈克经常阅读其他公司的财务报表，以求更好地理解"现金流管理"这一概念的原因。事实上，富爸爸花了大量的精力来教导我们不断学习"财务知识"。他总是说："财务知识让我们学会阅读数据，并从这些数据中看到一个企业最真实的状况。"

如果你接触到一些银行家、会计师、贷款官员，他们会告诉你其实有很多人是因为缺乏财务知识，所以财务状况不好。

我有一个朋友是资深会计师，他就曾告诉过我："当看到一个优秀的企业因其管理者的财务知识匮乏而垮掉时，你会感到非常遗憾和心痛！"他还提到："一些小企业之所以失败，是因为他们混淆了利润与现金流的概念。甚至有一些企业主错误地认为利润与现金流是等同的，以致于造成营利的企业走向破产！"

富爸爸向我灌输了许多关于管理现金流的重要知识。他说："企业主想要成功，就要掌握两种现金流的管理方法。一种是显形现金流；一种则是隐形现金流。对这两种现金流的认识将决定你是富有还是贫穷。"

在《现金流》（成人版）中我们可以学到：怎样区分显形现金流和隐形现金流。反复进行这一游戏可以使我们进一步找到两种现金流的区别。这也正是在这个游戏的说明中所说的，"你对这个游戏参与得越多你将愈是富有"。这个游戏能让我们提升财务智商进而改善财务状况，正是因为它让我们对隐形现金流有了初步的认识。

富爸爸也说过："根据财务报表来运作你的公司，是大企业家和小企业主之间最主要的区别。"

莎伦评注

一个企业的现金流就好比是一个人身体里的血液。没有任何一件事情比得上你在周五的时候付不清雇员工资更令人尴尬的了。真正良好的现金流管理系统，应该从企业开办的第一天起就开始运作。比如我和罗伯特·金在创办公司之初就有相当的默契，我们都认为一项支出一定要在销售增长上得到体现，否则就否定这项支出。事实上，我们成功地运用了这一策略。在1998年初，我们便欣喜地看到，我们的预定销售额已经达到，所以我们购买了一台价值300美元的复印机。到1998年底时，我们则已经有足够的资金来购置一台新的价值3000美元的复印机了！所以不难看出，良好的现金流管理策略对于一个企业来说，它不仅仅是不可忽视的细节，而且还是事关一个企业未来命运的先决条件！

一个好的现金流管理者，会适时地回顾他每日的现金流向。同时，他还会不断地观察现金来源，并展望未来的一周、一月、一季度的资金走向。因为，只有这样做了，才能有效地避免由于资金大量短缺、周转不灵而带来的危机。对于一个快速发展的企业而言，这更是制胜的关键一招。

下面，我就为大家例举一些现金流的管理方法。这些小步骤对每一个企业都适用，不管是跨国企业还是一个小的租赁公司，或是一个路边热狗摊，都能从中获益。

公司初始阶段

有些时候，由于公司处于发展的初始阶段，你可以推迟领薪，直到你的企业拥有了可运作的现金流。这似乎不太可能。但是，你的投资者会因为你的“全心投入”而更加支持你、信任你。事实上，我们建议你全心做好你的工作，而在业余时间开展自己的业务。由于你推迟领取自己的报酬，你可以把它作为对销售的再投资，并使它增值，从而使你的业务快速增长。

销售及应收账款

- 及时为你的客户开具货物运输或服务的发票方便对方付款。
- 在你自己的贷款信誉建立起来前尽可能提前还款，在申请新的贷款前准备好完善的贷款申请书，并随时核对证明材料。标准的信贷量是建立在企业存货量的基础之上。
- 在得到贷款前，尽可能地将进货款项压到最低点。
- 建立一个因延期还贷并被处罚金的假定，并对这个假定特别留意，以做好最坏情况出现时的打算。
- 当公司得到发展后，尽可能地加快现金的周转，请你的客户及时将欠款付到你的邮箱或银行。

费用及应付账款

- 许多企业在经营中，总是忽略了现金流管理中的首要任务是管理好你的支票，以确保你能及时地兑现你的支票。你还要学会怎样请求别人延长你付清账单的期限。比如你能在两个或三个月之内付清账单，但最好是能争取让对方给你比这更长的时间。一般来说，供货商会给你 30 至 90 天的延期。
- 将日常费用维持在最低水平。当你购买一样商品时，制定一个增加销售的目标来填补这项费用。保证你的每一份投资资金都能与你的事业息息相关。当你的销售增加了以后，你便可以利用现金流来购买一些你曾梦想的东西。当然，你不要忘了，前提是你已经达到了一定的销售量。

一般现金流管理

- 事先做好一份完善的现金投资企划，以此来增大你的营利可能性。
- 在你需要向银行借贷之前，首先要与其建立良好的互信关系。
- 确保当你急需资金时，你能迅速地筹借到手。并且，你还应随时留意自己的现金流动比率（流动资产与流动负债之比——最少是 2:1）；还应留意速动比率（固定资产与流动负债的比率——要大于 1:1）。
- 建立内部现金流管理制度

  ——一个在银行存款账户上有现金收入的人，与把现金收入计入应收款或总账的人是不同的。

  —支票应立即背书并注明“仅供抵押”。

  ——一个被授权签支票的人不要使用备用金券、付款凭条付账或将账转入应付款，总账等账目中。

—对银行报表熟悉的人，不必定期担保他的现金收入和支出。(我们的对外会计师就是做这些工作的。)

以上的这些听起来都相当繁复，但每一个步骤都是至关重要的。要多请教你的会计师、银行代理以及私人投资顾问，帮助你修缮你的经营体系。即使你的现金流管理体系已经确立，持续的监管仍是必不可少的。每日回顾你的现金流，并提前考虑你可能要为企业发展而支付的更多的资金。有很多人一旦事业成功就忽视了对现金流的管理，这极易导致他们事业的失败。恰当的现金流管理（以及费用管理）对许多企业来说都是关键一环。

当你考虑购买一个特许经营权或加入网络销售时，你就会发觉现金流管理系统会为你提供许多方便。如你拥有特许经营权时，你需要建立自己的现金流系统并监督它。当你加入一个网络销售机构时，机构会代替你进行现金管理。在这种情况下，公司总部会负责整个机构的会计功能并定期给你寄去收入报告并支付你。但无论如何，与你的会计师一道建立起一个完整的现金流管理体系依然是十分重要的。

第33章

沟通管理

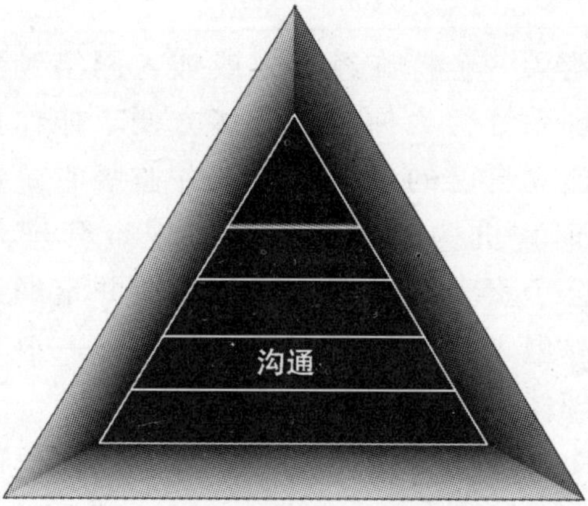

富爸爸说："你越善于沟通，与你沟通的人越多，越有利于你的现金流通。"这就是为什么"沟通管理"是"B－I三角形"中的第二层的原因。

富爸爸强调："你希望得到更好的沟通，你就必须是个优秀的人类心理学家。"很多时候你为有些事情感到激动，但别人却觉得平淡无奇。这就难以让你与他人进行交流。为了更好地交流，你需要了解不同的人有不同的喜好。"他还说："许多人在说，但认真听的人却很少。还有，这世上好的产品有的是，只有沟通最成功的人才能挣钱。"

我感到十分惊讶的是，很多生意人很少花时间来提高自己的交际能力。1974年，我犹豫着怎样挨家挨户推销施乐复印机时，富爸爸一针见血地指出："穷人通常不善交流。"我牢记了这句话，并且进一步学习并运用到以后的各项工作中。

富爸爸还说："你的现金流与你的信息交流程度是成正比的。"每当我发现我的企业面临困境时，常常是因为在人际交流上产生了问题，要么就是缺乏交流，要么就是交流得不够，要么二者兼有。我发现这种信息反馈的周期往往是6周。假设你今天停止信息交流，那六周以后你就会看到它给你的现金流带来的冲击了。

但是，信息管理绝不仅仅是对外的，也应该是对内的。你只要观察一下企业内部各部门的财务状况，就不难发现哪个部门信息工作做得好，哪个部门做得不好。

一个上市股份公司有着层出不穷的信息问题。对于这样的一个公司来说，既要对内对外处理信息问题，同时还要与股东保持良好的交流与沟通。每当我听见有人抱怨"我真希望自己从来就没有把这个公司上市"的时候，我就知道他与股东之间出现了交流障碍。

一般来讲，富爸爸每年都要参加一次信息讨论会，我现在也延续着这一传统。我每次参加这样的活动之后，就发现自己增加了收入。这些年来，我一直坚持参加这样的活动：

1. 销售
2. 市场系统
3. 广告宣传
4. 谈判
5. 公开演讲
6. 直接信函广告
7. 举办研讨会
8. 融资

在以上所有的主题中，"融资"是令那些新兴企业家最感兴趣的话题。当人们问及我怎样学会融资时，我总是要问他们以上 1～7 项的相关知识，告诉他们融资要求你要懂得 1～7 项的知识。有些企业难于腾飞，往往是因为这些企业家不懂得融资。富爸爸说过："融资是一个企业家最重要的工作。"他的意思并不是要企业家不断地到他的投资者那里去索要资金。富爸爸的意思是说：企业家需要确定资金是流动的，包括从销售、直接营销、私人销售、机构销售、投资者等处获得相关信息。富爸爸说："在公司系统确立前，企业家的一项责任就是确保现金流动。在一个企业创建之初，这项工作可以说是最重要的事了。"

有一次，一个年轻人跑来问我："我想创建一个公司，在这之前您能给我什么忠告吗?"我用我一贯的态度回答他说："你先去一家公司谋一份差事学习销售。"但他很干脆地回答我："我不喜欢，我讨厌做销售，讨厌作销售员。我只想做管理者去雇佣销售员。"听到他这么说，我就与他握了握手，并祝他好运。这也正是富爸爸教我的一课："不要与向你讨教的但又不听你的意见的人争执，尽快结束和这种人的谈话，并且重新回到自己的正事上来。"

人重要的一种生存技能，是尽可能地与更多的人进行有效的交流。这是一种应该不断增强的技能，为了增加我这方面的技能，我经常参加研讨会。就像富爸爸告诉我的："如果你希望成为 B 象限的人，你首先应具备的技能就是和他人自由地交流以及和其他三个象限的人交流的技能。其他三个象限的人可以回避和非本象限的人谈话，但 B 象限的人不能！简单地说，与其他象限的人交流是 B 象限的人最重要的技能，也可能是他们惟一的工作。"

我曾经建议过一些人加入一些网络销售公司去学习销售经验。这样的一些公司也能具有良好的信息交流方式和销售培训计划，我看到过一些害羞内向的人，经过这样的学习锻炼后，变得自信、坚强，不再害怕冷嘲热讽，从而成为了极有影响力的能手。大方得体的交流方式对于 B 象限的人极为重要，尤其是个人的交际能力还未磨炼好的时候，更应该注意这些问题。

我的第一次营销访问

我至今仍清晰地记得，我的第一次营销访问是在怀基基海滨的街道上。开始时我在街上乱窜了近一个小时，紧张地挨家挨户地敲门，最后走进了一家卖旅游纪念品的商店。店主是个慈祥的老人，多年来他见过不少像我这样的新推销员。在结结巴巴、汗如雨下地陈述了施乐复印机的性能后，我听到了他的笑声。透过他的笑声，我听到他说："孩子，你是我见到过的最糟的推销员。但是假如你能克服你的恐惧，你就会有光明的前程。如果你中途放弃了，你就只好像我一样，坐在柜台后面等待顾客，日复一日，年复一年，不会有什么改变！我坐在这里，正是因为我害怕站出来像你这样去推销。只要你克服了恐惧，世界就会展现在你的面前；屈服于恐惧，你的世界就会变得越来越狭小。"那一天的经历，我记忆犹新，我深深感谢那位睿智的老人。

当我学会了克服销售时的恐惧心理以后，富爸爸便带我参加各种宴会活动，教我在众人面前克服说话的恐惧。每当我为此事向富爸爸抱怨时，他便对我说："无论是伟大的领导者还是成功的企业家，都必须是一个真正的演说家。如果你想成为领导者，你就必须是个演说家！"今天我可以在会议厅里，面对着成百上千的陌生人，口若悬河，全赖于当年的销售训练以及在组织宴会中的磨炼。

如果你想成为一个 B 象限的人，那么我向你重申这两项技能。首先，你必须克服自己的恐惧，不要害怕被拒绝，然后向人介绍你的产品和你的服务。其次，提高你在大众面前讲话的能力，并且让他们对你所讲的话感兴趣。富爸爸就说过："有些人讲话却没有聆听者；有些推销员推销的产品没有人感兴趣；有些广告播出后却无人收看；有些企业家工作辛苦却筹不到资金；有些企业主无人追随！假如你想成为B象限的成功者，你就不要效仿他们！”

我的“富爸爸系列丛书”的第一册《富爸爸，穷爸爸》登上澳大利亚《悉尼晨报》畅销书排行榜刚好超过两年。在美国，登上《华尔街日报》畅销书排行榜已近9个月。1999年9月，又登上了《纽约时报》的排行榜。当其他作家问我是怎样取得这样的成绩时，我就引用富爸爸的话来回答他们：“我不是最好的作家，但我是一个畅销书作家！”我还告诉他们，高中时我两次考试不及格，就是因为我文字表达能力差，高中时我也从未吻过一个女孩子，因为我很害羞。最后我又用富爸爸的话告诉他们：“失败者总是容易发现他们的优势，并力求不断增强优势，而往往忽略了自己的弱点。但当他们发现自己其实很脆弱时，却已经无力回头了！一个成功者往往是先看到自己的弱点，再加以改正使之变为优势的人！”

一个人的外表往往比他的言辞有更大的影响力。经常有人带着企划书来找我为他们的项目提供资金，但他们见到我时就像是老鼠见了猫似的。先抛开他们的计划书不谈，他们的表现就已经使他们的企业形象大打折扣了。据统计，在公众面前的讲话时，肢体语言的影响力占近55%，声音占35%，语言占10%。如果你回忆一下肯尼迪总统，你就会发现他完全具备了以上所有的素质，因此他是一个伟大的交际家。当然，我们不可能每个人都像肯尼迪那样有魅力，但我们都应尽力而为，你也可以用得体的打扮使自己更自信。

在一个电视调查节目中，一些有相同资历的人应聘同一个职位，往往是，面试后，那些外表吸引人的人获得工作的机会比外表不吸引人者为多。

我的一个做银行董事的朋友告诉我说，他们雇佣了一名经理，仅仅是因为他长得像个经理！当我问他那个人有什么有利条件时，他说：“他的长相就是他的条件。他的举止、他的言谈，都具有经理的风范。事实上我们银行是由董事会负责整个业务及运营银行一切事务，我们只希望利用他能吸引新的顾客。”我想用这句话来告诫那些说“外在表现不重要”的人。在商界中，好的形象风范是非常有利的交际条件。最后我要老生常谈：你只有一次机会建立你的第一印象。

推销与市场营销的区别

在“沟通”一课上，富爸爸一定要让迈克和我明白推销与市场营销的区别。他告诉我们：“最大的错误是，许多人对于推销与市场营销分不清，这也为他们的沟通带来了障碍。这也导致了他们销售额降低以及投资者与员工的误会。”富爸爸进一步区分二者为：

推销
市场营销

他说：“在理解上最重要的一点是销售应该是在市场营销的基础之上形成的，而不是销售及市场营销。”他解释道：“如果一个企业有强大而令人信服的市场营销体系，那么它的销售工作将开展得非常顺利。如果一个企业市场营销系统疲软，那么它的销售工作也只能是事倍功半！”

富爸爸还对迈克和我说过：“如果你要学习销售，你就要学习做市场营销。一个 S 象限的企业主通常善于搞销售，但一个成功的 B 象限的企业主，就不但要擅长做销售，还要擅长市场营销。”

他画了这样一幅图来表示：

他说："推销只是在人与人之间，一对一地进行的，而市场营销则是通过一个市场系统做销售。"许多S象限的人对这种"一对一"的销售方式是很在行的，可是如果他们想向B象限过渡，他们就必须学会通过一个被称为"营销"的系统来销售。

总之，沟通是一门值得毕生修炼的课程。你不仅要善于谈话、写作、着装，还要学会展示你自己。就像富爸爸对我说的："其实当你说话的时候，并不一定意味着就会有谁在仔细地倾听。"当人们问到如何建立良好的沟通的基础时，我鼓励他们从学习一对一的交流开始，到最终能在公众面前讲话，这是两项基本的交际技能。我还要求他们注意观察他们这么做的结果和反响。善于运用这两项技能，你就能从一个笨拙的信息交流者变为一个交流高手，你的日常交际能力就会提高，你的现金流也会随之发生可喜的变化。

莎伦评注

给人留下好的第一印象是十分重要的。其实，你在市场营销及销售方面的努力通常会给你的潜在顾客留下良好的第一印象。无论何时，你对工作的热忱和尽力表现，对你的听众都会产生持续的影响。制作、分发介绍资料也十分重要，因为这些资料代表公司的形象。

就像罗伯特说的，市场营销其实是一个完整的体系。确保了解你的客户的需求，你的市场营销方法才能奏效。在销售和市场营销工作中，还要注意以下非常重要的三点：确认需求，提供解决方案，向客户解释利益关系。对客户的需求做出快速反应也非常重要。

很多的信息交流是面向外界的，但是内部的信息交流也非常重要、必不可少。内、外部沟通的例子有：

对外信息交流

销售

市场营销

客户服务

与投资者的沟通

公共关系

内部信息交流

与团队分享成功的喜悦

定期召开的员工会议

定期与顾问沟通

人力资源政策

有一种交流方式对公司的影响非常大，但是你又很难控制。这就是：你现在的客户与你潜在的客户之间的交流。不可否认，我们现金流技术公司的成功，很大程度上归功于我们的顾客在与他们的朋友交流时传播我们公司的信息。这种靠口碑相传的广告宣传的方式，其影响力是不容忽视的。这种广告的宣传力，可以非常神速地影响到一个公司业绩的好与坏。由此可见，对任何一个公司而言，客户服务起着至关重要的信息交流的作用。

当你购买一项特许经营权或者加盟一个网络销售公司时，信息交流系统也会为你提供帮助。另外，他们所利用的信息一般都是那种已经被其他企业、推销员所证实了的信息。因此，比起那些正在努力自己探寻的人，你将有着更好的开始。而那些人在付诸实践看到效果之前，并不知道自己已掌握了的东西是否将会是成功的。

就像罗伯特所说的，事业成功的关键要素之一是良好的语言表达能力。特许经营和网络营销组织提供的个人发展及培训课程对于个人的发展是个不错的机会。

第34章
系统管理

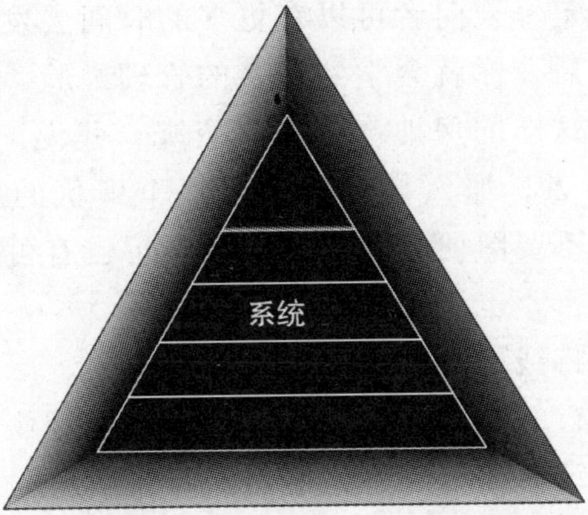

人的身体是由各种子系统构成的系统，企业也是如此。人体由血液循环系统、呼吸系统、消化系统、排泄系统等系统构成，其中任何一个系统停止运作，人体就会立即出现问题，甚至死掉。对企业而言也是同样的。每个企业都有自己的一套内部运作系统。事实上，一个企业的每一个分布在B-I象限里的系统都是相对独立而又紧密相连的。我们不能将它们割裂开来，因为它们不能够完全孤立。我们也不能说它们孰轻孰重。

企业要健康成长，每个系统中的每个人都非常重要，并且得有一名总管确保所有系统都能最大限度地发挥作用。当我阅读一份财务报告时，我觉得自己就像是在驾驶舱里的飞行员一样，清晰地看到了所有的操作系统。如果有任何一个系统出现了问题，我就会立即采取紧急措施。许多才起步的企业和S象限的企业经营失败的原因，就是因为该企业没有足够的能力给予各系统必要的管理和关注。当一个系统出问题时，比如说当现金短缺的时候，紧跟着其他系统也会出现相应的毛病。这就好比一个人患感冒，他又不会照顾自己，如果不治疗就会患肺炎，再不及时控制病情，那整个人的免疫系统都会垮掉。

我相信，房地产业应该是开始投资的一个很好的行业，因为一般投资者往往会把各种系统弄乱。房地产投资就是在一片土地上建造起一座建筑物，由房客付给你房租。房地产投资相对来说比较稳定，入门者可以有更多的时间去发现问题，改正错误。一两年后，你就会学到很多的管理经验。人们问我，到哪里才能找到这样的房地产进行投资呢，我说："找一个差劲的房地产经营者，那么你就找到了一个廉价的房地产投资项目。但是千万不要图便宜就买，因为廉价也有可能存在着什么不可告人的秘密，也许就是个圈套。

银行喜欢将钱借给真正的房地产投资人，原因在于房地产项目有稳固运行的系统并且保值。其他一些行业因为运行机制被公认为不稳定，银行就不太愿意轻易投资。我经常听到这样的话："只有当你不需要钱的时候，才是银行愿意给你贷款的时候。"我却不这样认为。我的经验是：银行在确定你的企业有良好的运转机制和偿还债务的能力时，它就会贷款给你。

一个好的商人能够很有效地管理多个系统，而并不成为系统的一部分。一个真正的商业系统就像是一辆车，一辆汽车并不因为没有某一个人就不能行驶了。任何一个懂得驾驶技术的人都应该能把它开动，对于B象限的企业就是这样的，但对于S象限的企业未必如此。多数情况下，在S象限中，这个开车的人就是整个系统。有一次，我准备开一家专门出售收藏稀有货币的小商店。富爸爸对我说："一定要记住，一个B象限的人，能够从投资者那里筹到更多的钱，因为投资者总是投资给具有很好的运行机制且拥有能建立好的运行机制的人才。投资者是不会喜欢将资金投到一个到晚上就会倒闭的企业的。”

莎伦评注

企业无论大小，都需要使其系统正常运行以确保日常工作正常开展。哪怕是一个独资企业也会用这种方式管理自己的企业。实质上，独资企业只是将各系统合而为一而已。

企业的系统机制越好，企业对人的依赖性就越小。罗伯特形容麦当劳："世界每一个角落的麦当劳都一样，都靠年轻人经营。"正因为有优秀的规范化的运行体制才使得这一切成为可能。麦当劳靠的是系统，不是人！

首席执行官（CEO）的作用

一个首席执行官的工作就是把握全局，监管企业系统，及时排除企业机体上的病症，防止系统发生"故障"。事情总是千变万化，当企业发展迅速时，稍不留意，有些事情就会让你手忙脚乱，不知所措。比如，企业的销售量迅速增加了，你的产品、服务受到媒体关注了，但是你一下子没东西卖了！为什么？这是因为你的运作系统跟不上市场变化的要求。你的电话线不够多，或者缺少接线员；你的生产厂"供不应求"或者你不能在定期内完成订单，又或者资金周转不灵，不能为生产线配备更多人手。不管什么原因，你就会失去进一步发展企业的机会，不为别的，仅仅因为系统的一个方面管理失败。

企业每上一个台阶，首席执行官就应该计划下一步该如何运作，小到电话线路大到生产资金。系统管理推动对现金流和信息的管理。一旦企业系统的运行形成了良性循环，你和你的雇员都会感到做事轻松、事半功倍。假如一个企业没有良好的运行系统，它就会变成劳动密集型的产业。当你的企业设计出完善的成功的运行系统时，你就有了真正有市场性的企业资产。

典型的商业系统

下面一节我们将为大家列举一些成功的企业所应具备的典型的运行系统。有些情况下，下面所列举的系统与在实际运用中的会有所出入，但对于企业的经营而言，仍是必不可少的。(例如产品开发系统，在从事服务行业的企业，就是提供服务的过程。虽然这二者在某些细节上并不一样，但基本要素是相同的。二者都需要企业开发产品或拓展新的服务项目或服务，而最终也都是为了服务于客户。

在许多网络销售组织中，这样的系统都在自然地运转着。作为会员，你交纳了会员费，你就会得到一些手册，介绍系统将详细地向你介绍为你的业务所提供的服务内容。这就是为什么这样的现成的商业系统如此吸引人的原因。

如果你希望建立自己的企业，就请你认真看一下以下的系统列表。即使你已经在使用其中的某些功能，但你仍然可能没有把它们划分成各自独立的系统。你将这些系统用得愈规则化，你的企业效率就会越高。

每个企业都需要的有效的运作系统

日常办公操作系统

- 800 免费服务热线和电话应答系统
- 信件收发系统
- 办公用品采购和设备供应保障系统
- 传真和电子邮件处理系统
- 出入库处理系统
- 文件备份和资料档案系统

产品开发系统

- 产品开发和法律保障系统
- 产品包装及配送宣传资料（如目录等）系统
- 生产流程和工艺的改进系统
- 生产成本控制和项目竞标系统

生产和库存管理系统

- 代理商选择系统
- 产品质量保障和售后服务系统
- 产品和服务的价定（零售和批发）系统
- 制定库存产品的盘点程序
- 收到和保存存货系统
- 通过会计账目协调日常库存量系统

订单处理系统

- 通过信件、传真、电话或网络接受订单并记录订单
- 整理并履行订单
- 订单发送

催收货款和应收账款管理系统

- 向客户催收货款
- 收取货款（以现金、支票或信用卡等形式）并计算现有应收账款余款
- 催收滞纳金系统

顾客服务系统

- 退货库存上账程序及向顾客退款系统
- 处理顾客投诉
- 退换不合格产品或提供其他保障性服务

应付账款系统

- 采购步骤和审批
- 供应和库存付款程序
- 小额现金支付

市场营销系统

- 制定完善的市场营销计划
- 设计并制作宣传推广材料
- 制定总体规化，确定主打产品
- 制定广告计划
- 制定公共关系计划
- 制定与客户直接联络计划
- 数据库的开发与维护
- 网页的开发与维护
- 分析、追踪销售统计数据

人力资源系统

- 聘用程序和用人协议
- 培训员工计划
- 工资支付程序和奖金计划

一般会计系统

- 账目管理程序：日报、周报、月报、季报和年报
- 现金管理，保证及时的支付需求
- 资金预算和预测
- 工资收入所得税的申报和预付税款

公司总体运作系统

- 谈判、起草、履行合同
- 开发和保护知识产权
- 掌握保险需求以及范围

- 申报并支付联邦税收、州政府税收及司法税收
- 制定支付联邦政府、州政府和司法部门税收的计划
- 管理和保存档案记录
- 保持与投资者及股东的良好关系
- 确保法律上的安全性
- 计划和掌握企业的发展状况

日常管理系统

- 维护、设计电话通迅系统及电力系统
- 计划办理各种许可证及其费用支付
- 授权许可
- 确保日常安全性

你可以把上述系统的运作政策及程序制定成手册，这样的手册对你的员工而言是非常有价值的。在手册的制定过程中，你就会随时发现令你的事业发展顺利的途径，以及提高效益的方法。这样你将一步步地向成功的 B 象限企业家靠近。

第35章
法律管理

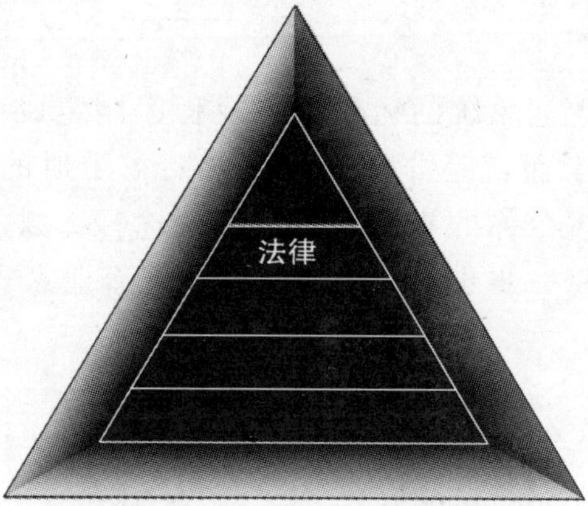

在“B-I三角形”体系中，法律管理这一项于我而言是教训深刻的一课。富爸爸发现我的企业中有一个严重的缺陷：在生产我自己设计的“维可牢”钱包之前，我未争取到对此产品的法律保护。特别是，我未申请对这些产品的专利权。（没有申请专利权的原因是因为我觉得用1万美金去申请这么一项专利太昂贵了，而且我总觉得我的产品不至于重要到值得花那么多钱去申请专利的地步。）但不幸的是，另一家公司在发现我的产品走俏市场后偷袭了我的产品并抢注了专利，结果是我对此无能无力，将得到法律保护的是偷窃者而不是我。我只能眼睁睁地看着这一切发生！

今天，我特别热衷于向人们介绍这类问题，特别是我们正处于信息时代，你的知识产权律师和你的合同律师对你而言是非常重要的顾问，他们是你创造财富的最强有力的后盾。如果他们十分优秀的话，可以保护你的企业不受不法之徒的侵害，你会从中受益匪浅的。

在全世界，有许多这样的故事：不够聪明的企业家在未申请法律保护之前就迫不及待地销售自己的产品，公开自己的创意。在知识产权盛行的今天，你的任何创意一经公开，你就无法再保护它了。几年前，一家公司开发了一种小企业商业用的空白表格软件。我就购买过他们的产品供我的公司使用。但是几年之后，这家公司倒闭了。为什么呢？因为它在保护专利方面失败了！另一家公司，这里我不提它的名字，抄袭了这个公司的创意并申请了专利，那家小公司因没有申请专利而不能与之抗衡就倒闭了。而拿走这项创意的公司，今天已是软件行业的佼佼者了！

有人说比尔·盖茨靠着一个思想火花而成为了当今世界上最富有的人。换句话说，他并不是靠投资房地产或开工厂而致富的。他就是靠把握信息，保护信息，在他三十多岁的时候，成为了世界上最富有的人。更具戏剧化的是，他甚至没有亲自着手于微软公司的创办与经营，他是从其他软件开发商那里买来程序，再将它售给 IBM 等公司，然后就高枕无忧了！

奥纳西斯靠着一份简单的法律合同，而成为了今天船运业的巨人。根据那份合同，一家大型制造公司把向全世界运输这家公司货物的专运权交给了他。当时他除了这份合约，连一艘船都没有。但就凭着这份合约，他向银行借到了贷款购买了船只。他又是从哪里买到这些船的呢？他是在二战结束后的美国政府那里买来的，因为美国政府正巧当时有多余的运送军需的船只需要处理。这里要提到的是，要想买下这些船只，你必须是个美国公民，但奥纳西斯是希腊人。这防碍他了吗？当然没有。作为一个精明的B象限的人，奥纳西斯懂得运用法律，他以他所掌管的一个美国企业的名义成功地购得了这些船只。这也显示出法律对不同象限的人而言作用是不一样的。

保护你的创意

我的知识产权律师迈克尔·莱希特是知识产权律师中的佼佼者。他负责本公司在全球的专利和商标的注册，他也是我的合伙人莎伦·莱希特的丈夫。但即使他是莎伦的丈夫，我们仍像对待别人一样按小时付给他报酬。不管我们付多少酬劳给他，他带给公司的价值其实是无可限量的。他为我们创造了许多财富，保护了我们继续赢利的权力，指导我们顺利地通过了一次次的谈判。迈克尔著有一本题为《知识产权手册》的书，这本书不但逐一阐述了各种保护知识产权的技巧（如专利、商标、版权等），而且讲述了怎样综合应用这些方法来最大限度地保护你的知识产权。有关内容在我们的网站上可以查阅。

总　结

很多企业都是从一张简单的合同起家的。一份合同，可以为你打开一扇通向全球的事业之门。

莎伦评注

专利、商标、著作权等等都是最有价值的无形资产，这些有关法律的文书是你知识产权的保障。就如罗伯特在他的“维可牢”钱包经营中所发现的，失去了这些保护，你就冒有失去一切的危险。一旦你保护了自己的专利权力，你就可以阻止他人盗用，你可以把这些权力出售或授权给他人，从中也可赚取不少的利润。授权给他人，是用你的资产为你服务的最好范例。

其实，法律问题涉及企业经营的各个方面。拥有一支好的法律顾问队伍，对企业的创立及发展都是极其重要的。取得合法专利权的费用乍看起来比较昂贵，但是，如果将这笔费用与你因失去合法权力而可能造成的损失相比，或与为此事到法院诉讼所要花的诉讼费相比，这笔费用要少得多！此外，你还得花时间去打官司，你还要花费许多的精力！这可是用钱也买不回来的。

这一领域，也是特许经营权和网络销售可以发挥作用帮助你开创企业的地方。典型的案例是，你获得了特许经营权和网络销售权，他们会为你提供许多必要的协助，为你提供创建企业、发展企业所需要的各种法律文件。这不单为你节约了金钱，节省了时间，同时也省去了你许多的精力。这样，你就可以专心于企业的发展了。尽管如此，你仍然需要有自己的律师来帮你处理事务，他可以协助你避免在企业经营中可能会出现的一系列的法律问题。有了法律顾问你就可以有效地避免在以下经营活动中可能发生的问题：

公司法

- 企业实体的选择
- 购买、销售协议
- 经营许可证
- 规章执行
- 办公租约和收购合同

劳动法规

- 人力资源问题
- 雇佣合约
- 雇佣争议
- 美国职业安全和健康法案（OSHA）

- 员工薪金

客户权益保障法律

- 销售条款和条件
- 直接邮递
- 产品质量保障法
- 广告真实性的法规
- 环境法规

证券和债务文件

- 设备租用或购买
- 贷款文件
- 私募
- 首次公开发行

合　同

- 与供应商的合同
- 与批发商的合同
- 与雇员的合同
- 统一商品标识
- 担保书
- 司法合同

股东问题

- 公司内部规定
- 董事会权利
- 股票发行
- 兼并与收购
- 资产分派

知识产权

- 劳动雇佣合同

- 保密合约
- 版权
- 隐性作品
- 专利
- 商标
- 知识产权授权

第 36 章

产品管理

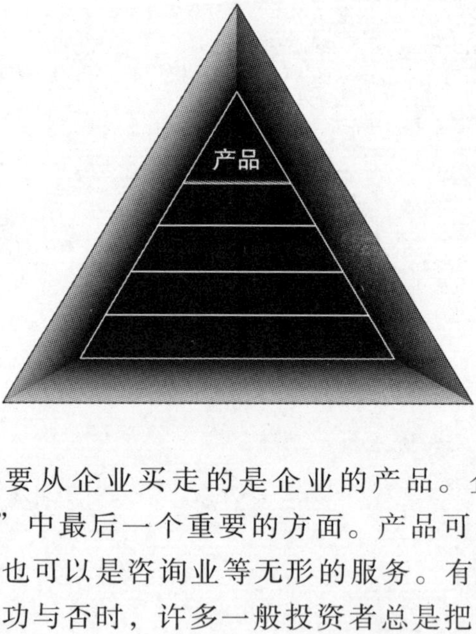

客户最终要从企业买走的是企业的产品。企业的产品是"B-I三角形"中最后一个重要的方面。产品可以是汉堡包等有形的物体，也可以是咨询业等无形的服务。有趣的是，在评价一个公司成功与否时，许多一般投资者总是把眼光盯在产品上，而忽略了公司的其他部分。与此相反的是，富爸爸却认为评价一个公司经营好坏，其产品是最不重要的一个部分。

很多人问过我对新产品的看法，我的答案是：世界上到处都有好的产品，人人都说他们的新创意和新产品比现有的好。E象限和S象限中的人认为胜人一筹的产品和服务是最重要的；

B象限和I象限的人却认为，一个新公司最重要的是产品或创意背后的管理机制，或者说“B－I三角形”的其他部分。我想要说的是，很多人能做出比麦当劳更好的汉堡包，可是能有几个人能够构建出一个比麦当劳更好的商业运作系统呢?

富爸爸的教导

1974年，我决定以“B－I三角形”的模式建立公司。富爸爸对我说：“用这个模式创建公司具有高风险。有许多人尝试过，但成功者寥寥无几。然而，一旦你真正学会了如何创建这样一个公司，你赚的钱就会源源不断。而那些不敢冒险，经不起挫折的人，一辈子也难以富有。”

我仍然记得在我创建稳固公司的过程中，成功的波峰和失败的波谷此起彼伏。一纸空文般的广告传单，晦涩难懂的产品简介，为筹集资金和减少开支而疲于奔命，为损失资金无法交代而愧疚窘迫……我记得这一切，我永远感谢那些理解我的投资者。他们对我讲我再有投资项目时，还可以再找他们来投资。这期间，每次失误既是一次宝贵的学习经历，又是一种构筑人格的体验。富爸爸讲，创业的风险是很高的，但只要我能坚持学习、不断努力，事业的回报也将是无限的。

在1974年，可以说“B－I三角形”中每个层面的管理都是我的弱项，我最不擅长现金流管理和沟通管理。现在虽然我仍不能说十分擅长三角形中的所有层面，但相比之下我可以骄傲地说我已经能够很好地把握现金流管理和沟通管理。我的公司之所以成功，是因为我在所有的层面之间建立起了一种协同关系。我想指出的是，虽然创业初始我没有实力，在现在发展阶段或仍实力不强，但我没有间断学习。我要鼓励那些想以这种三角形模式致富的人们行动起来，去实践，犯错误，改正错误，学习并不断地提高。

当我看到10%的美国人，掌握了美国90%的股票和73%

的财富时，我明白了他们的财富之源。许多人是以发明致富的，就像享利·福特和托马斯·爱迪生一样。在他们那个时代、在他们的年龄，他们的价值远远超过比尔·盖茨。以相同的道路致富的人还包括比尔·盖茨、迈克尔·戴尔、沃伦·巴菲特，鲁珀特·莫多克，阿妮塔·罗蒂克、理查德·布兰森等。他们激情昂然，建立起公司，与其他人分享梦想并共同分享回报。如果你愿意你也可以这样做。你完全可以接受富爸爸的理论，那就是“B－I三角形”的模式。

海伦·凯勒说过：“真正的幸福不是从自我满足中获得的，它源于对目标忠贞不渝的追求。”

正如影片《霹雳舞》中所唱的：“渲泄你的感情，让它奔腾不息。”

莎伦评注

产品位于“B－I三角形”的顶部，因为它是公司任务的最终体现，企业最终向顾客提供的就是产品。“B－I三角形”中除产品之外的其他部分，为公司的长久成功打下了基础。如果你对市场信息灵通，你的管理体制就会促进生产、销售并保证其他工作的顺利进行；如果你有一个好的现金管理制度，产品销售就会看好，销售额会直线上升。

“B－I三角形”与你的观念

富爸爸认为，利用“B－I三角形”模式能够很清晰地表达你的想法，这个图形启发人们去创造一种可以升值的资产。富爸爸引导我去搭建多个“B－I三角形”，这个过程中有过很多次失败，这是因为我不能将各个部分协调统一。当人们问我是什么因素导致我的某些失败时，我说是因为“B－I三角形”的一个或多个层面出了问题。但我从不像其他失败者那样垂头丧气。富爸爸鼓励我不断实践，不断构建三角形。当我第一次风险投资失败后，富爸爸鼓励我继续努力，不断学习如何搭建新的三角形。他说："你练习搭建"B－I三角形"的次数越多，你就越容易创造出更多的可升值资产。如果你勤奋努力，你挣的钱就会越来越多，并且也会越来越容易，一旦你擅长听取别人的建议，并能很好地根据这些建议建立"B－I三角形"模式，人们就会愿意给你投资。那时，你真的就不是用钱去挣钱了，而是用投资者的钱为他们同时也是为自己挣更多的钱。你将拥有能够增值的资产，而不是整日拼命地为挣钱去工作。"

"B－I三角形"和 90/10 原则并肩作战

一次，富爸爸为我讲解"B－I三角形"时，有一句话引起我的兴趣。他说："人人体内都有一个"B－I三角形"。"我问他那是什么意思，虽然他解释得十分详尽，但我仍然很久以后才明白了这句话的意义。如今，每当我发现一个人，一个家庭，一个公司，一个城市乃至一个国家，出现财政困难时，我就认为这种情况的出现是由于他们体内的"B－I三角形"的某部分与其他部分失去了协调。换言之，当"B－I三角形"中的一个或几个部分出现问题时，个人、家庭、国家的变化就发生了。因此，如果现在你、你的家庭或公司遇到财务困难，就分析一下"B－I三角形"，看看有哪些地方需要改变或改进。

解开"B－I三角形"之谜

富爸爸道出"B－I三角形"模式的另一奥妙，这也是学习掌握"B－I三角形"的一个原因。他说："你父亲认为努力工作就能赚钱，可是一旦你学会"B－I三角形"理论的决窍，你就会发现你工作越少，挣钱越多，你所干的事业也越值钱。"起先，我不大明白这句话，但多年的实践让我的思路豁然开朗。如今我遇到过很多人，他们努力工作，努力升职，或者努力靠信誉开创他们的事业，却总是感到生活窘迫，事业压力沉重。一般来讲，这些人都是E和S象限的人。对我而言，要致富就得学会建立“B-I三角形”系统，并使之协调一致，即使没有我，企业也要能正常运转。我第一次根据“B-I三角形”理论建立了一个企业并转手出售后我领悟到了富爸爸“工作得越少越能赚大钱”的意义。富爸爸说这样思考就是在“解“B-I三角形”之谜”。如果你是一个工作狂，或者正如富爸爸所描绘的那种：“终日劳碌却两手空空的人”，那我就建议你和那些终日忙于工作的人们坐下来，探讨一下如何能够不用去工作或者只做一些更为重要的工作就能赚到钱。E和S象限的人与B和I象限的差异在于：前者太忙了。富爸爸说过：“成功的秘诀在于‘偷懒’，你越忙于工作反而可能越穷。为什么那么多人不能跻身90/10的行列呢？就在于当他们本应该寻求事半功倍的办法时，他们却忙得顾不上思考了。如果你想成为以资产创造财富的人，就必须找到少工作却能赚大钱的方法。”正如富爸爸所言：“成功的秘诀在于‘偷懒’。”他就是这样成功的，他创建了许多可以购买其他资产的资产，如果他像我亲生父亲那样整日劳碌于眼前的琐事，是不可能成功的。”

总结“B-I三角形”

“B-I三角形”代表拥有多个分系统的一个强大的系统，这个系统由一个人领导下的团队所支持。团队中的每个人都是为共同目的而努力工作。如果团队中的某个人员能力较差或出了问题，就会影响到整个公司的大局。我想着重指出以下三点作为对“B-I三角形”的总结：

1. 金钱总是和管理相伴而生。如果三角形中五个环节之一出了问题，整个公司就会出问题。如果你个人财务出现困难或现金流不足，你可以通过分析每一个环节找出问题所在。一旦你找出问题，你就得想办法解决这个问题，或者雇一个人帮你解决这个问题。

2. 有些最好的投资对象往往是你不愿意投资的那些企业。如果一个公司的“B－I 三角形”中的五个层面都很差，又不能管理整顿，你最好别去投资。很多次当我考虑是否投资时，我会同管理那个企业的团队讨论该企业“B－I 三角形”的五个层面，但我们之间总是有分歧而没有探讨的余地。当企业所有者或者工作团体在五个环节中的任意一个环节上出问题时，他们会极力为自己辩护，而不会接受对自己工作的置疑。如果他们一再辩护而不是积极地找出缺点，改正错误，我往往就会取消这个投资项目。不要再那么费时劳神地去考虑那些费力不讨好的投资项目，世上还有太多太多非常好的项目等待你去投资。
3. 在个人电脑和互联网时代，“B－I 三角形”理念随处可见。言谈中，我曾提到过获得巨额财富从没有现在这么容易过，因为在工业时代，建一个汽车工厂需要上百万美元。而现在，只要一台千元二手电脑、一点智能、一部电话和一些“B－I 三角形”的理念，你就可以闯天下了。

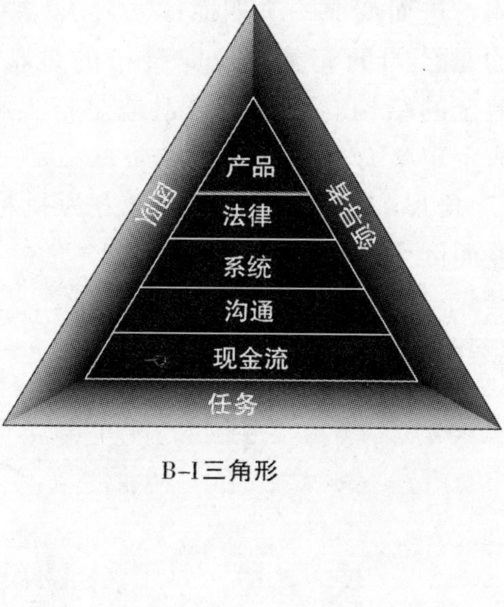

B–I 三角形

如果你还想依靠个人的力量创建企业，那么你成功的机会就不大了。最近，一个青年告诉我，他把自己的小型互联网公司，以2800万美金卖给了一个大型电脑软件公司。他对我说："我28岁时就挣了2800万美金，可以想像我48岁时会有多少钱呢？"

莎伦评注

要是你想成为一个在经营和投资上成功的企业家，"B－I三角形"的各个层面就要互相依赖，这样，你的公司才会兴旺发达。如果你仅是一个部门人员，就没必要成为"B－I三角形"五个层面的专家，只要有敏锐的目光、坚定的使命感和铁打的意志就足够了。

从"B－I三角形"到公司四面体结构

当特定的使命、果断的领导、团结而高素质的合作队伍有机地结合在一起时，"B－I三角形"就会由一个平面变为一个立体三维的锥体，进而变成一个四面体。

最后指出的是公司的完整性。完整指的是整体的统一性、完善的条件和健全的结构。完整更普遍地是指人格上的诚实或忠诚。虽然这两个定义有所不同，但本质意义是一致的。

靠"B－I三角形"原则、以共同努力为目标来构建的公司，无疑是完整而健全的。

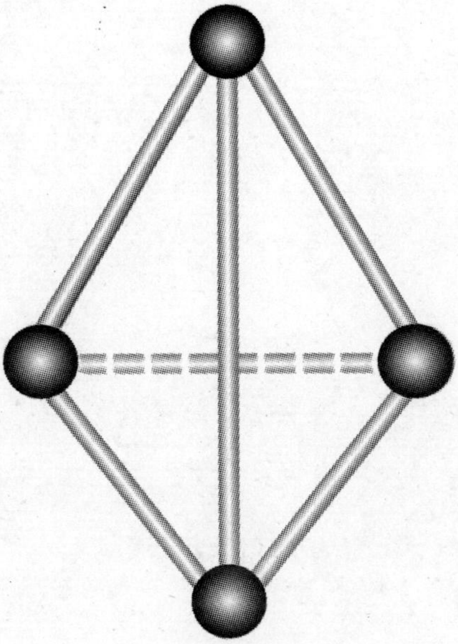

你的公司

第四阶段

谁是智谋型投资者

第37章 智谋型投资者的独到见解

“你已经理解了“B－I三角形”概念，好了，那么现在来考虑一下，你有没有兴趣创建一个自己的公司？”富爸爸问我。

“当然有兴趣，虽然要记住那些具体内容有点吓人。”我回答。

“这就对了，罗伯特。要知道一旦你创建出一个成功的公司，你就可以运用这个经验驾轻就熟地建立起更多的公司；同时，当你打算投资给其他的公司时，你也能够利用这些经验，仅仅依据那些公司的某些表面状况就可以分析推断出它们的内部情形，从而最终判断出是否应该向它们投资。”

“这简直不可思议，可我还是不知道该从哪里着手。”我回答。

“也许这是因为你想一下子就建立起一个大公司。”富爸爸接着说。

“我当然这样想，因为这样会使我发大财。”我兴奋地说。

“但是千万不要忘记，要想从“B－I三角形”理念中学会这些必备的技巧，你就得从小公司一步步做起。小到经营一个热狗贩卖车或出租一栋小型房屋，你都可以从中去体会和应用“B－I三角形”理念。你会发现“B－I三角形”理念的每个部分都能为哪怕是最小的企业服务。在这个过程中你或许会犯一些错误，但只要从中汲取教训，你的公司会越开越大。并且在这个过程中，你最终将逐渐成为一名投资高手。”

“你是说我会在学习创建公司的过程中逐渐成为投资高手，是这样的吗？”我问道。

“是的，孩子，如果在创业的路上，你能不断汲取教训并创建出一个成功的公司，你就能成为一个投资高手，”富爸爸一边说，一边掏出他的便条本，“开始的100万美金是最难赚的，只要赚到这关键的100万，接下来的一千万就不在话下。现在让我们来探讨一下是什么能够使一名成功的企业家和投资者成为投资高手。”

谁是投资高手

“投资高手是那些懂得十大投资控制原则的投资者。这些投资者懂得象限右侧‘让钱为你工作’的好处，并受用其中。让我们浏览一下每条投资原则，这样你能更好地领悟投资高手的独到见解。”富爸爸说。

投资者十大控制原则

1. 自我控制
2. 控制两个比率，即收入/支出比率及资产/负债比率
3. 投资管理控制
4. 控制税款
5. 控制购买和售出的时机
6. 控制经纪业务
7. 控制E－T－C（实体、时机和收入特征）
8. 控制协议的期限和条件
9. 信息渠道控制
10. 控制财富回馈、慈善事业和财富再分配

“有一点必须明确，投资高手可以不是内部投资者或终极

投资者；他们只要了解每一条控制原则的好处就行了。”富爸爸接着说，“投资者驾驭以上原则的能力越强，他们投资的风险就会越小。”

投资控制原则 1：

自我控制

“一个投资者最重要的是自我控制。”自我控制能力决定投资者的投资能否成功，所以，本书第一部分着重突出自我控制的意义。富爸爸总是说：“投资本身并无风险，而是投资者自身带有风险！”

学校造就出许多雇员。因为学校教学和考试中仅有一个正确答案，如果学生犯错误是相当可怕的。我们在学校中没有学到足够的理财知识，所以要改变理财观念，需要大量的努力和时间。

投资高手们知道，正确答案不止一个。最好的学习方式就是不断地从犯过的错误中汲取经验和教训。理财知识是成功的必备条件。投资高手们很清楚自己的财务报表，他们深知自己的每个决定最终会怎样影响自己的财务报表上的数字。

为了致富，你必须学会富人的思考方式。

投资控制原则 2：

控制两个比率，即收入/支出比率及资产/负债比率

理财知识能够保证这个控制原则的实现。富爸爸告诉过我穷人、中产阶级、富人的三种不同的现金流模式。早在少年时期，我就决定选择富人的现金流模式。

穷人的现金流模式：

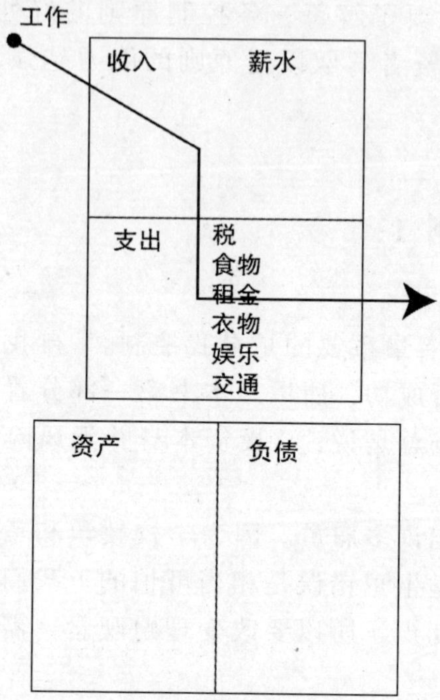

穷人花光了他们所拥有的每一个便士——最终他们既无资产，也无债务。

中产阶级的现金流模式：

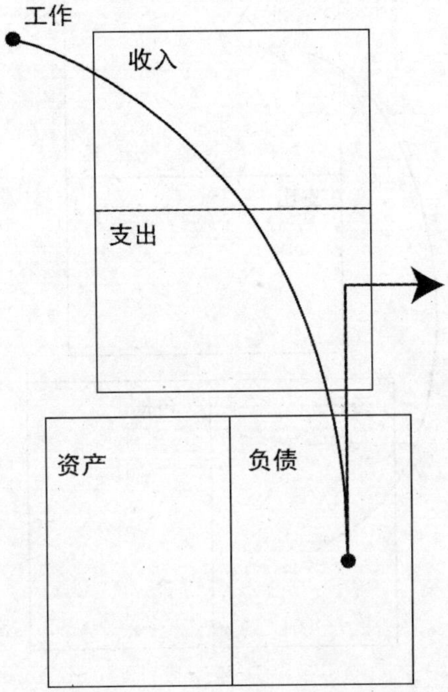

中产阶级事业日渐成功，与此同时他们也积累了更多的债务。薪水的增加使他们有资格从银行贷款，购买诸如名车、度假别墅、游艇和野营房车等等物品。他们不断得到工资，并不断地将其用于眼下开支或用于偿还个人信贷债务以及建立更多的信贷债务。

收入增多，个人债务也随之增多，这就是我们所说的“老鼠赛跑”。

富人的现金流模式：

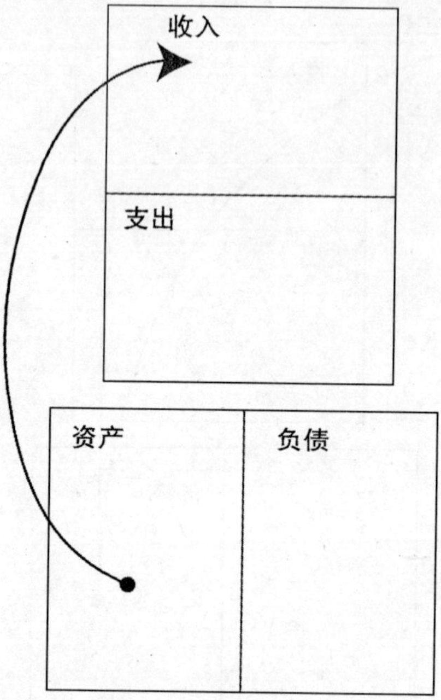

富人让资产为他们工作。他们懂得控制支出，致力于获得或积累资产。他们的业务抵销了支出，因此他们几乎没有什么私人债务。

你也许有另一种现金流模式，这种模式是以上三种类型的混合体。你的财务报表说明了什么？你控制了你的支出吗？

购买资产而不是负债

智谋型投资者购置那些能将钱装进他们口袋的资产，一切就这么简单。

变私人支出为公司支出

智谋型投资者明白，因开展业务而支付的必要花费应该从收入中扣除。他们研究各项开支后得出结论，只要时机允许，就将需要纳税的个人支出，用于无需上税的公司业务支出。但是要记住，不是每笔支出都可以抵扣的。

再回过头来和你的财务专家、税务顾问好好想想，怎样做能让业务中免税的情况达到最大限度。个人支出变为业务合理支出的例子有很多，比如：

个人支出	业务支出	理　由
电　脑	公司设备	用于业务
电　话	公司设备	用于联系客户
在外就餐	工作餐	注明何种商业目的、与谁一起就餐
医药费	员工医药费报销	采用医疗报销计划
学　费	教育培训费	业务需要的资格、证书教育
家庭开销	在家办公费用	遵循的原则：记录所有的家庭支出按照家中用于办公的面积与家庭总面积的比例进行计算

以上只是几个业务支出的例子，说明了企业主的一些个人支出是可以转化为业务支出的，而雇员的个人支出通常是要纳税的。你必须恰当地将支出列为商业支出并用于合理的商业目的。如果你拥有一个公司，你能想像将个人日常支出变为免税的公司业务支出将给你带来什么样的益处吗？

投资控制原则 3：

投资管理控制

内部投资者具有调控投资管理的能力，他们对投资显示出极大的兴趣，凭借对投资的兴趣，他们能控制管理决策。作为企业主，哪里是他们的兴趣所在，他们就在哪里思考并做出决策。

运用“B－I 三角形”，通过创建成功的公司，掌握其中的技巧，这种能力对投资者尤为重要。

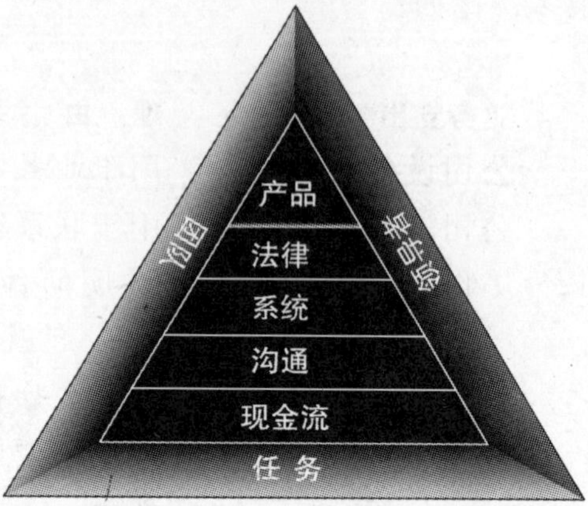

一旦投资者掌握了这种控制能力，他就能更好地观察和分析其他潜在投资管理的有效性。如果其管理能力很强而且被证明是成功的，那么投资时，投资者就会感到更加得心应手。

投资控制原则 4:

控制税款

智谋型投资者早已熟知税法，要么是从正规学习中得来的，要么是从税务顾问那里请教来的。现金流象限右侧明确显示出了它具有合法避税这一优势。智谋型投资者们精打细算，一有时机，就可以用这些办法最大限度地减免税或延迟交税期。

在美国，象限右侧的人享受着许多的税收减免优惠待遇，而象限左侧的人却只能望洋兴叹。以下是三点具体优惠政策：

1. 政府不向被动收入和证券组合收入（现金流象限右侧的收入）征收“社会保险”税（在美国社会保险税目包括医疗税、失业税、残疾人收入等名目），但个人工资收入（现金流象限左侧的收入）则必须纳税。
2. 法律有规定，不动产所有者及公司所有者可享受分期或无限期纳税的待遇（如：由公司法人资助的分红计划）。
3. 公司可以用税前收入抵销一部分支出，而雇员的个人支出必须建立在纳税之后。具体案例可参见投资控制原则2。

投资高手对每个国家、地区和省市的不同税法了如指掌，哪里对他们的业务发展最有利，他们就把投资转向哪里。

正因为意识到 E 和 S 象限的人要支出大笔的税款，投资高手会尽可能减少个人收入，以此达到少上税的目的；同时，他们不断加大投资的力度。投资控制原则 7 中将有案例进一步说明这一点。

投资控制原则5：

控制购买和销售的时机

无论市场行情是涨还是跌，投资高手都懂得如何赚钱。

在创建公司的过程中，投资高手具有极强的耐心。有时候，耐心等待时机能带来一种“迟来的但却巨大的愉悦”。投资高手心里明白，真正的盈利是在投资之后，公司开始赚钱或能拿去公开上市之时。

投资控制原则6：

控制经纪业务

作为内部投资者，投资高手能直接决定如何卖掉股份或扩大投资规模。

作为向其他公司投资的对外投资者，投资高手对投出的资金深思熟虑，并指示经纪人买进或卖出。

现在许多投资者过分依赖他们的经纪人，买进或卖出股份时，全由经纪人决定。这样的投资者不是高明的投资者。

投资控制原则7：

控制E－T－C

“在诸多的投资控制原则中，重要性仅次于自控力的，便是对E－T－C的把握和控制。”这是富爸爸常挂在嘴边的话。选择给你创收的公司实体，瞄准给你带来收入的商业时机，认识收入的性质，要做到这一切，你必须熟悉公司法、社会保障法和税法。

富爸爸很明白，选择恰当的公司实体、抓住合适的商业契机，将尽可能多的个人工资收入变为被动收入或投资收入，就能从中受益。与此同时，富爸爸精通阅读和分析财务报表的能力使他的金融王国迅速地建立起来。

为了详细地解释掌握 E－T－C 的好处，我们接下来看看詹姆斯和凯茜是如何做的。

第一种情况：

詹姆斯和凯茜拥有一个不用自己打理的餐厅。

餐厅是独资经营的。

夫妻俩有两个孩子。

餐馆为他们带来的净收入是 6 万美元。

夫妻俩制作了一张财务报表。

詹姆斯和凯茜的财务报表

收入		
净营业收入 (扣除 $ 120,000 的餐馆分期付款和折旧费)	$ 60,000	
支出		
社会保险税	$ 9,200	
所得税	$ 5,000	
税金总额		$ 14,200
家房屋分期付款	$ 10,200	
生活支出：		
设施	$ 3,000	
汽车	$ 3,000	
食品	$ 12,000	
健康保险	$ 8,000	
法律 & 财务咨询费	$ 2,000	
教育	$ 1,000	
慈善	$ 1,000	
生活支出总额		$ 40,200
净现金流		$ 5,600

资产	**负债**
餐馆建筑	家庭住房分期付款
饭店内部设施	餐馆分期付款

第二种情况：

詹姆斯和凯茜向财务专家和税务顾问进行咨询，重新建立业务结构，以最大限度地增加现金流并减少税款金额。

詹姆斯和凯茜拥有两个企业；一个人拥有餐厅，另一个拥有餐厅不动产权。

詹姆斯是两个企业的总经理。

詹姆斯和凯茜有两个孩子。

詹姆斯和凯茜制作了三张与他们的财务状况息息相关的财务报表。

詹姆斯和凯茜是如何从财务专家、税务顾问处受益的？

答案是靠双重企业结构：

1. 詹姆斯和凯茜能将个人支出变为合理的业务支出（健康保险、法律、财务咨询费、教育支出、家庭办公开支和汽车因公使用费）。
2. 他们能在税款支出上节约 7885 美金。
3. 他们可以将 1.2 万美金划为养老基金。
4. 即使他们没有了个人收入，第二点和第三点还是切实可行的。
5. 他们保护了个人资产。采取的保护方式是：将他们的企业分成两个部分，一部分为詹姆斯独有，另一部分为凯茜独有。

再看一下他们是如何获得成功的：

詹姆斯和凯茜的财务报表

收入		
总经理工资		
餐馆	$20,000	
房地产公司	$10,000	
办公室费报销	$1,000	
汽车费报销	$1,000	
收入总额		$32,000
支出		
社会保险税	$2,300	
所得税	$1,500	
税金总额		$3,800*
家房屋分期付款	$10,200	
生活支出：		
设施	$3,000	
汽车	$3,000	
食品	$12,000	
生活支出总额		$28,200
净现金流		$ 0

资产	**负债**
餐馆公司 房地产公司	家庭房屋分期付款

* 税款总计 = $6,315

餐馆的财务报表

收入	
提供餐饮服务	$180,000
支出	
总经理工资	$20,000
社会餐馆税	$1,500*
房屋支出	$155,000
报销	$1,000
法律顾问费	$1,000
所得税	$225*
净收入	$1,275

资产	**负债**

* 税款总计 = $6,315

房地产公司的财务报表

收入	
房租收入	$155,000
支出	
总经理工资	$10,000
社会餐馆税	$750*
分期付款 + 折旧	$120,000
报销	$1,000
法律顾问费	$1,000
退休计划	$12,000
健康保健计划	$8,000
教育费	$1,000
慈善支出	$1,000
所得税	$40*
净收入	$210

资产	**负债**
房屋设施	房屋抵押贷款

现在，我们比较一下第一、二种情况：

	情况 1 独资经营	情况 2 个人＋ 两家公司	差额
税款	（$ 14,200）	（$ 6,315）	$ 7,885
收入：			
养老金	0	$ 12,000	
利润			
个人	$ 5,600	$ 0	
餐厅业务		$ 1,275	
不动产业务		$ 210	
现金流总额	$ 5,600	$ 13,485	$ 7,885

詹姆斯和凯茜的财务计划最终显示：他们将 7885 美金的税款变成了个人财富。而更重要的是，通过将业务一分为二的方式，他们保护了个人资产。由于拥有两个依法建立的企业，那么即使一个企业关门倒闭了，他们还是能保住另一份个人资产。例如：一位光顾餐馆的顾客在餐馆里病倒了，他可能会向法院控告餐厅老板，不利于餐厅的法律裁决会有可能导致一个结果：巨额赔偿。餐厅倒闭了，但另一个不动产企业，也就是实际上属于詹姆斯和凯茜的另一份个人资产，最终却保住了。

詹姆斯和凯茜的例子简明而生动地说明了把握 E－T－C 的好处。最重要的是，在构思你的财务计划前，要首先向法律专家和税务顾问请教。为了确保你的业务符合法律规定，你必须对一些复杂的事情深思熟虑、慎之又慎。

上边那些数字让人眼花缭乱，因此我还想加入一个简单的表格进行说明，这个表格是富爸爸讲解他的餐厅和不动产业务时，画给我看的。通常我借助表格会理解得更好一些，希望它对你也有所帮助。

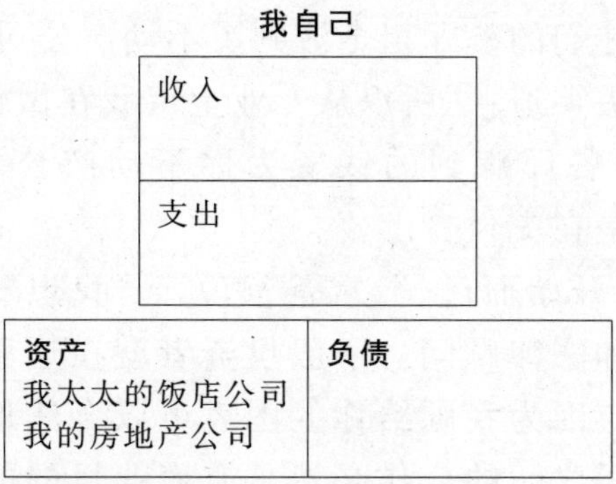

控制管理，多多益善

富爸爸说:“有朝一日,你能够对财务报表自然而然地思考分析时,你就能经营多个企业了,而且可以对其他投资项目做出评估。最重要的是,一旦你能够对财务报表进行分析了,你就能在金融王国、金钱世界中游刃有余，赚到一般人无法赚到的钱。”

接着，他画了下面这张图：

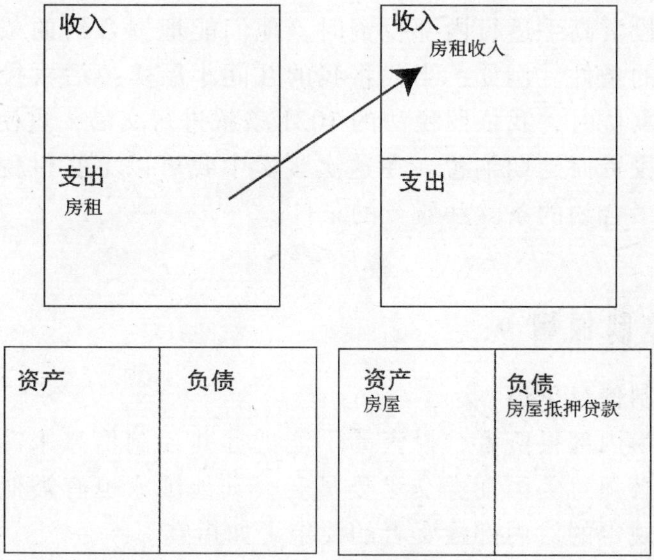

我看着这张图说："你们的支出实际上流到自己的口袋里。在此情况下，你们的餐厅租金流到了不动产公司。"

富爸爸点头笑道："所以从专业上讲我在做什么呢？"

"你是在把餐厅赚到的钱变为你不动产公司的被动收入。换句话说，你是在支付自己。"

"这仅仅是开始而已，"富爸爸说，"我想警告你，你需要顶尖的会计师和法律顾问。一般投资者就在这里卡了壳。他们陷入困惑之中，因为我画给你的图表可以合法地实施，也可能是非法的。公司之间的合作必然是有商业目的的，当你在多个公司中拥有股份时，必须仔细考虑拥有企业的恰当方式。用合法的赚钱方式致富实际上很容易，因此，要雇佣最好的顾问，从他们那里，你将知道富人是怎样依靠法律，变得更加富有的。"

投资控制原则 8：

控制协议的期限和条件

当投资高手进行内部投资时，他们能把握合约的条款和履行合约的条件。例如：当我将我的几间小屋卖掉后再投资一栋小型公寓楼时，我依照税法的 1031 条款进行交易，这使我可以通过再投资而延期纳税。在这次买卖中我可以不必付税，因为我控制了合约的条款和履行的条件。

投资控制原则 9：

控制信息渠道

作为内部投资者，投资高手能把握并控制信息来源。首先投资者必须对美国证券交易委员会（其他国家也有类似的监控组织）规定的对内部投资者的要求了如指掌。

投资控制原则 10：

控制财富回馈、慈善事业及财富再分配

投资高手意识到，在财富问题上要履行社会责任，就要让钱回到社会去。捐赠慈善事业是一个好办法。在资本主义社会中，财富的再分配还可以通过提供就业机会和扩大经济规模来实现。

第38章
投资分析

富爸爸说："数字会告诉我们事实真相，如果你能学着看懂财务报表，你就会知道任何一家公司或一项投资将会发生什么事情。"

富爸爸教给我他是如何用财务比率去经营他的业务的。无论是投资一家公司的股票还是购买不动产，我总是要分析财务报表。通过分析财务报表和计算财务比率，我可以判断出企业怎样盈利或企业怎样平衡其收支。

对于不动产投资，我可以根据我应该支付的定金估算出现金回报率。

但追根究底还是要回到财务知识上。这章将介绍每位智谋型投资者在为财务计划选择投资项目时的一些重要的思维过程：

·企业的财务比率

·不动产的财务比率

·自然资源

·是好的负债还是坏的负债？

·储蓄不是投资

企业的财务比率

毛利率 =（销售总额 - 已销售商品成本）/销售总额

毛利率是毛利除以销售总额，即除去已销售商品成本外的利润比值。销售总额减去已销售商品的成本就是毛利。我记得富爸爸说："没有毛收入，就没有纯收入。"

毛利率应该达到多少，取决于企业的组织状况和它所支付的其他开销。计算出毛利率之后，富爸爸的便利店还必须支付房租、雇员的工资、设施费用、赋税和获得政府许可证的费用、一些商品的损失费和一长串的其他费用，再加上足以保证富爸爸的原始投资获得好的回报的部分。

对于利用互联网进行电子商务的网络公司来说，这些额外费用通常比较低，所以他们能够以较低的毛利率经营并盈利。

实际上毛利率越高越好。

$$净经营利润率 = \frac{息税前利润}{销售总额}$$

净经营利润率是指在纳税和发生各项费用之前的净经营赢利率。EBIT 是指息税前利润（Earnings Before Interest and Taxes），即销售总额减去企业所有目前花费，但不包括资本成本（利息、税、股息）。

EBIT 与销售总额的比称作净经营总利润率，净经营利润率高的企业的实力比净经营利润率低的企业的实力明显要强得多。净经营利润率越高越好。

$$营业杠杆 = \frac{实际贡献}{固定成本}$$

实际贡献是指毛利（销售额减去已售商品成本）减去变动成本（随销售额变动而变动的成本），固定成本包括不随销售额变动而变动的销售成本、一般成本和管理费用。例如，与固定雇员有关的劳动力成本以及与设备有关的大多数成本，都被认为是固定成本。

若一个企业的营业杠杆值为1，就表明企业仅获得支付这些固定经费的收入，同时也表明企业没有盈利。

营业杠杆值越高越好。

$$财务杠杆=\frac{投入的资本总额（债务和股本）}{股东的股本}$$

投入的资本总额就是所有股东权益与生息债务的账面价值(除去应付转卖货物账款及应付未付的工资、费用和税款）之和。所以如果你有5万美元债务和5万美元业主股票，那么财务杠杆值就是2。(即10万除以5万)

总杠杆=营业杠杆×财务杠杆

一个正在运行的公司的风险值就是营业杠杆与财务杠杆的乘积。总杠杆值显示出企业已知的变化将会给业主（股东）带来什么样的影响。如果你是企业主，而且是内行，那你至少应对公司的总杠杆有所了解。

如果你正在观察股市，总杠杆会帮助你决定你是否应投资。美国公司之所以经营良好，管理严谨，公开交易，是因为他们能保持总杠杆值在5以下。

$$负债股权比率=\frac{负债总额}{股东权益总额}$$

负债股权比率是用来衡量公司外部融资额（债务）与内部融资额（股权）间的比例。绝大部分企业都尽量保持该比率在1∶1或1∶1以下。总的来说，负债股权比率越低，公司财务结构越稳定。

$$速动比率=\frac{速动资产}{流动负债}$$

$$流动比率=\frac{流动资产}{流动负债}$$

速动比率与流动比率的意义，在于它们能显示出公司是否有足够的清偿资产来支付其来年的债务。如果一个公司没有足够的流动资产来支付流动负债，那么这通常就是企业将面临困境的一个信号。另一方面，流动比率与速动比率的值为2∶1是再合适不过了。

$$每股收益=\frac{净收入}{股票平均股数}$$

通常认为每股收益是最重要的比值。有了它你就能把公司的股权投资收益和其他项目投资收益作对比了。

这些比率揭示了什么?

富爸爸教我必须考虑至少三年的数据。我们通过边际利润、边际贡献、杠杆比例和股份利润的发展方向和趋势，可以了解许多有关公司及其管理甚至其竞争对手的情况。

很多公司公布了的财务报告不包括这些比率和指标。一个智谋型的投资者就要学会计算这些比率（或雇用懂得这方面知识的人)。

智谋型投资者精通比率术语，并能用它们估算投资，但这些数据不能孤立使用，某种意义上说它们是公司运行状态的指示灯。但使用时还须与对整个公司和行业的分析联系起来考虑。通过对比公司至少三年的数据和同一行业的其他公司的比率，你能够很快得知公司的相关实力。

如果一个公司最近三年的比率都很理想，并且盈利颇丰，那么可以说它是一个健全的公司。但如果你审视行业状况，发现公司主要产品已处在落后状态，取而代之的是竞争对手的新产品。此时，考虑到在股权上的潜在损失，投资于这个虽拥有很好运行机制和历史记录的公司也不会是一个很明智的投资选择。

虽然这些比率初看起来很复杂，但你会吃惊地发现你能够很快学会利用它们去分析一家公司。

不动产投资：不动产财务比率

关于不动产，富爸爸有两个问题：

1. 这些资产带来正的现金流了吗?

2. 如果产生了,你做了投资分析吗?

富爸爸认为最重要的不动产财务比率是现金回报率:

$$现金回报率=\frac{正净现金流}{保证金支出}$$

假设你买了一栋价值 50 万美元的房子,你首付定金为 10 万美元并获得 40 万美元的抵押贷款。付清所有开销和偿还贷款后,你每月还有 2 千美元的现金流。那么你的现金回报率就是 24%,即 2.4 万美元(2000×12 个月)除以 10 万美元。

在购房之前,你必须决定你应采取什么方法购买它。你是通过股份有限公司或有限责任公司购买呢,还是通过有限合伙企业购买?咨询你的法律专家和税务顾问,以确信你所选择的实体能够给你提供最大的法律保障和税收优惠。

投资分析

我认为,投资分析是理财知识中最重要的词汇,智谋型投资者正是通过投资分析这个过程看出事物的另一方面的。当人们问我是怎样找到好的投资项目时,我只简单地回答说:“我是通过投资分析这个过程找到的。”富爸爸说:“你越早以投资分析进行项目投资,无论投资项目是一桩生意,还是不动产、股票、共同基金亦或是债券,你都能越快找到最安全且具备最大可能性获得现金流和资金回报的项目。”

《财务知识:智谋型投资者怎样发现一般投资者忽略的投资项目》(Financial Literary: How Sophisticated Investors Find the Investments That Average Investors Miss)是一套学习用录音带,它教给你一些较为精密的投资分析方法,能使你很快地估算投资。有关这套录音带和配套手册的情况,请点击我们的网址:www.richdad.com。在这套录音带中,你不仅可以听到智谋型投资者传授投资奥秘,而且还可以学会如何运用这些投资分析方法。这些很少公开的投资分析秘诀，不仅能帮助你成为一个智谋型投资者，而且还能为你节约投资分析时间，帮你找到你所要寻找的高利润的投资项目。

例如：即使你已确认不动产会给你带来正的现金流，你仍需要进行投资分析。

富爸爸有一张常用来分析投资的清单，我自己也有一张由辛迪·肖甫夫创制的投资分析清单。这张清单非常全面，甚至包括了 30 年前不存在的条款（如：环境审计）。这里我给大家罗列了辛迪·肖甫夫的清单作为参考。

要是我对我的投资项目有疑问，我一般都要咨询专家，并让我的律师和会计师重新审查这个项目。

投资分析清单

____1. 按时间付费的临时雇佣值勤人员名单

____2. 已有证券清单

____3. 抵押贷款付款资料

____4. 个人财产清单

____5. 抵押贷款保险计划

____6. 保险政策与保险代理人

____7. 维修合同和服务合同

____8. 住户资料：租契、分类账簿、申请表、烟雾探测器规格

____9. 买主和物业公司名单，包括账号

____10. 建筑物结构示意图

____11. 工程概况和文件

____12. 佣金协议

____13. 租金和合同一览表

____14. 土地使用权协议书

____15. 进展计划，包括计划表、规格和规划建筑、结构、机械、电力、土木工程的图纸

____16. 政府特许经营证和不动产发展区域限制

____17. 管理条约

____18. 税单和财产税报表

____19. 物业账单

____20. 与财产有关的现金收入和其他收支明细账

____21. 过去5年内与财产有关的现金收入和其他收支明细账

____22. 两年内的财产（以提交申请日期为准）收入与支出报表

____23. 财务报表和与财产有关的联邦与州政府的纳税申报表

____24. 全面检查记录和购房者满意程度

____25. 卖方掌握的对维护所有权、维持不动产经营有益的所有事项记录和文件

____26. 市场概况和地区调查

____27. 施工预算和实际开销

____28. 住户简介与概况

____29. 工作通知单

____30. 反映两年内财产营运状况的银行报表

____31. 房屋居住证书

____32. 产权说明书

____33. 有效担保和抵押清单

____34. 每项投资的第一阶段环境审计（若存在的话）

自然资源

智谋型投资者把地层中的自然资源（如石油、天然气、煤、稀有金属等）作为他们投资内容组合的一部分。

富爸爸坚信黄金的价值。黄金作为一种自然资源，储存量是有限的。正如富爸爸说的那样，几个世纪以来，人们都非常珍视黄金。富爸爸还认为黄金可给你赢得其他更多财富。要想

了解更多的关于富爸爸黄金投资的经验，请访问我们的网址：www.richdadgold.com。

好债还是坏债?

智谋型投资者可以识别好的借款、费用和负债。我记得富爸爸问我："如果每间出租房你都要赔 100 美元的话，你能拥有多少间这样的可供出租房屋?"我当然回答："没多少间。"富爸爸又问："如果每间出租房你能挣 100 美元，那么你总共能拥有多少间呢?"我又答道："我要尽我所能去拥有更多这样的房屋。"

分析一下你自己的费用、负债和借款吧！每项单独的费用、负债和借款都产生了与其相对应的收入和资产了吗?如果是，还要衡量从收入和资产中产生的现金流入是不是比从费用、负债、借款中产生的现金流出要多呢?

例如，我的朋友吉姆获得 60 万美元的房屋抵押贷款，为此他每月要付 5500 美元抵押贷款和利息。但他每月可从住户那得到 8 千美元的租金收入。这样，除去所有的开支，他每月从那套房子中可以得到正净现金流 1500 美元。我认为吉姆的抵押贷款是一个很好的债务。

储蓄不是投资

智谋型投资者知道储蓄与投资的区别。让我们来看看我的两个朋友约翰和特里的例子吧！他们都认为自己是智谋型投资者。

约翰是一位专业人士且报酬优厚，他忙于最大限度地投资于他的 401（K）退休金计划。约翰 42 岁，已投资 401（K）退休计划 11 年，累计金额有 25 万美金。直到他退休时，才能获得回报和现金流，但他又要对他的固定收入付全额税。

约翰的明细表：所得工资 10 万美元
税——最低 25%的税率
投资——401（K）退休金计划
最高 15%，即每年做 1.5 万美元
退休金计划——每年收入为总额的 8%
从投资中得到的当前现金流为零

特里与约翰年龄相仿，且有几乎同样的高收入。她已从事一系列的不动产业务 11 年，且只花了 25 万美元的定金就得到了 100 万美元的资产。特里一直有 10%的现金回报收入，并预计财产以每年 4%的比率稳定增长。特里打算退休后把 1031 交易用于另一业务，从而使股票和现金流带来更大利益。特里从未投资过 401（K）退休金计划，她的财产收入税是即付的。

特里的明细表：所得工资收入 10 万美元
税——最低 25%的税率
投资——不动产 100 万美元的 25%，即 25 万美元的定金
资产——现金回报为 10%
每年 4%的资产增值。
当前现金流——从不动产投资中每年可得 2.5 万美元

下面的表格显示了约翰和特里资产积累的情况：即税后用于开支的现金流和每年税后的退休金现金流。我要感谢我的税务顾问注册会计师迪安·肯尼迪准备了这份分析表，让我们共享它吧！

	起初		1～19 年		20 年间		退休后
	资　产	现金流	投　资	现金流	资　产	现金流	每年净现金流
约翰	$ 250,000	$ 63,750	$ 15,000	$ 63,750	$ 1,968,000	$ 63,750	$ 118,100
特里	$ 250,000	$ 73,560	0	$ 73,560	$ 2,223000	$ 73,560	$ 342,700

正如你所看到的，特里的家庭在这 20 年里每年都可以比约翰家庭多支出 1 万美元，然而，他俩的工龄都是 31 年，他俩都是 62 岁退休。

约翰一退休就开始从他的公积退休金计划 401（K）中提取 8%的比例，得到年收入 118,110 美元（纳税前有 157,400 美元）。他打算不动他的本金。经过整整 31 年，每年付 1.5 万美元给退休金计划，他获得最终成功：现收入是他工作时收入的 150%。

虽然特里只为不动产付定金 25 万美元，但她每年可得到总资产 100 万美元的 4%的增值。在这 20 年里，特里用租金收入偿还了 75 万美元的抵押贷款。所以当特里退休后，她就能够把价值 100 万美元的全数产权滚入更大的不动产投资中（经计算价值 8,892,000 美元），这个新的不动产会给特里产生342,700 美元的现金流。

约翰退休后过得很舒适，但特里的生活更富足。

假设，由于某种原因，约翰退休后需要更多的收入，他就不得不开始动用退休计划本金。而特里只需投资另一笔免税不动产业务，就可由房客偿付抵押款本金，从而得到更高的收入。

约翰给孩子们树立的榜样是：上学、得高分、找到好工作、努力工作、定期“投资”退休金计划、最后退休，过舒适生活。

而特里的榜样是：学会从小投资开始，关注自己的业务，使钱努力为你工作，最后过富裕的生活。

不难看出投资房屋能比在 401（K）退休金计划中存钱产生更大的现金流和收入。我把特里归为投资者类，而约翰则是个优秀的储蓄者。

智谋型投资者懂得投资与储蓄的区别，并能把二者作为他们（她们）财务计划的一部分。

第 39 章

终极投资者

这里有个问题，像比尔·盖茨这样的人是怎样在他三十多岁时就成为全球商业巨子的呢？沃伦·巴菲特是怎样成为全美最富有的投资者的？两人都出生于中产阶级家庭，他们的父母并没有给他们通向家庭金库的钥匙，都没有巨大的家庭财富作后盾，但他们在短短几年内却迅速跃上了财富的顶峰。这是怎么回事呢？因为他们做了很多超级巨富们过去在做的和将来还会做的事。他们通过创造百亿计的资产成为了终极投资者。

1999 年 9 月 27 日，《财富》杂志刊登了一篇题为《年轻和富有——40 位 40 岁以下全美最富有的人》的封面人物文章。以下是一些年轻而富有的百万富翁的名单：

排名	姓名	年龄	财产	行业
1	迈克尔·戴尔	34	215 亿	戴尔计算机
2	杰夫·贝佐斯	35	57 亿	亚马逊网站
3	特德·韦特	36	54 亿	Gateway 计算机
4	皮埃尔·欧米迪尔	32	37 亿	eBay
5	大卫·菲洛	33	31 亿	雅虎
6	杨致远	30	30 亿	雅虎
7	亨利·尼古拉斯	39	24 亿	Broadcom
8	罗布·格拉泽	37	23 亿	RealNetworks
9	斯科特·布卢姆	35	17 亿	Buy.com
10	杰夫·斯科	33	14 亿	eBay

你或许已经注意到这 40 位中的前 10 位都是从事计算机或网络行业的，当然也有从事其他行业的，从事其他行业的人有：

排　名	姓　名	年　龄	财　产	行　业
26	约翰·沙特纳	37	4.03 亿	约翰爸爸比萨饼
28	马斯特·P	29	3.61 亿	唱片明星
29	迈克尔·乔丹	36	3.57 亿	体育明星

有趣的是，我发现与网络无关的这些富人大都来自比萨饼公司、说唱音乐公司或体育行业，其他人则都是来自计算机和网络行业的。

比尔·盖茨和沃伦·巴菲特没有名列其中，是因为他们已超过了 40 岁。据《福布斯》1999 年的介绍，比尔·盖茨 43 岁，拥有资产 850 亿，沃伦·巴菲特 69 岁，拥有财富价值 310 亿。

他们走的是老路

那么这些人是怎样在他们如此年轻的时候，就跻身于商业巨头行列的呢？其实他们还是走的老路。通过这条路，洛克菲勒、卡内基、福特等成为了昔日的商业巨人而未来超级巨头也还是得走这条老路。他们建立了许多公司，并出售这些公司股票给公众。他们努力工作并成为售股者而不是股票的购买者。总之，他们通过销售股票合理合法地为自己“印制钞票”。他们不断地创建价值很高的公司，然后将股份所有权卖给股民。

我在《富爸爸，穷爸爸》这本书中提到过，我 9 岁时，通过把牙膏皮上的铅融化后放入熟石膏模子造钱。这时穷爸爸告诉我“伪造”的含义。所以我的第一笔生意就在开始的这天结束了。

而相反地，富爸爸说我与终极投资者的投资模式非常接近，因为终极投资者就可以合法地为自己“印制钞票”。这就是终极投资者所做的。换句话说，当你能为自己印钱时，为什么不去努力地做呢？在《富爸爸，穷爸爸》一书中，富爸爸的第五课是“富人创造他们自己的钱”。富爸爸教我去投资不动产和小企业来创造自己的钱，内行和终极投资者都精通这一技巧。

10%的人拥有90%财富

正如《华尔街日报》报道的那样，10%的人拥有90%的的财富，原因之一，是这10%最富的人很多都是终极投资者或股票发行人。另一个原因，是在新公司的股票首次公开向公众发行（IPO）之前，只有这10%的人有资格（根据美国证券交易委员会条例）在早期投资它们。而这些精英们往往都是公司创始人（亦即创建股份公司的股东）、创始人的朋友或精选的投资者。当他们变得越来越富时，其他人却在为收支平衡而奋斗，若能有几美元的盈余，他们顶多也只能利用它们来成为一位购买股票的股民。

买与卖的区别

换句话说，终极投资者是建立公司并出售股票所有权的人。你若读过IPO章程，你就会发现终极投资者被定为售股人，而不是股票购买者。正如你从这些个人的纯粹财富中看到的一样，售股者和股民之间在财富上有着天壤之别。

我的危机

到1994年，我觉得我已经成功地完成了我和富爸爸早在1974年制定的计划的大部分。我比较自信能够处理“B-I三角形”的各个组成部分。我对公司法了如指掌，并能与律师、会计师就各种类型的投资项目随意交谈。我还知道实体类型的区别（独资公司、无限责任公司、有限责任公司、股份有限公司），并懂得什么时候用其中一个实体去对抗另一个。我能够成功地购买和投资不动产，我对我的能力毫不怀疑。到 1994 年，我能控制我的所有的开销，并能把它们尽可能地变为税前业务费。从一般意义上来说，我算是没有工作的，因此我付很少的收入所得税。我收入的大部分是被动收入，外加一部分主要来自共同基金投资的证券组合收入，还有一部分收入是投资其他公司得来的。

但有一天，我估算我的财务“四棱锥体”，很明显地发现四棱锥的一条边非常“虚弱”，那就是票据资产。

我的四棱锥体是这样的：

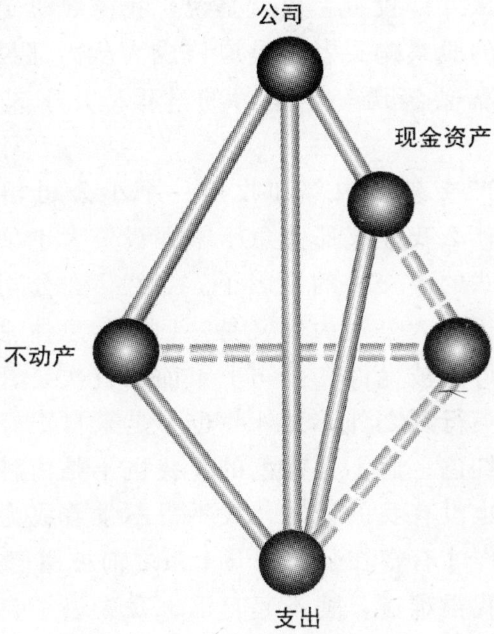

在 1994 年，我对我的成功感觉很好。金和我已获得财务自由，不用工作也能支付下半辈子的生活，而且不会出现财务困

难。然而，我的四棱锥的一条边已明显地越来越“虚弱”，我的财务王国出现了不平衡。

从1994年到1995年我在山上休了一年的假，花了大量的时间思考如何巩固票据资产这条边的问题。我不得不决定，我是否真的有必要去巩固加强它。我一度认为，我的财务状况很好。我真的不需要用像票据资产这样的方式来使我的财务状况更安全而稳固。我能一如既往地很好地生活，没有票据资产我也能变得更加富有。

经过一年的思想摇摆不定和斗争，我还是决定加强投资组合中的票据资产这一薄弱环节。我若不这样做，就是知难而退了。这样的结果会使人很烦恼。

另外是当购买其他公司股票时，我还得决定我是否也应像大多数人那样从外部投资。也就是说，我需要决定我应成为一位从外部投资的股票购买者还是应该成为从内部投资的股票投资者。两者都需要经历一个学习的过程，几乎是从刚开始一样。

进入不动产交易的内部和收购一个小公司相对来说容易些。这也是为什么我建议那些急于掌握投资者十项控制原则的人从事这种形式的小交易的原因了。当然，在公司公开上市通过首次公开发行进入公司内部又是一回事。总体来说，只有投资精英们才有可能被允许在公司上市前以首次公开发行的方式投资。我在精英行列之外。另外我也不是来自很好的家庭和学校，我的血是红色，而不是蓝色的，我也不是白种人；诸如哈佛的天才学院也没有我的记录。我不得不学着成为精英行列的一员，只有这样才有权在公司公开上市之前被邀请去投资。

有一阵子我很难过，瞧不起自己，我失去了自信，自我怜悯。富爸爸早已去世，我求助无门。一段痛苦之后，我意识到这是一个自由国度。比尔·盖茨可以辍学，建立公司，并能公开向公众发行股票，我未尝不可？这不就是人们想生活在自由国度的原因吗？难道我们不能想富就富想穷就穷吗？难道这不就是 1215 年贵族们强迫约翰国王签定《马格纳协定》的原因吗？1994 年末，我决定既然没有人叫我参加局内人的俱乐部，我就必须去找人邀请我去参加或开办我自己的俱乐部。问题是在这离华尔街 2000 英里的亚利桑那州凤凰城里，我不知该从何开始。

1995 年新年，我和我最要好的朋友拉里·克莱克徒步爬上我家附近的一座山。我们继续每年新年的惯例：讨论过去一年的得失，构想第二年，并写下来年的计划。我们在岩峰上花了大约三个小时来讨论：过去的一年、我们的理想、我们的梦想、我们未来的目标。拉里和我已是 25 年的老朋友了（1974 我们在檀香山施乐公司时就认识了）。在我的生命里，我和拉里有比我和迈克更多的相似之处，因此拉里是我最好的老朋友。那时迈克已经很富了，而我和拉里还没起步，但我们真的渴望也变得很富有。

拉里和我作伴过了许多年，开始做一些小生意，但很多生意甚至在我们还没来得及做就失败了。当我们回忆起这些生意时，我们都感到可笑，那时我们多么天真呀！当然，也有些生意做得很好，例如，在 1977 年，我俩合伙开始做的“维可牢”尼龙拉链钱包生意，后来逐渐扩展到全世界。我们通过合伙做生意成为了最好的朋友，并保持至今。1979 年，“维可牢”拉链钱包生意开始萧条，拉里作为一名房地产开发商回到了亚利桑那州并开始建立他的声望和财富。1995 年，《公司》杂志提名他为全美最快起家的人，把他列入最有名望、发展最快的企业家名单。1991 年，我和金搬到凤凰城，不单为那里的天气和高尔夫球，更重要的是为联邦政府分送的只需花几便士就可买到的价值上百万美元的不动产。现在，金和我是拉里和他妻子莉萨的邻居。

在 1995 年阳光灿烂的元旦，我给拉里看了我的四棱锥图表，并表示我需要增强我的票据资产这一环节。我道出了我的愿望：要么在公司向公众上市前投资它，要么自己建立公司并使其上市。在我解释完后，拉里说的所有话就是“祝你好运”。我们在 3 厘米×5 厘米大小的卡片上写下目标并握了手，这一天就这样结束了。我们之所以写下我们的目标是因为富爸爸常说：“目标必须清晰、简单，要形成文字。如果不把它们写下来，每天都温习的话，它们就不是真的目标，他们只是愿望而已。”坐在寒冷的山顶上，我们讨论着拉里的目标，卖掉他的公司，而后退休。在他解释完后，我握着他的手说：“祝你好运！”然后我们徒步下了山。

我定期温习我写在小卡片上的目标。我的目标很简单，它是这样写的：在一家公司还未公开上市前投资它，去获得每股价值 1 美元左右的股票 10 万份。1995 年，什么都没有发生，我没有达到我的目标。

1996 年元旦，拉里和我同样坐在山顶上，讨论那年的成果。拉里的公司就快卖掉了，但还没有最后的结果。所以我们都没有完成 1995 年的目标。但无论怎样拉里已接近目标了，而我看上去离我的目标还很远。拉里问我是否要放弃我的目标或者选择一个新的目标。当我们再次讨论这个目标时，我开始意识到虽然我写下了我的目标，但我觉得它对我来说不可能实现。我从内心感到我真的不很聪明、不很优秀，没有人会认为我能成为精英队伍中的一员。我对目标谈得越多，就越对产生自我怀疑、自我贬低感到气愤。“毕竟，”拉里说道：“你已还清了你的债务，而且你知道如何建立和经营一个盈利的私人公司，那么你为什么不去成为一名向公众出售股票的队伍的骨干呢？”在再次写下我的目标并与拉里握了手后，我带着疑虑和担忧走下了山。因为那时我比任何时候都更想实现我的目标。同时，我也带着实现目标更坚定的决心走下山去。

接下来的 6 个月什么也没发生。我每天早晨都要看一遍我的目标，然后开始我的工作，创作我的纸板游戏《现金流》。一天，邻居玛丽敲开我的门说：“我有一个朋友，我觉得你应该认识一下。”我问她为什么。她说：“我不知道。我只觉得你们俩应该在一块儿，他也像你一样是一个投资者。”我相信玛丽，所以我同意和她的朋友共进午餐。

一两周之后，我和她的朋友彼得在一家高尔夫球馆共进午餐。彼得长得很高，是一位有良好口碑、很优秀的人。如果我父亲还在的话，他们应该年纪差不多。午餐进行着，从交谈中我得知了彼得的一些情况。他在华尔街度过了大部分中年时光，拥有自己的经纪人公司，还不时成立一些公司并公开上市。在美国交易所、加拿大交易所，甚至在纽约股票交易所的大屏幕上都有他公司的名字。他不仅仅是一个创造资产的能手，而且是一个从股市另一面投资的高手。我明白他能引导我进入一个小部分智谋型投资者才能看见的世界，能使我透过“眼镜”和“风景”看到事物的本质，并能增进我对世界最大资本市场的了解。

退休后他和他妻子搬到亚历桑那州，在离新兴城市斯科茨代尔市中心很远的庄园里，过着离群索居的生活。当彼得告诉我在他的一生中，他向公众发行了几乎 100 家公司的股票时，我明白了和他共进午餐的意义。

我尽量控制着自己，不想表现得太兴奋、太鲁莽。彼得是一个不太喜欢和他人交流思想感情的人，他只跟少数人相处，(那就是为什么我用彼得这个名字代替他的真名的原因。他继续过着隐居生活)。午餐很愉快地结束了，我没有讨论我想讨论的问题。正如我说的那样，当时，我不想表现得太热切、太天真。

接下来的两个月，我多次要求与他再会面。但彼得总是礼貌地说“不”，或是尽量回避安排会面的时间。最后他终于同意了，并给我指出他那座落在沙漠里的庄园的路线。我们约了个时间，我开始预先准备我所想说的东西。

一星期后，我开车去了他家。在路上第一个迎接我到来的是写着“注意狗”的牌子。当我沿着长长的车道前行时，看见一个巨大的黑团卧在路的中间，我的心跳加速。这正是我一直警惕着的那条狗，一条非常大的狗。这条狗根本不让路，所以我只好把车停在它面前。它趴在离我的车和房子前门各 20 英尺的中间。直到我意识到那狗已经熟睡，我才慢慢打开车门，小心地从驾驶室里下来。当我的脚刚刚挨地时，大黑狗突然醒来并直立起来，它盯着我，我盯着它。当我准备跑回车里时，我的心跳更快了。突然，狗开始摇着短粗的尾巴，扭着屁股走过来欢迎我。狗使劲地舔着我，和我亲热了 5 分钟左右。

当涉及生意上的事时，我和我妻子金有一个人格信条："不要和对他的宠物都不信任的人打交道。"很多年了，我发现人们和他们的宠物非常相似。有一次，我和一对夫妇做不动产生意，这对夫妇养了许多宠物。男主人非常喜欢像哈巴狗这样的名狗，女主人则喜欢五颜六色的外国鸟。当金和我进他家时，小狗表现很机灵很友好，但一旦我们接近他们时，他们立即变得凶恶起来，狗凶狠地叫着，鸟粗鲁地嘎嘎着。一周后，这笔交易接近尾声，金和我发现主人和他们的宠物一样，外表很友善，但内心很暴躁。我在这打印很好的合同上吃了个大亏。但从那以后我和金就定下了一条新规定：如果我们对我们的合伙人有所疑虑，并且他们养有宠物的话，那就想办法去观察他们养的宠物。人们善于展示自己好的一面，并能面带微笑说一些言不由衷的话，但动物却不会。许多年来，我发现这个"指导方针"非常准确。我还发现一个人的内心品质能通过他或她的宠物反映出来。因此我和彼得的见面有了一个好的开端。对了，这条大黑狗的名字叫"甜甜"。

开始，我们的会面进行得并不顺利。我问彼得我是否能做他的学生，并和他一块儿成为内部投资者。我对他说：如果你能教我如何使公司上市，我愿意免费为你工作。我解释道："我已经实现了财务自由，我为你工作不需要报酬。"彼得迟疑了大约一小时。我俩相互讨论着，他强调他的时间很宝贵，并问我能不能很快地学会，是否愿意坚持学下去。当涉及到像华尔街这样的金融和资本市场时，我的经济实力还不够雄厚，所以他担心我一旦发现困难太大的时候就会退出。他又说："我从来没有碰到过因为想从我这儿学点什么而要求免费工作的人，人们向我要求的东西只有钱和工作。"我再次强调我所想要的只是和他一起工作和学习的机会。我告诉他富爸爸指导过我很多年，并且我大部分时间都是免费为他工作。最后，他问道："你学这件事的兴趣到底有多大？"我正视他的眼睛，说道："我非常想学习。"

"那好吧，"他说，"我现在正在关注座落在秘鲁安第斯山脉的一家倒闭金矿。如果你真的想从我这里学点什么，就在这周四飞往利马，和我的人一起考查金矿，处理银行事务，找出金矿的症结所在，回来后汇报你的成果。顺便说一句，你的所有费用由你自己支付。"

我呆呆地坐着："周四飞往秘鲁？"

彼得笑道："还想加入我们的队伍学习发行公司股票吗？"我的肠子似乎开始打结，并开始出冷汗。我知道我的诚意正在接受考验。今天星期二，星期四我已有安排。彼得耐心地坐着，我思忖着我的选择。最后，他带着愉快的口吻和笑容平静地问我："还想学吗？"

我知道我处在一个是决定继续还是放弃的关键时刻。我也是在考验自己。我的选择与彼得无关，但与我的个人发展密切相关，我把每件事都与我的个人发展联系起来。像这种时候，我总要背一些对我有启发的诗。这首诗是由W.N.默里在喜马拉雅山探险时写的，叫作《关于献身》。我把这首诗贴在冰箱上，每当我需要激励时，我就会去读它。那时，我能回忆起部分诗的内容，它是这样的：

"直到下了决定，似乎还有一丝犹豫，
但退缩在坚定面前显得那么苍白无力。
关于所有的激情和创造力，
只有一点是真的，
忽略了的，

破灭了无数的梦和美好的愿望。

此时一个人一定要坚定，

神会帮助我们的”。

多年来，每当我想停下来休息时，正是这行诗“神会帮助我们的”（then Providence moves too）激励我继续前进。《韦氏字典》中“providence”的定义是“神灵的引导和关怀。上帝是把持和控制人类命运的神”。现在我没有布道或认为上帝在支持我，我只是想说，当我处于心灵世界的边缘或茫然不知所措时，当时我的一切就是对神灵的信任，这种信任远远超过对我自己的。也就是在那时，我明白我必须走出边缘。于是我深深吸了口气，迈开了步伐。我在想也正是这些最初的步伐创造了我生活中的不同。起初的成果并不是总让人称心如意，但我的生活却最终得到了改善。那时，这首诗对我帮助很大。

这首诗的结尾是这样的：

“我怀着深深的敬意吟颂这行诗，

无论你想做什么，你的梦想是什么，去做吧！

勇气会赋予你创造力、力量和魅力。”

诗句在我的脑海里逐渐模糊，我抬起头说道：“我准备这周末去秘鲁。”

彼得平静地笑了一下：“这是你要见的人的名单和地址。回来后，给我打电话。”

这不是一个很好的建议

我所提到的这条路，对于想学习使公司上市的人来说，并不是一定适合，因为可能还有其他更明智更容易的路。但毕竟这条路已摆在了我的面前，所以我想通过我自己达到目标的经历，来给大家真实地讲述这个过程。我认为每个人都必须非常了解他在智力或情感上的长处和弱点。我只是简单地讲述一下一旦我知道我生活的下一个目标我就会怎样做的过程。这在思想方面不难做到，但对情感来说却是一个挑战，正如我们生活中的许多重大变化一样。

富爸爸说：“个人的现状是信任与自信的分界线。”他画了这样一幅图：

他说；“这个现状分界线，直到一个人抛弃了他所自信的东西并对他人充满信任时才会发生根本性的变化。很多人之所以不会变富，大多是因为他们太自信，而不信任他人。”

星期四那天，也就是在 1996 年夏天，我踏上了去安第斯山脉的征途，去考查原来由印加人后来是西班牙人开采的金矿。凭着我的决心，我勇敢地踏入了我一无所知的世界。也许就是因为那一步，一个崭新的投资世界呈现在我眼前。从那以后，我的生活起了很大的变化。我的财务状况也和以前迥然不同，我对一个人能变多富的认识水平也拓宽了。我越和彼得以及他的手下一起工作，我的关于财富的极限的想法越要被打破并扩展。

现在，我依然在不断地扩展我的极限。我似乎听到富爸爸在说：“人们常常局限于他们可能的财务现状上。若现状没有改变，什么都不会改变。直到他愿意超越恐惧和抛弃自我施加的限制，他的财务现状才会改变。”

彼得很守信用

旅行回来后，我向彼得汇报情况。这是个储量非常丰富的大金矿，但财务问题和其他一些运营问题导致它不景气。我建议不要去开采它，因为开采它可能会带来很严重的社会、环境问题。而要想解决这些问题，需要花去上百万美元。并且要想使金矿有效运行，新老板至少要裁减 40% 的人员。这样会破坏城镇的经济。我对彼得说：“几个世纪以来，人们一直都住在这海拔 1.6 万英尺的地方。一代又一代的人安息在这里，若我们强迫他们离开自己的家园和离开祖先到山下盆地城市去找工作的话，这样做很不明智，我们将会有比我们以为要处理的麻烦还要多的麻烦。”

彼得同意我的调查结果，更重要的是，他答应教我投资。我们很快去看了一些世界上其他地方的矿井和油田。我接受教育的新篇章拉开了序幕。

从1996年夏到1997年秋，我一直跟着彼得做学徒。他一直忙于开发他的EZ能源公司（不是真名），当我加入时，这公司正要在阿尔伯特股票交易所公开上市。因为我加入得晚，我不能以内部投资者的价格得到首次公开发行前的股票。也因为我还是新手并没有得到确认，所以我以创始人的身份投资也不合适。但我能以每股0.5元（加拿大元）的首次公开发行价格购买一大宗股票。

在哥伦比亚发现石油，并且也有迹象表明可能在葡萄牙也有大片油田和天然气之后，EZ能源公司的股票上涨到大约每股2加元到2.35加元。假设在葡萄牙的发现被证实与探测的结果一样，那么在2000年每股股票的价格可能会涨到5加元。再假设，当然这假设是合理的，如果证实了葡萄牙的油田与我们希望的一样大的话，EZ能源公司的每股股票价格在最近两三年里将上升到15加元到25加元。这些都是积极的一面。当然这些小盘股还有消极的一面，它们有可能在两三年里一文不名，当公司处于发展阶段时，任何事情都有可能发生。

虽然EZ能源公司只是一个小公司，但彼得称之为“前期资金投入者”的价值增长规律到现在为止都很有用。若事情像希望的那样发展，投资者就会赚到许多钱。“前期金钱投资者”（首次公开发行前的特许投资者）投资2.5万美元购买10万股份，即每股25美分。换句话说，由于彼得的名誉、董事会的实力和石油堪探队专家作保险，他们投资了这笔钱。即使在私下直接销售，甚至是公开销售时，也没有什么保证或确定值得投资的资产，也就是说，刚开始，所有投资都只有P（价格）而没有E（所得）。这种投资机会起初仅仅提供给彼得的朋友或这个圈子里的投资者们。

在这个投资圈阶段，投资者往往投资于人。人（不是像石油、金矿、网络产品或其他新产品那样的产品）比任何其他因素都重要。黄金规则“管理带来金钱”，在公司的这个阶段尤其重要。

公司的创始人把时间和知识花在了去交易公司股票上。换句话说，很多创始人都是免费工作，投资他们的时间和知识只是得到一大堆股票。当股票发行时，价值很小，所以他们没赚多少，也几乎没有工资收入。他们无偿工作，意在提高股票价值，这样产生的证券收入比工资收入多得多。也有一些创始者可得到一点工作报酬，但他们实际上是为更大的报酬而工作，这报酬来自于使公司经营良好、并日趋增值的有效工作。

因为大部分董事都不拿工资，所以他们最大的兴趣就是增加或不断增加的公司价值。他们个人兴趣与股民一样，那就是不断增长的股票价格，公司的所有职员也无一例外。他们可能得到很少的工资，但他们真正感兴趣的是上涨的股票价格。

一名创始人，对一个新成立公司的成功有着举足轻重的作用。因为只有他们的名誉、专业技能才能给予仅仅存在于纸上的方案于信誉、信心、动力和合法性。一旦公司成功上市，一些创始人就会带着股票退出。一个新的管理队伍取代他们，而他们又继续创建公司，重复这个过程。

EZ 能源公司的历史

以下是公司成立后进行的一系列活动：

1. 前期资金投入者投资 2.5 万美元购买 10 万份股票，即每股 25 美分。在这个阶段，公司有个尝试性的计划，但没有任何勘探契约，也没有任何资产，前期投资者只是投资于管理。
2. 目前公司股票交易的价格在每股 2 加元和 2.35 加元之

间。

3. 所以，前期投资者的10万份股份目前价值为20万到23.5万加元，即：16万到17万美元。现在董事长们的工作就是确保公司价值增长，通过石油的发现使股价上涨，同时钻出更多的油井，发现更多的石油储量。从理论上计算，前期资金投入者以2.5万的本钱赚了14万。他们做这笔交易已5年，所以若他们“卖掉股票的话，他们年回报率应该是45%。”

4. 投资者头疼的是公司规模太小，股票交易不旺盛。不压价的话，一个投资者很难一次卖掉10万股股票。所以从某种程度上来说，整宗股票的价值只能是账面价值。

   如果一切都如计划那样顺利，公司规模就会扩大，更多的人就会跟随着公司或股票而介入。此时，买卖大宗股票就容易了。一般来说，如果得到了发现油田这个好消息，许多大宗股票投资者会保留他们的股份，而不是急于出售。

为什么选加拿大交易所？

当我和彼得第一次开始合作时，我问他为什么选加拿大交易所而不选很有名的纳斯达克或华尔街呢？在美国，加拿大交易所被认为是北美证券交易业的危险地带。但彼得选加拿大交易所是因为：

1. 在给小型开发自然资源的企业提供资金方面来说，加拿大交易所处于世界领先地位。彼得用它们是因为他主要开发的是这种类型的公司。彼得和沃伦·巴菲特一样，喜欢做他们比较精通的业务。彼得说：“我精通石油、天然气和金银，即自然资源和稀有金属。”如果彼得开发的是一家科技公司，他可能就会在一家美国交易所注册。

2. 纳斯达克和华尔街对于一个小规模公司显得太大而不能得到任何关注。彼得说："在 20 世纪 50 年代我开始做生意时，小企业也能在大交易所引起经纪人的注意。如今，网络公司（很多没有盈利）比许多工业时代有名的大企业更能吸引投资。所以，很多大型的证券交易所对那些只需要几百万美元的企业不很感兴趣。证券交易所主要对上亿美元或更多的投资感兴趣。"
3. 加拿大交易所可让小创业者不断参与创业。我想，彼得用加拿大交易所主要因为他退休了。他经常说："我不需要钱，所以我没必要去建立一个大公司来获得更多的钱。我只是喜欢这个游戏，它使我保持活力，并且我的朋友还能在什么地方只投资 2.5 万元就能购买 10 万股份首次公开发行（IPO）的股票呢?"我干这个因为它依然很有趣。我喜欢挑战，并且赚钱是件令人满意的事。我喜欢建立公司，使其上市，看着它们壮大。我也喜欢看到我的家人和朋友们变富。
4. 彼得给了我一句忠告：不要因为加拿大交易所太小，就觉得每个人都可去里面游戏。实际上，加拿大的一些交易所由于曾有的一些交易而有着不佳的名声，要进行这类交易，必须非常熟悉公司上市动作的来龙去脉。

有个好消息：加拿大证券交易所要加强管制了，具体管理办法已在严格地贯彻。我想在今后的几年里，加拿大证券交易所会随着越来越多的来自世界各地的小规模公司的介入和寻找小交易筹资而发展状大。

了解股票发起人：在之后的几年里，我一直精力充沛地参与这一业务。在此期间，我曾遇到三个人，他们都有合法资格证书，并且在名字后面都有合法的字母编号。他们对我说，他们从投资者那里募集了上千万元的奖金，但实际上他们根本就不知道怎样去进行一项业务或白手起家。几年来，这些人用投资的钱乘头等舱或私人飞机飞遍各地，下榻最豪华的酒店，举行奢侈的晚宴，喝最好的酒，可以说是鱼肉投资者。这样，公司很快就不存在了，因为它没有实质性的发展，现金流已快流完，这些人于是又重新建立另一家公司，一切又从头开始。那么又怎么辨认发起人是个真正的实业家还是个只知道大花销的空想家呢？事实是直到他们的公司倒闭了，我才确信他们三个欺骗了我。所以我所能提供的最好的建议是去了解他的经历，查一些资料，然后跟着直觉走。

5. 如果一个公司已经壮大、并且前景辉煌，那么公司可以从小交易所换到大一些的交易所去，如纳斯达克和纽约证券交易所。从加拿大交易所换到美国交易所的公司价值平均增长是相当大的。(有时超过 200%)

　　当今许多大名鼎鼎的公司，都是从不起眼的小公司发展起来的。1989 年，微软公司还是一个每股股票价格仅为 6 美元的小公司。从那以后，同一股票增值 8 倍。1991 年，Cisco 的股票仅售每股 3 美元，后来也升值到了 8 倍。这些公司合理地运用他们的投资者的钱，逐渐成为世界经济中具有影响力的公司。

莎伦评注

在美国，进入大股市的一些限制条件使股票首次公开发行（IPO）对于大多数公司来说是很难的一个过程。正如《公司上市指南》一书中描述的那样，纽约证券交易所要求一个公司拥有净有形资产 1800 万美元和税前收入 250 万美元。美国证券交易所要求一个股东需拥有价值 400 万美元的普通股，和市场价值至少为 300 万美元的首次公开发行股票。纳斯达克国内市场也要求至少 400 万美元的净有形资产和市场价值至少为 300 万美元的首次公开发行股票。

另外据估计进行首次公开发行要给这些大交易所中任何一家支付 40 万美元到 50 万美元的手续费。这些花费包括注册费、律师费、会计师费和付给保险公司的费用。

很多不具有这些资格的中、小型企业，就去寻找“反向合并”的机会，以便能够和现存的已上市的公司合并。通过这个买卖过程，公司由于控制了新合并的上市公司，而成为上市公司。

一些公司也可以留意一下其他外国的交易所，如加拿大交易所，那里的上市规定不是那么严格。

谁买加拿大交易所的股票?

年前，我在澳大利亚做了一次关于投资的报告。在会上，一位听众认为投资稀有金属和石油很傻。他是这样问的：“别人都在买高科技或网络公司股票，你为什么还做这些大不如前的生意呢?”

我解释道：“做一个逆向的投资者付出的代价要小点，这样的投资者一般都去找过时的或不受大众亲睐的股票。”我说，“很多年前，当每个人都去投资金、银和石油时，那时能使公司起步的勘探费非常高，所以找一笔价格很理想的生意很困难。现在石油、金银的价格下跌，找到一个好的项目就非常容易，并且因为这些商品已不如以前受欢迎，所以他们也愿意协商价格。”

油价开始上升，使我在石油公司的股份更有价值。无独有偶，这期间巴菲特宣布他也大量投资了银。1998 年 2 月，这个亿万富翁透露他得到 13 亿盎司的银，并把它们储存在伦敦的仓库里。1999 年 9 月 30 日《加拿大商务》杂志刊登了一篇文章，称世界首富盖茨买了银的股票，投资于在温哥华证券交易所上市的一家加拿大银业公司，得到了价值 1.2 亿美元的 10.3% 的股份。其实盖茨自从 1999 年 2 月起就已悄悄获得了这家公司的股份。当所有的投资者知道这个消息后，我多年的自信和信任都化为了欣慰。

不会总是全垒打

不是所有的新兴公司都经营得像EZ能源公司那样好。有些公司在上市之后，股票从来没有上涨过。如果一个公司真的是这样的话，投资者就会失去全部的前期投入资金。所以投资者们需要经过官方认可，且被警告要小心投资。

作为彼得的合伙人之一，我想告诉有潜力的投资者怎样成为新公司，怎样成为一名前期资金投入者。在我谈论业务、涉及的人或报酬之前，我先给潜在投资者解释风险这个问题。我的开场白经常是这样的："我准备讲的是一个高风险的投机性投资，主要是为符合特许投资者条件的人提供的。"如果一个人不知道成为一名特许的投资者的要求的话，我就会把证券交易委员会的规定解释给他听。我还强调他们有极大的可能性失去所有投资的钱，并且这样的话我重复了很多遍。如果他们还是感兴趣的话，我就会继续解释：放置在身边的钱从来都不应该超过总投资金额的10%。然后，如果他们依然感兴趣的话，我就会给他们讲解投资、风险、人员以及可能的回报等有关情况。

在我陈述的最后，我要他们提问。回答完所有的问题后，我会再次重复风险这个话题。最后，我说："如果你们失去了钱，我所能提供的就是第一个投资于我们下一个业务的机会。"直到这时，所有的人都充分明白了风险的含义。我敢说有90%的人决定不和我们一起投资。我给这些仍然感兴趣的10%的人更多的信息和更多的时间去仔细思考，之后，若他们明白了，再打退堂鼓也不晚。

我相信，那些今天正在飞涨的网络公司的首次公开发行股票在今后的几年有可能会下跌。这些投资者可能就会失去不说是上亿至少是上百万的美元。虽然网络是经济发展的巨大的前沿力量，但经济的压力只能使少数的先锋公司成为赢家。所以无论上市公司是个金矿公司，还是自来水公司，或是网络公司，公开市场的压力仍然存在。

良好的教育

事实证明，决心飞往秘鲁对我来说是个重大的决策。作为一名学徒和合作伙伴，我从彼得那里学到了和我从富爸爸那里学到的一样多的东西。在给彼得当了一年半的学徒并和他手下的的人工作了一年半之后，他同意我俩合伙开办他的私人风险投资公司。

从1996年开始，我就得到一个实践的机会：观察EZ能源公司上市和发展成为一个可行性公司（或许有一天它会成为一家大的石油公司）。因为我的业务关系，我不仅成了一名更聪明的商人，而且我还学会了不少关于股市运作的知识。我的一个原则是投资一个学习过程要5年时间，在这个阶段我已花了4年。此时，我依然没有赚到什么钱，至少不是我能立刻放入口袋里的钱。我的盈利只是账面盈利，但是我获得的业务经验和投资教育却是无价的。也许有一天我也会建立一家公司并在美国交易所公开上市。

未来的股票首次公开发行（IPO）

目前，彼得和我作为一家合伙的私人风险投资公司正在准备使另外三个公司上市；它们一个是在中国得到开采权的稀有金属公司，一个是在阿根廷得到石油、天然气开采权的石油公司以及与阿根廷签约的银矿公司。

开发中国的稀有金属公司花的时间最长。我们和中国政府的协商进行得很顺利，然而，一突发事件发生了，1999年美国战机错误地轰炸了中国驻南斯拉夫大使馆，他们声称所使用的军事地图是过时的，但无论轰炸原因是什么，这事件使我们的合作关系推后了两年，但我们还是虽缓慢但却继续着这场谈判。

当人们问我为什么冒那么大的风险在中国投资时，我的回答说："它很快将成为世界上最大的经济实体，虽然风险很大，但潜在的回报也是惊人的。"

今天在中国投资，就像19世纪初英国在美国投资一样，只不过，我们以合同和友谊的方式。作为一个公司，我们在和中国交往过程中，应尽量去加强彼此联系，增进交流。希望我们能成为促进中美关系的友谊桥梁。这教育性的经历对于我来说是无价的。有时，它给人的感觉就像和哥伦布同行一条船，共同驶向新的世界一样。

要使公司上市一般要花3到5年的时间，如果一切顺利，我们可以在以后的一年内上市二到三家公司。要是这真能实现的话，我就可以成为一名终极投资者了。这个公司将是我的第一个上市公司，但对彼得来说可能是第九十几个了吧。虽然我还没有资格成为终极投资者，但我已从各方面去接近它了，这是一个我在1995年为自己定下的目标。

考虑到所担的风险问题，我现在进行的每一个项目都有可能失败，都有可能永远不会上市。如果这种事真的发生了，我会振作起来去开始新的计划。我们这类投资者明白所担的风险，也清楚投资计划本身就意味着冒险。我们还明白我们会不断去重新投资一些我们新建立的公司。所有这些就是玩一个游戏：棒球本垒打。像这样的投资最好不要孤注一掷。正是因为风险太大，证券交易委员会才对进行这一投机交易的投资者作出最低收入规定。

下一章将详细阐述开创公司、发展公司并使公司上市的步骤。虽然这对我来说不是一个很容易的过程，但它却是令人非常兴奋的。

结束篇

公司上市，对于任何企业家来说都是一项隆重的仪式。就像一个大学体育明星被选加入职业队的一样。在 1999 年 9 月 27 日《财富》杂志上有这么一句话："如果你创立了一家公司，那么这家公司会证明你的价值。如果你使该公司上市，那么市场——世界——会证明你的价值。"

这就是为什么富爸爸称白手起家并使公司上市的人为终极投资者的原因了，他没有获得这个殊荣。虽然他投资了一些公司并且最终也上市了，但他自己建立的公司却从未上市。他的儿子迈克接管了他的公司，然后继续发展它们，但迈克也没有上市过一家自己创办的公司。所以这就意味着我要去完成富爸爸的培养过程——成为一名终极投资者。

第 40 章

你会是下一个亿万富翁吗？

1999 年出版的《福布斯》杂志的封面上，列出了 400 位最富有的人，他们被称作“邻家的亿万富翁”。杂志还刊登了一篇题目为“一个世纪的财富”，副标题是“巨额财富从何而来”的文章。许多年前，很多美国人财富的来源是石油和钢铁。而今天，更重要的是你能博得多少崇拜的眼睛。

文中提到：“要谈论巨富，必须将眼界放得更远，对那些以前所未有的速度迅速暴发成为亿万富翁的人来说，靠的是无法捉摸的产品为他们带来利润。洛克菲勒花了 25 年的时间勘测、钻探和开采石油，才赚取了自己的第一个 10 亿。而去年，加里·温尼克投资了一个名为‘全球十字’的公司，用以发展全球光缆电信网络，18 个月后，他就步入了亿万富翁的行列。”

那么在今天要成为一个巨富到底需要多长时间呢？答案是：“很短”。对我这类出生在“生育高峰期”的一代人来说，只需看看新生亿万富翁的年龄，答案就显而易见了。比如亿万富翁杨致远出生于 1968 年，那是我读完大学的前一年。又如他的搭档戴维·费罗，1966 年出生，正是我进入大学学习一年之后。而他俩一起创建了“雅虎”！到现在其价值已超过 30 亿美金，而且还在上升之中。相比之下，我经常遇到这样一些人，他们将在 10 年内退休，却担心着自己的钱能否维持退休后的生计。现在，我们来谈谈“有钱”和“没钱”的差距。

我要让公司上市

1999 年中，所有听到和看到的都是关于“股票首次公开发行”（IPO）的消息。这简直是疯狂！当有人邀请你为他的事业投资的时候，我经常听到这样的推销词：“投资我的公司吧，两年之内我们就会上市。”一次，一个突然冒出来的未来的“亿万富翁”给我打电话，请我抽空去看看他的商业计划，并提供机会让我投资入股他的“未来”的网络公司。一番展示之后，他缓缓点着头，说道：“您当然知道，首次公开发行以后您手中的股票价格会发生怎样的变化。”那种狡黠而傲慢的语气，让我感到自己好像正在和一种新汽车的推销员谈话。他正给我一个天大的恩惠，让我能“有幸”买到这种型号车的最后一辆，虽然是按已经标好的价格。

对“股票首次公开发行”的狂热，即对“新题材”的狂热仍在持续。就在刚才，马莎·斯图尔特的公司上市了，她自己也成了亿万富翁。她成为亿万富翁是因为她教会了那些认为自身需要更加文明和优雅的大众如何文明地、理性地和优雅地交际。我个人认为她的贡献是有价值的，但是否能值 10 亿美元呢？如果按照《福布斯》杂志中对 400 名巨富的定义（衡量财富的标准是你博得的崇拜的眼光），马莎·斯图尔特称得上是一个亿万富翁，她的确有很多崇拜者。

对于所有这些新技术公司和网络公司的股票首次公开发行，我的看法是：90/10 规律仍然适用。因为大多数的这类新公司是由商业经验极少的个人建立的。我估计，如果我们回过头去看看历史上的同类时期，会预测到将有 90％以上的首次公开发行会失败，而只有 10％左右的人能幸运地获得成功。对小企业的统计数据显示，5 年内，10 家小企业中将有 9 家破产。如果这些数字能正确地反映新“股票首次公开发行”的现实情况的话，这种狂热可能会将我们带入下一个工商业衰退的大萧条的时期。为什么呢？因为几百万普通投资者都将受到打击，他们损失的将不仅是几百万资金，而且会波及其他，他们将无力负担自己的新房、汽车、游艇和私人飞机，并最终导致经济崩溃。1987 年华尔街股市下滑以后流传着这样一个笑话："傻瓜和证券经纪人有什么区别？"答案是："傻瓜还有笔银行活期存款提单。"

热门题材

早在 1978 年我就开始在夏威夷从事股票首次公开发行的工作。当时我正在创建我的"维可牢"钱包公司，富爸爸想让我学习建立一家公司并使其上市的过程。他告诉我："我从来没有让一家自己创立的股份公司上市，但是我投资的几家公司已经做到了。我希望你能从我投资的公司管理人那里学到一些有关的方法和技巧。"他将马克介绍给我，一个和我的搭档彼得相像的人，他们的不同之处在于马克是个投机资本家。在商场上，人们称他为"维多利亚十字勋章"的获得者，因为我是一名越战老兵，所以这个词对我来讲有不同寻常的新意义。

当人们需要风险投资或者发展公司的资金的时候，一些小公司常常会找上马克。因为我需要很多钱去拓展公司业务，所以富爸爸鼓励我去见他并听听他的看法。这不是一次令人愉快的会面，马克比富爸爸更加强硬。他看了我的商业计划和实际的财务报表，听我说了不到半分钟关于我未来的远大计划后，就开始将我批评得一文不值。他说我是一个白痴，一个傻瓜，说他完全不想和我合作。他告诉我不该放弃我的正式工作，而且还说我很幸运，因为富爸爸是他的老主顾，否则，他不会在像我这样无能的人身上浪费一丁点时间。接着他谈了对我的公司价值的估计，他能为其筹集的钱，他出钱的要求及条件，以及他将以控股的身份成为我的合伙人。就像我说的，他具有获得“维多利亚十字勋章”战士的狠辣特性。

在公司股票首次公开发行中，投资的银行家和投机资本家会签署一份文件叫做“条款清单”。类似于不动产经纪人说的“协议清单”。简而言之，“条款清单”列述的是出售公司的条款和条件，就好像“协议清单”中列述的是出售房屋的条款和条件一样。

就像不动产买卖中的“协议清单”一样，对不同的人，“条款清单”是不同的。在不动产买卖中，如果你只出售一所环境条件糟糕的房屋，并且想卖个好价钱的话，“协议清单”上的条件就比较严格，变动余地很小。而如果你是一个不动产开发商，手中有成千上万的质高价廉且容易脱手的房屋待售时，不动产代理商就可能提出优厚的条件来促成这笔生意。投机资本家也是这样的，你越成功，就能得到越优厚的合作条件，反之亦然。

看完了马克的“条款清单”，我觉得他的条件太苛刻了。我当然不愿将自己创建的公司 52％的股份给他，自己则以为他工作而告终，但这些却是他的条件。我没有责怪马克，回想起来，也许我当时本该接受它。相比于那时的无知，今天的我如果处在马克的位置上，我也会提出同样的条件。我想他给我的任何东西都只是因为对我富爸爸的尊敬。我是一个做生意的新手，与他相比真的是无能。我说的是真的，因为我有一个发展中的公司但我自己没有能力去驾驭它。

虽然马克很严厉，我却很喜欢他，他似乎也喜欢我。我们商量好定期会面，他同意在我发展公司的过程中给我一些免费的建议。他的建议也许是毫无隐藏却总是丝毫不留情面的。随着我的商业知识和判断力的提高，他开始信任我的能力。我甚至和他短期地工作过一段时间，使一家石油公司上市，很像我现在正在工作的这家石油公司。1978 年和他一起工作的那段时间，我第一次感到了做股票首次公开发行工作的刺激。

一次我和他一起吃午饭的时候，他对我说了一些关于公司股票首次公开发行是如何运作的事，我永远也忘不了。他说："新题材和股票首次公开发行市场与其他商业领域一样，市场总是在寻找热门题材。"

马克的意思是，在一段时间里，证券市场会特别"青睐"某一些行业。他继续说："如果你想变得非常富有，作为一个公司的拥有者，你的一部分策略应当是在市场需求出现之前就创立好为市场所需要的公司。。"

马克继续解释了历史上一些曾经因为成为"热门题材"而闻名的先锋公司。他说，这就像在本世纪初石油和汽车行业成就了亿万富翁，电视机的发明，成就了新的百万富翁一样。马克关于财富积累的观点和《福布斯》杂志上的简洁说明一致：

1. 1900年代——安德鲁·卡内基从事钢铁业成为巨富——4.75亿美元。
2. 1910年代——约翰·D·洛克菲勒从事石油业成为亿万富翁——14亿美元。
3. 1920年代——亨利·福特靠汽车发家成为亿万富翁——10亿美元。
4. 1930年代——约翰·多兰斯生产听装饮料（坎普尔的汤）成为亿万富翁——1.15亿美元。
5. 1940年代——霍华德·休斯承包军用飞机制造、工具生产和电影业成为亿万富翁——15亿美元。
6. 1950年代——阿瑟·戴维斯从事铝工业成为亿万富翁——4亿美元。
7. 1960年代——H·罗斯·佩罗创立EDS公司（1962年）——38亿美元。
8. 1970年代——萨姆·沃尔顿使零售业巨头沃尔玛公司上市——220亿美元。
9. 1980年代——罗恩·佩雷尔曼作为华尔街市场交易者创造财富——38亿美元。
10. 1990年代——杨致远与别人共同创建"雅虎"——37

亿美元。

在 35 岁时落伍

1978 年以后我没有再和马克一起工作。就像他预测的，我的生意让人越来越失望，公司内部也出现了严重的问题。因此，我不得不将所有注意力转移到自己的公司上，而不再花时间致力于使别人的公司上市。但是，我从来没有忘记他给我上的关于成为“热门行业”的那一课。当我继续吃力地积累着自己的基本商务经验的时候，我常常在想下一个“热门行业”会是什么。

1985 年，我在加利福尼亚的彭德尔腾海军基地进行了短暂的停留，因为，在去越南之前，我一直在那里驻扎，那时是 1971 年。我的朋友，当时同是飞行员的詹姆斯·特雷德威尔，现在已经是基地空军中队的指挥官了。金和我参观了我和詹姆斯 14 年前成为新飞行员的那个中队。走在跑道上，詹姆斯指给金一架飞机，那是一架看起来很像我们在越南驾驶过的飞机的战斗机。打开机舱，他说：“你和我现在已经落伍了，我们已经无法驾驶这些飞机。”

他这么说，是因为仪器和操纵装置已完全采用了电子和视频定位。詹姆斯说：“这些新飞行员是在电视、录像的环境中长大的，而你和我，却是在弹子机和台球桌旁长大的。我们的大脑与他们的大不相同。这也是为什么他们驾驶飞机，而我却坐在桌子后边的原因，作为一个飞行员我已经落伍了。”

我对那天的印象仍然很清晰，因为那时我也感到了自己的落伍。在 37 岁时，我感到自己老了，过时了。当时我想起了富爸爸在 50 岁的时候才感到了自己落伍，而我发觉时只有 37 岁。那天，我完全体会到世事变化的速度有多快，也意识到如果不尽快改变的话，我将会远远地被抛在时代的后面。

现在我和彼得一起工作，继续我对公司股票首次公开发行和风险投资的学习。因为我需要票据资产，所以我创造股票。但最重要的是，我从资本市场中获得了经验。虽然我为石油、汽油和贵重金属公司工作——20到30年前这些行业是“热门行业”，但我却在想：下一个“热门行业”是什么呢？我能否成为下一批前沿公司中的一员呢？谁知道？我现在52岁了，但桑得斯上校（肯德基创始人）起步的时候已是66岁。我一生的目标仍然是成为亿万富翁。可能我做得到，也可能不行，但是我每天都在为这个目标努力奋斗。在今天成为一名亿万富翁是很有可能的，如果有正确的计划。因此我不会放弃一生的目标，我绝不打算变穷或者更加落伍。富爸爸说过：“最困难的是赚取第一个100万。”如果真是这样，对我来说第二困难的是赚取第一个10亿。

你会是下一个亿万富翁吗？

对你们当中那些怀有类似雄心壮志的人，我就如何让公司上市这个问题提出以下一些建议。这些经验大部分来自于我的搭档彼得，他已经使近100个公司挂牌。

虽然要学的东西还很多，但这些指导方针会帮助你起步。

为什么要让公司上市？

彼得列出了这么做的6个基本理由：

1. 你需要更多的钱，这是你让公司上市的一个主要原因。在这种情况中，你可能已有一个好的能盈利的公司，但需要资本来进一步发展。你已经拜访过各大银行，并通过私募方式和向风险投资家筹到了一部分资金，但是眼下你更需要来自投资银行家的大额投资。
2. 你的公司，如互联网公司，刚刚成立，你需要一大笔钱来占领市场份额。虽然目前你的公司没有盈利，但市场会给你钱，因为市场总是投资于未来会盈利的公司。

3. 一家公司时常会利用自己公司的股票并购其他公司，富爸爸称这个行动为“给自己印钞票”。用专业词汇，叫做“兼并与收购”。
4. 你想要卖掉你的公司，但又不想放弃控制权。在私营公司中，所有者常常放弃控制权或者寻找一个新的搭档，让他指导自己在筹集资金时应该如何运作。而在公开市场筹资，所有人都通过出售股票，得到了现金而仍然保持对公司的控制权，对大多数的持股人来说，几乎无力影响他们所投资的公司的运作。
5. 遗产原因。福特汽车公司上市，是因为家庭中有许多继承人却没有得到清偿。将公司的一部分卖给公众，就筹到了现金用来分配给遗产继承人。有趣的是，很多私营公司都采用了这种策略。
6. 致富并得到投资到其他地方的资金。创建一家公司很像修建一幢房子并将其出售。当你创立公司，并通过公开出价卖掉它时，损失的只有一部分资产，即它被分成了无数的小片卖给了无数的人。但创建者仍然拥有大部分的资产，并继续保持控制权，而且通过出售给无数个购买者股票获得了资金（不是只卖给一个人）。正所谓：“好东西要分开小包装”。

莎伦评注

在股票的首次公开发行中，对大股东和官员会有一些限制。因为他们的公司股票的价值可能因为股票首次公开发行而大大增加，所以他们出售手中的任何股票，都要受到严格限制。他们的股票常常叫做“限制股”，这是指他们已同意在预定的时间内，不出售手中的股票。股东们还可以通过卖掉公司来获得现金，或不采用首次公开发行方式，而是直接与一家已上市的公司合并达到上市筹资的目的。

需要考虑更多的要点

彼得提出下面这些在上市之前需要额外考虑的因素：

1. 在团队中谁管理过公司？管理公司和梦想开发新产品、建立新公司有很大的不同。这意味着要处理好以下问题：薪水、雇员、税收、有关法律、合同、谈判、产品开发、现金流通管理和融资等等。

   你可能注意到了很多彼得以为重要的东西，在富爸爸的“B－I三角形”里都可以找到。因此，核心问题在于：你（或者你的团队中的成员）能够成功地控制整个“B－I三角形”吗？

2. 你想将公司卖多少钱？这里涉及到“条款清单”。

   我要提到的关于彼得的另一点是，在我与他共事的三年之中，我注意到他在开始建立公司之前，总是明确地知道建立公司的目标是什么，即让公司挂牌上市。他可能不知道怎样才会达成目的，但目标是已经设定好的。我谈这个是由于许多公司所有人对自己公司的未来在头脑中还没有一个具体的目标时，就开始创业。他们创业是觉得开公司是个好主意，但对公司的具体运作却没有任何计划和安排。对一个好的投资者来说，适时退出非常重要，对想开创事业的创业者也一样。做之前，对如何退出就要有切实的计划。创业之前，你还应该考虑以下几点：

1. 你是要出售、保留，还是要将它传给子孙后代？
2. 如果出售，是打算私下出售，还是公开出售？

   ①私下出售可能会和公开出售一样困难。

   ②找到合适的买主并不容易。

   ③公司融资可能有困难。

④如果新的业主无力支付你或者无法管理，你只好收回。

3. 前景良好的上市公司有书面的、详尽的商业计划吗？

这个计划应该包含这样的内容：

①团队和团队的经验。

②财务报表：三年内已审报表的情况

③现金流预测：我建议采用三年中最保守的现金流预测数字。

彼得说投资银行家不喜欢那些过高估计未来利润的首席执行官（CEO）和创业者。他还说微软公司的比尔·盖茨对公司的预期利润常常是轻描淡写，这是保持股价稳定的一个绝妙办法。如果首席执行官夸下海口而没有达到预期利润的话，他们的股价往往会下跌，投资者也会丧失对公司的信心。

4. 市场是什么？到底有多大？公司的产品进入市场后增长的可能性有多大？

产品有市场，同时在你所处的行业也有市场。在不同的时期，特定类型的公司对股票购买者来说比其他类型的公司更有吸引力。就像我前面所说的，高科技公司和互联网公司是市场的热点。当某人拥有一家公开上市的公司后，我们可以说他有两家公司：一家面向一般的顾客，另一家面向投资者。

5. 谁是你董事会中的领导者？谁是顾问？

市场靠信心来支撑。如果公司有一班强有力的领导人和受人尊敬的顾问，市场会对公司的未来更有信心。

彼得建议道："如果有人对你说'我的公司即将上市'，你就问他'在你的团队中有谁曾使公司上市？他曾促成过多少公司的上市？'如果他不能回答，就让他找到答案后再来，而其中大多数人不会再来。"

6. 这个公司是否拥有一定的专有权？

一家公司应该拥有或者控制着一些其他公司没有的

东西。它可以是一种新产品或者药品的专利权，也可以是一块油田的租契或者一种商标，比如星巴克或麦当劳，甚至业主是在某一领域受人尊敬的专家，也能成为巨大的无形资产，例如马莎·斯图尔特、史蒂文·约布斯创建的苹果计算机公司和斯皮尔伯格建立的新电影公司。人们为他们投资，看重的是他们过去的成功和今后巨大的潜力。

7. 这个公司有惊险、刺激的话题吗？

我确信哥伦布肯定对他资金的提供者——西班牙国王和王后——讲过大话，为的是使他们资助自己向地球的另一端航行。这个话题必须有趣、刺激，至少能让人们在小小的梦想中企盼未来。在话题的背后，应该有诚实的一面，因为我们的监狱中已经关满了不诚实的谎话制造者。

8. 公司的参与者有没有热情？

这是彼得一直认为是最重要的事。他说，在生意中他最看重的是公司所有者、领导者和团队的热情。彼得说："没有热情，即使有最好的公司，最好的计划，最好的人也不会成功。"

这里有一段文章摘要，摘自《财富》杂志，讲的是 40 位 40 岁以下最富有的人：

工商管理硕士们（MBA）不能适应硅谷的环境，他们是传统的风险规避者。大多数人上工商学院，为的是毕业后能确保得到收入为 6 位数以上的工作。资深的硅谷人观察过从商学院毕业的人，从他们身上，看不到属于浪漫主义时期叛逆者的热情。工商管理硕士们在硅谷看到的，也和他们在学校里学到的完全不同。迈克尔·莱文毕业于伯克利海斯学校，后加入 eBay 公司。这位前投资银行家表达自己的方式和那些创业的中坚分子不同，他并不狂热。他工作的时间也比别人短，一星期 60 小时而不是通常的 80

小时。“如果在 10 到 15 年内，我通过合理投资能赚到 1000 至 1500 万美元，那就很好了。”他告诉我，“但是我更愿意真正地‘生活’。我不知道那是什么，大概我还没有做到。”

富爸爸会说他的确没做到。他经常提醒我注意成功的职员，和成功的创业者的区别。他说：“在公司阶梯上爬的人，和自己建造阶梯的人是不同的。区别就在于站在阶梯向上看的时候，视野不同。有的人看到的是大片蔚蓝的天空，而其他人看到的……嗯，你知道有句谚语就是‘如果你不是领头羊，那么看到的东西都是一样的’。”

怎样融资？

彼得谈到了资金的四个来源：

1. 朋友和家人。喜欢你的人们，经常会不加考虑地给予你所需要的经济支持。彼得不赞成这种筹集资金的方式。彼得和富爸爸都说：“不要给你的孩子们钱，这会使他们变得软弱而贫困，要教会他们如何筹资。”

富爸爸以另外一种方式给我们钱。你也许还记得，尽管我们为他工作，他却没有付一分钱给迈克和我。他说：“用报酬来促使人们工作，会将他们训练成为雇工。”相反地，他训练我们寻找做生意的机会，并从机会中发掘出生意来。你可能还记得《富爸爸，穷爸爸》一书中关于漫画书的情节。我到今天还坚持这样做，当其他人在寻找高薪工作时，我寻找的是做生意的机会。

富爸爸不会委屈他的职员，他热爱他们。他只培养他的儿子迈克和我与普通人不同的思维方式，使我们懂得老板和职员的区别。他希望我们长大后能有更多的选择。

有些父母希望孩子在离家自立之后，能有更多的财务选择，而不要陷入债务之中，为此，我们设计了一个教育性的纸板游戏《现金流》(儿童版)。另外,它也为那些认为自己的孩子是下一个微软的比尔·盖茨的家长们而设立。这个游戏提供了每个创业者都需要的现金流管理知识的早期财务教育。很多小公司倒闭都是由于现金流管理不善。为孩子们设计的《现金流》(儿童版)会在他们自立之前教会他们现金流管理的基本技巧。

2.“天使”。“天使”是指那些热心帮助新创业者的富人。年轻的创业者们,大多数大城市都有“天使协会”,它们不仅在经济上支援新创业者,还对如何致富提供各种建议。

“天使”们认识到,拥有大量新公司的城市才是一个正在成长的城市。城市中创业精神的传播会使城市繁荣。不论大小,这些“天使”们孜孜不倦地为每个城市提供服务。即使是最偏僻的村镇,也可以通过计算机和互联网使创业精神在那里播种。

许多年轻人离开小村镇到大城市去寻找好的工作机会。我认为这些精英的流失源自于学校,它教育年轻人如何寻找工作。如果它教的是如何创业,许多小村镇可以继续繁荣,因为它们可以通过电子技术与世界的其他任何地方联结在一起。大量的像“天使协会”这样的私人团体可能会创造奇迹,使各地的小村镇再度充满活力。

看看比尔·盖茨援助的西雅图,迈克尔·戴尔支持的德克萨斯的奥斯汀,以及艾伦·邦德支持的西澳大利亚的弗里曼特尔,你可以从中看到创业者精神的力量。创业者和“天使”们在一个城市的繁荣中扮演着重要的角色。

3.私人投资者。在私营公司投资的人称为私人投资者。如期望的一样,这些特许投资者比一般投资者更有经验,他们伺机而动,尽可能地赚取最大利润。因此,在将大笔资金投入到私营公司之前,我建议要接受金融方面的教育,并积累商务经验。

4.公开投资者。投资于上市公司公开交易股票的人称为公开投资者。这是一个大规模的股票市场。因为这些股票要面向大众出售，所以要经过证券交易委员会的详尽审查。股票在这里交易的风险，比投资私营公司小。但是，投资总是要冒险的。这似乎和我前面所说的“作为内部投资者掌握多一些控制权、就能少一些风险”相矛盾。但请记住，私人投资者不一定总是能把握住局势。证券交易委员会对报告和信息披露的条件有严格要求，降低了那些根本无法掌握自己投资情况的公开投资者的风险。

彼得的建议

当我向彼得请教公司上市的要点时，我问他对想了解如何募集一大笔资金的人有什么建议时，他说：“如果他想让公司上市，我建议他要熟知下述资金的来源。”

1. 证券私募备查录。这应该是正式融资活动的开始。它是一种“自己动手”的筹资方式。一个证券私募的备忘录应列出你想要的合作条件，运气好的话，投资者会对它感兴趣。

彼得再三告诫，开始这个工作时一定要请一位精通证券法的律师。如果你想由小到大，谨慎发展，你真正的学习就要从这里开始。从律师那里得到有偿建议，然后充满希望地按他的建议去做。

如果你肯请他们吃饭的话，许多律师愿意给你免费的建议。这类专业的顾问在你刚起步和发展过程中对你的团队很重要。我个人领教过为省几个小钱而自己去做这种事的艰难，这些省下来的小钱最后导致我赔掉了一大笔钱。

2. 投机资本家。这类人，像我的朋友马克一样，做的是放贷的生意。在人们用尽了自己的、家人的、朋友的以及银行的钱后，常常去找投机资本家借钱。彼得说：“投机资本家经常会吃掉一大截利润，但如果他们有职业道德，他们只会赚应得的钱。”

投机资本家通常会成为你的搭档并帮助你的公司成形，并进入下一级融资。换句话说，就像一个人可以去健身房请私人教练塑造身材，使自己变得更有吸引力一样，投机资本家可以像私人教练那样，使你的公司形象更具商业化，吸引更多的投资者。

3. 投资银行家。这是你准备让公司上市时要去的地方。投资银行家们常常为股票首次公开发行和二次发行募集资金。二次发行是指向已经通过首次公开发行方式融资的公司再次公开发行股票。当你翻开《华尔街日报》一类的报纸时，会发现许多大幅广告来自于投资银行家，向市场宣布它们提供了哪些资金赞助。

莎伦评注

另有一类融资方式称为“中间融资”，有时也叫做“桥梁融资”。当一个公司已经跨过初期发展阶段，但还没有准备好首次公开发行的时候，常常会用这类融资方式。

重要的第一步

如果你已经准备好为你的公司融资，你可能会从“证券私募备查录”开始。彼得建议从以下几个要素开始：

1. 通过拜访与专攻这个领域的律师面谈。拜访他们中的一些人。每次会面都能使你增长知识。除了成功以外，也可以请教一些他们失败的先例。
2. 了解你能得到的不同类型的资金来源，要知道如何从合法渠道获得。换句话说，不是所有的资金提供方式都有相同的效果，不同的方式为不同的需要而设置。
3. 开始使你的公司盈利，当你出售公司时，你的公司应是按计划发展的。

4. 开始正式与未来的投资者洽谈，同时你可以逐渐掌握融资的学问和艺术。第一，不要怕别人提问题。第二，不要怕别人的批评意见。第三，你要学会如何拒绝或是如何应对没有回应的电话。

彼得有一个建议：“我看见许多人投资计划做得很好，但是最后却拿不到钱。有一件事作为创业者都应该知道，要学会如何将钱拿到手中。如果你不能，那么就找一个能做到的合伙人。”

彼得还说过我富爸爸曾经说过的话：“假如你想进入这个行业，你一定要首先知道怎样推销。推销是一个创业者应该掌握的最重要的一门技巧，你应该学会并不断提高自己的推销能力和技巧。要知道融资就是将一种与众不同的商品推销给与众不同的顾客。”

人们财务上不成功的原因，一个重要的原因就是因为不会推销。而这个原因又是因为他们缺乏自信，害怕被拒绝。如果你真的想要做一名创业者，就需要不断提高自己的推销技能和自信，我建议你找一个拥有良好培训计划的网络销售公司，至少为它工作五年，从而，学着去做一个自信的推销员。一个成功的推销员不会畏惧与任何人打交道，不会畏惧批评和拒绝，不会没有开口要钱的勇气。

即使是现在，我仍在继续努力，克服自己对被拒绝的恐惧，提高我面对挫折的能力，想方设法让自己克服偶尔出现的自我贬抑。我发现对我来说，应付困难的能力与我的财富积累程度之间直接相关。换句话说，如果我被困难打倒，我的收入就会减少。如果我克服了困难，我的收入就会增加。

如何找到像彼得或马克这样的人做你的顾问？

在已经取得一些基本的商业经验，取得一定程度的成功之后，如果你认为自己准备好了让公司上市，就需要专业指导。

投资银行家彼得和投机资本家马克给我的意见和指导的价值是无法衡量的，他们为我创造出了一个以前从没有过的充满希望的世界。

可以找一本麦格劳·希尔出版公司出版的《标准普尔的证券交易者》，大多数书店或者当地图书馆都找得到。这本书按州列出了证券交易者的名字，你可按图索骥找到愿意听你讲述你的想法和你的公司的人。不是所有的人都愿意给你免费的建议，但有些人会。他们中的大多数人非常忙，如果你没有准备好，那么他们就没有时间帮助你。因此我建议，在找到愿意加入你的团队的人之前，要积累一些实际的商务经验，不要得意忘形。

那么你会是下一个亿万富翁吗？

只有一个人能回答这个问题：那就是你自己。只要有适当的团队，适当的领导者和大胆创新的产品，没有什么是不可能的。科技发展已经到位，或者即将到位。

我一旦知道自己赚取的第一个100万美元的目标可能实现后，我就开始考虑下一个目标了。我知道我可以以大致相同的方式继续赚到1000万美元。但是，赚取10亿美元就需要新的技巧和全新的思维方式。这就是为什么尽管很多时候我还怀疑自己但仍要设立目标的原因。一旦我有了确定目标的勇气，我就要学习其他人成功的经验。如果我没有确定目标，我会认为它实现的可能性相当渺茫，也不会写出这些令人欢迎的关于如何成为亿万富翁的书和文章。

几年前我负债累累时，我认为自己成为一名百万富翁是根本不可能的。那时，我并不认为先将目标定下来再执行，比直接去那个目标更重要。可一旦我制定了目标，我的意识就开始抓住一切可能的机会，利用一切可以利用的资源去寻找可能实现目标的方法。如果我当时真的认定自己当百万富翁的目标不可能实现，我相信它会成为现实。

我确定了追求成为亿万富翁的目标以后，自我怀疑就开始困扰着我，但同时富爸爸教给我的知识和技能以及我的理性开始为我指明走向成功的道路。在我致力于这个目标的时候，我不断地发现成为亿万富翁对我来说的可能性究竟有多大。我常常对自己重复这样一句格言："你认为你能，你就能；你认为你不能，那你就不能。无论如何你都是正确的。"我不知道它的作者是谁，但是我要感谢想出这句话的人。

为什么成为亿万富翁是可能的？

一旦我确定了要成为亿万富翁的目标以后，我开始发现许多因素的存在使你在今天比在过去任何时候更有可能成为亿万富翁。

1. 只通过一根电话线，互联网就为我们中的大多数人创造了一个消费者的世界。
2. 互联网创造了比自身更多的商业机会。就好像亨利·福特通过大规模地生产汽车从而影响了更多公司的出现一样，互联网无限扩大的影响力，使地球上的 60 亿人都可能成为亨利·福特或者比尔·盖茨。
3. 过去，富人和有权势的人控制着传媒。随着已经到来的科学技术的发展，互联网使我们每一个人都好像拥有了自己能控制的广播电台和电视台。
4. 新发明触发了更多的新发明。一种新技术的发明，会让我们生活中的其他领域都随之变得更先进。每一项新技术的应用，都会促使更多的人去发展更新的产品。
5. 当更多的人变得富有的时候，他们会愿意为新成立的公司投入越来越多的资金。这不仅是为了帮助那些新公司，也是为了分享盈利。今天，很多人都不相信这样一个事实：那就是每年都有成百亿美元的资金在等待着，向那些新成立的高新技术公司投放。

6. 创造新产品不一定需要很高的技术。星巴克仅靠一杯咖啡，就让许多人变得富有起来。麦当劳凭借汉堡包和炸鸡，已经成为了最大的不动产持有者。

7. 关键词是“低成本”(ephemeral)。在我看来，那个词是对任何想要变得富有或非常富有的人来说最为重要的一个词。韦氏字典对它意思的解释是：只持续一天，或者只维持非常短暂的时间的事物。

而我的老师福勒博士在使用这个词时的含义却往往是“事倍功半”。一个更常用的词是“杠杆”，或者叫做“低成本高产出的能力”。福勒博士说，人类可以在成本越来越低的同时，为越来越多的人创造出越来越多的财富。

换句话说，随着所有这些新技术的发明，使得许多新兴产业发展所需要的原材料实际上很少，我们每个人现在都有可能只用极少的时间和精力，赚到相当多的钱。

与“低成本”相对的，有些人仍在花费大量的原材料和高负荷的体力劳动从事一些行将就木的传统产业而不思变革，但是他们能赚到的钱却会越来越少。也就是说，未来的财务世界属于那些事倍功半的人。

那么我成为亿万富翁的计划是什么呢?

答案在“低成本”这个词中找到了。要成为一名亿万富翁，我既要能满足大多数人的需要，也要能适应少数人。我需要找到这样一个领域：在目前它已经饱和，过度膨胀且效率很低，人们对它现有的体制不满意，它的产品亟需改进。对我来说符合要求并且机会最好的这个行业就是所有行业中最大的：教育业。如果你花点时间，想一下那些花在教育和培训上的钱数，这个数目会让你震惊。它还不包括花在公立学校、大学等上面的费用。当你把花在商业、军队、家庭和职业研讨会上的经费与教育经费对比时，会发现这个数目实际上最大。但是长期以来，教育又是深陷于困境之中的一个行业，像我们所知道的那样，它已过时，费用高昂，且应该有所改进。

今年的早些时候，我的一个朋友丹·奥斯本送给我一篇从“经济学家网”上下载的文章，丹是一个国际外汇交易商。下面是那篇文章的节选：

> 迈克尔·米尔肯曾经在一年内赚进 5 亿美元的“垃圾债券”，现在正在创建世界上最大的教育公司之一——“知识空间”。科尔贝里·克拉维斯·罗伯茨，一个曾经引起世界上管理层人士恐慌的产权买卖公司，也拥有一个叫做幼儿关怀的教育公司，在华尔街，分析家们正以令人喘不过气的速度发表着报告，断言教育业正在经历私营化和合理化的巨大变革。
>
> 为什么每个人都对教育领域突然变得这样兴奋？就是因为他们看到了教育产业和卫生保健业的相似之处。25 年前，卫生保健业大多局限在公共和自愿部门。而今天，它已成为了大规模的私营行业，其价值数以亿万计。许多富人，不仅是米尔肯和克拉维斯，还有沃伦·巴菲特、保罗·艾伦、约翰·多尔以及萨姆·泽尔，都打赌说教育业正沿着与此相同的方向发展。而一些传统行业公司也正在对其投资，其中包括 Sun、微软、Oracle、苹果、索尼，Harcourt General 和华盛顿邮报集团。
>
> 美国政府宣称：一年中，国家花在教育上的经费总数达 6350 亿美元，超过退休金和国防拨款，并预计在下一个十年内，花在每个学生身上的教育经费会增长 40%。私营公司目前占有 13% 的教育市场份额，且大多数集中在培训方面，它们充满生机并将不断稳固发展。国际数据公司，作为一个专门的顾问机构，认为在 20 年以后教育市场中私营公司的份额将会增长 25%。

文章继续谈到：

美国的公立学校正在让家长们越来越失望，并已落后国际水平。美国从国民生产总值中花费在教育上的支出，比世界上多数的国家多得多，但结果却并不理想。在标准化考试中，亚洲和欧洲的孩子们经常大败他们的美国同龄人。有超过40%的10岁美国孩子无法通过基础阅读测试；同时有4200万成人在某种程度上是现代文盲。造成这种结果的原因很多，其中很重要的一部分是因为：花费在每个孩子身上的6500美元有近一半被毫无意义的服务消耗掉了，而这其中大部分是由于产业老化，经营管理不当而造成的效率低下却花费巨大的管理经费。

现在公立和私立学校之间的障碍正在消失，企业家被允许进入政府机构的某些教育领域。有1128个特许的学校有权尝试由私人来管理学校，而不花政府一分钱。

文章还指出：

不要惊讶，学校私营化的阻力也很大。教师工会对挑战他们权力的人的反抗，已经给人们留下了深刻的印象。

不要去不想要你的地方

1996年，我将我设计的教育纸板游戏《现金流》推荐给一所有名的大学的老师，以征求他们的反馈意见。他们口头上的答复是："我们不在学校里做游戏，也没有兴趣教年轻人如何赚钱，他们有更重要的课程要学习。"

因此从实际的商务经验中我们得出结论："不要去不想让你去的地方。"也就是说，在需要你和你的产品的地方，你才会更容易赚到钱。

好消息是：越来越多的学校开始在课堂上使用我们这个游戏作为教材。但最让人高兴是，公众喜欢我们的东西。在那些想要促进公司发展和提高财务能力的个人当中，我们的游戏销售得非常好。

我终于得以画好了这个圆。2000年1月，美国国际工商管理学院采用了《富爸爸，穷爸爸》、《富爸爸财务自由之路》和《现金流》游戏作为企业家课程的适用教材。这所大学的教育课程非常有名，并且得到国际上的承认。

回到计划上来

我发现对资金管理、企业和投资课程的需求极大——原因是这些课程非常重要而在学校里并没有教授过。我预计在几年内，大的股票市场会崩溃，其结果是许多人无法如愿地拿到退休金。我相信大约在 10 年内人们会大声呼吁要求接受相关的财务教育。最近，联邦政府也告诫美国人不要一味地指望退休后的社会保障和医疗保险。不幸的是这消息对很多人来说已经太晚了，尤其是学校这样一个传统的教育机构从来没有教过他们如何赚钱。莎伦和我想要提供的就是这样一种教育——不论是用我们现有的产品还是通过互联网，其花费都要比现有的教育机构所能提供的低廉而实用。

当我们准备好通过互联网实施教育计划的时候，我们就会变成一家高科技和互联网公司，而不只是今天的出版公司。一旦我们可以以这种低成本为更多的人提供我们的产品，公司的价值就会成倍上升，因为我们能为国际市场提供更好的、更方便的和更便宜的商品。换句话说，我们可以花更少的钱和精力生产更多的商品，这是成为富翁和巨富的诀窍。

这样的话我就会成为亿万富翁吗？我不知道，但我正在朝这个目标努力。如果我能做到又该怎么做？我也不知道，因为答案尚未出现。但我知道一点：许多年来我一直抱怨学校没有教给我任何关于金钱、生意或者致富的知识。我经常觉得奇怪，他们为什么不讲授那些我一离开学校就会用到的课程，反而讲一些我知道自己永远也不会用的东西呢？后来有一天，一个人告诉我："不要再抱怨，做点事情来改变它。"今天我确实在这么做。因为我确信，如果我对没有在学校学到如何致富的财务知识而感到不愉快的话，其他人也一定会有同样的不满，而这就是潜在的巨大市场需求。

总的说来，金、莎伦和我无意和传统的教育机构竞争，现有的教育机构设立的目的是将人们培养成为职员和专业人员。我们只是将我们低成本的产品，出售给那些需要我们产品的人，用以教育那些想要成为企业家拥有自己的公司，或者希望成为投资者而不是在其他人的公司里工作的人，那才是我们的目标市场。我们把互联网看作是实现这一目标的完美载体，而不是通过传统的教育机构，这是我们的计划，只有时间能告诉我们三个人是否能够实现我们的目标。

第41章

富人为什么会破产?

我常听人说:“等我赚够钱,就不会有财务问题了。”实际上,他们新的财务问题才刚刚开始。有那么多新兴富翁突然破产的一个原因,就是因为他们用原有的管理资金的习惯去处理新形势下的财务问题。

1977年,我开始了我的第一笔大生意——“维可牢”钱包。就像我在前面章节中提到的,资产的增值额远远大于创办时的资产。几年后,我又创建了另一个迅速增值的资产,它的资产再一次地比当初成立的时候翻了几番,但我还是失掉了它。直到第三次创业时,我才领悟到了富爸爸反复指导并要我学习的东西。

我的穷爸爸对我生意上的大起大落感到很震惊。他是一个慈爱的父亲,看着我前一分钟站在世界之巅,而后一分钟却跌入深渊,这对他来说实在太痛苦了。而富爸爸却为我高兴,在我两次大的创业和失败后,他说道:“大部分百万富翁在成功之前都失掉了三个公司,而你现在只失掉了两个,那些普通人则从未失去一个公司,这就是为什么10%的人掌握着90%的财富的原因。”

讲完我如何赚进几百万又失掉几百万的故事后,经常有人问我这样一个重要的问题:“富人们为什么会破产?”我提出以下一些可能的原因，它们全都来自我个人的经验。

第一个原因：那些在贫苦环境中长大的人，不懂得如何管理大量的金钱。

我已经说过，钱太多的问题和钱太少的问题一样大。如果一个人没有学过如何管理大额资金，并且没有合适的金融顾问的话，那极有可能是将钱存在银行里或者干脆赔掉它们。富爸爸说过："金钱本身不会让你变得富有。实际上金钱同时具有让你变富和变穷的力量。大多数人有了一些钱后只会将它花掉，于是变得更穷甚至债台高筑。这就是在有史以来经济发展最好的今天，仍然有这么多破产报道的原因。这个问题的产生，也源自于人们得到钱后买下了他们误认为是资产的东西，由此导致债务缠身。在以后几年内，我确信许多今天年轻的百万富翁和暴发户将会陷入财务上的困境，因为他们明显缺少管理资金的技能。"

第二个原因：当人们有了钱之后，愉快的情绪就会像毒品一样让人精神亢奋。

富爸爸说："得到很多钱的时候，人们感到自己很聪明，事实上他们已经开始变得更愚蠢。他们认为自己拥有了全世界，便立刻出去开始花钱，就好像得用金子建造坟墓的塔特国王一样。"

我的税务顾问和注册会计师戴尔尼·肯尼迪曾对我说："我为许多有钱人做过顾问，他们赚了大把钞票后就开始走向破产，在这之前，他们倾向于做三件事。第一件，买一架喷气式飞机或者一艘大游艇；第二件，他们去狩猎；第三件，和自己的妻子离婚，娶一个更年轻的女人。当看见这些事发生的时候，我就意识到他们开始为破产作准备了。"当然，这很像第一个原因：他们买进了负债，或者卖掉一份资产来买入一份负债，之后他们又会找到一份新的负债。现在，他们就有了两份或者更多的负债。

第三个原因：你有钱的时候，一些朋友和亲戚会想和你接近。

对许多人来说，当你爱的人向你借钱时要说“不”是最难的一件事。虽然这种事还没有发生在我的身上，但是我看见过当一个人突然变得富有后，就会和许多亲戚朋友的关系发生破裂。就像富爸爸所说的：“在致富过程中，一个非常重要的技能是学会向你自己和你所爱的人说‘不’。”那些有钱后开始买游艇和大房子的人是无法对自己说“不”，更不用说对他们的家人了。他们最后以负债累累收场，就是因为他们突然有了大量的钱而不会说“不”。

不仅人们在你有钱后会想向你借钱，而且银行也想贷给你更多的钱，这就是为什么人们常说：“银行在你不需要钱的时候才会借给你。”如果情况变糟，不仅向朋友和亲戚收回借款很困难，银行也会不停地催促你偿还贷款。

第四个原因：那些暴富者拿着钱摇身一变成为“投资者”，但是却没有一点投资知识和经验。

我们再回到富爸爸的话题上来：当人们突然有了钱以后，他们会认为他们的财商也提高了，但事实上却是降低了。而且一个人一旦有了钱，他们会突然接到证券经纪人、不动产经纪人和投资经纪人的电话。富爸爸讲过一个关于经纪人的笑话：“他们被称作经纪人的原因，是因为他们比你还没钱。”在这里，我向那些觉得被冒犯的经纪人道歉，但是我认为富爸爸的笑话最初来自于他的证券经纪人。

我家的一个朋友得到了 35 万美元的遗产，然而在不到 6 个月的时间里他将所有的钱都赔在了股市里。不是因为市场，而是因为经纪人搅昏了这个认为钱已让自己变得更聪明的暴富者。在市场上，经纪人建议他定期买入，卖出，并在每一桩买和卖中抽取佣金，这种作法迫使顾客不恰当地增加了经纪人的佣金，因而是被明令禁止。如果经纪人协会发现经纪人涉及这类行为，会向其处以巨额罚款，但是这种现象确实存在。

在这本书的开头已讲过，只是因为你手中有钱，并因此符合作为一名特许投资者的要求，并不意味着你了解投资的任何事。

在今天火爆的股票市场中，许多公司也像个人一样盲目地投资。投入股市大量的资金，许多公司忙着购买他们希望能成为资产的其他的公司。在业内这被称作兼并与收购。问题在于，这些新收购的公司中有许多都可能最终成为负债。通常盲目买下一个小公司的大公司往往以财务陷入困境收场。

第五个原因：患得患失。大多时候，用穷人的眼光看有钱的人，会过着一种害怕贫穷的日子。而当财富从天而降的时候，对贫穷的恐惧不但没有减少，反而增加了。我的一个朋友，主要研究专业每日交易商的心理。他说："你得到了你害怕的东西。"这就是为什么许多职业投资者将心理学家列为团队一员的原因，至少我是这么做的。因为我也有和其他人一样的恐惧。就像前面所说的，赔钱有很多种方式，不只是赔在投资市场上。

第六个原因：人们不知道好支出和坏支出的区别。

我常常接到我的会计师或税务顾问的电话，说："你必须买下另一份不动产。"换句话说，我的问题在于赚钱太多，而且我还需要不断在不动产这样的项目上投入更多的资金，因为我的退休金计划中没有很多钱。有钱人变得更有钱的一个原因，是因为他们能利用税法的优惠政策进行更多的投资。其实是本该纳税的钱被用来购买另外的资产，这样扣除掉了收入的一部分，也就合法地减少了应交的税款。

对我来说，先前列出的四棱锥体是最重要的一个图表，它和使财富保值增值一样重要。当我把这个图表给别人看时，人们经常问我为什么支出是结构中的一部分。原因在于不管我们挣多少钱，能否恰当地控制支出都会使我们变得更加富有或者更加贫穷。富爸爸经常说："如果你想知道一个人以后会变得更富有还是更贫穷，只要看看他的财务报表中支出的数字就行了。"富爸爸认为支出非常重要，他常说："支出使你富有，也会使你贫穷。一个明智的企业主和投资者知道他们需要开支哪一项支出，也知道如何控制花销。”

“我能创造资产的主要原因，是因为我会增加好的支出。”一天富爸爸对我说，“普通人的支出往往是不好的。”区分清楚好支出和坏支出，是富爸爸成功创造资产的一个最重要的因素，因为他创造的资产能以支出的形式买下其他别的资产并持续这样的过程，当我还是小孩子的时候，曾经和他沿海滩散步，看着他刚买下的一份昂贵的不动产，他对我说：“我个人也负担不起这块土地的费用，但我的公司可以。”

如果你了解现有的对于 B 象限的税法条款，你很快就会认识到有钱人变得更加有钱的一个原因，就在于税法允许他们在纳税之前，用税前的资金去建立、创造或者购买其他的资产，而其他象限的人则不能这样做。实际上，税法几乎就是要求你用税前资金进行更多的投资，这就是为什么我接到那么多电话，要求我为了减少纳税必需购买更多的不动产，或者收购其他的公司的原因，当然在我们这么做的同时，也进一步促进了市场的繁荣。这也是政府如此规定税收政策的原因所在。而另一方面，处于 E 象限的人用的则是税后资金去建立、创造和购买其他的资产，这中间的差别是显而易见的。

钱太多了怎么办？

“如果你想要致富的话，你就必须对如何赚到很多的钱有一个计划，你还必须在赚到钱之前对怎样打理这些钱有个打算。如果你没有计划，你失掉这些钱的速度常常会比你赚到它们的速度更快。”富爸爸让我学习不动产投资的原因之一是为了让我在赚到钱之前就了解怎样投资不动产。现在当我的会计师打电话告诉我：“你的收入太多了，你需要进行更多的投资的时候，我早已想好了将钱投往何处，使用怎样的运行机制，以及用它购买什么资产。我会打电话给我的经纪人，让他们购买更多的不动产。如果我买股票，我会打电话给财务策划师，先买保险然后再买股票、债券或者共同基金。换句话说，保险业为那些富有的企业主提供了特殊的保险业务。当一个公司买了这种保险以后，这对公司来说是一项开支，但是它也成为能给业主带来许多税收优惠的资产。也就是说，当我的会计师打来电话的时候，大量的资金已经按预定计划花掉了，而且这些花销会使我更富有、更安全。因此，对有钱人来说，财务顾问和保险代理人在团队中的作用非常重要。

这些年来，我目睹了许多原本利润很高的公司，最终却以破产收场。为什么呢？因为他们没有管理好自己的消费支出。他们不是用钱购买其他的资产，比如不动产或者股票，而是将其消耗在无益的业务费，或者用来买更大的房子、漂亮的游艇、汽车以及去结交新的朋友。他们在财务上没有变得更强大，反而随着挣到的钱花出去而变得相当拮据。

硬币的另一面

富爸爸经常说："通过支出栏，富人们看到了硬币的另一面。大多数人认为支出是不好的，认为它使人们变穷。当你发现支出能使你致富的时候，你开始看到硬币的另一面了。"他还说，"看支出栏就好像《艾丽斯漫游奇境》中的艾丽斯，她透过镜子，看到了镜子里边的奇异世界。"硬币的两面实际上对我来说没有特殊意义，但是富爸爸说："如果你想致富，你必须一分为二地看待硬币两面的希望、恐惧和幻想。"

在一次与富爸爸的谈话中，他谈到了一些事，改变了我对由穷变富的看法。富爸爸对我说："在制定好致富计划和熟悉了税法和公司法之后，我能通过支出栏变得富有，而普通人却在因为支出而变穷。这就是一些人变富而另一些人穷困潦倒的最大的、也是最重要的原因之一。如果你想致富并且保持下去的话，你一定要控制好你的支出。"明白了这些以后，你就会了解为什么富爸爸要求“低收入高支出”，这正是致富之道。他说：“大多数人最终失去了钱并走向破产，是因为他们仍以穷人的方式来思维，而穷人要的是高收入低支出。如果你不转变这种观念的话，你就会活在害怕贫穷的阴影之中，并变得更加节俭，而不是通过提高自己的财务技能来使自己更富有。一旦你明白了为什么有钱人要求“低收入高支出”，你就会开始看到硬币的另一面。

非常重要的一点

最后这一段，是本书最重要的段落之一，实际上这本书一直围绕着这一段来写。如果你没有弄明白，我建议你和看过这本书的朋友坐下来，讨论一下以加深对本书内容的理解。我不期望你一定赞同本书的看法，只要开始去思考这些问题就好了。你会开始认识到一个拥有财富的世界，认识到你如何才能成为那个世界中的一分子。富爸爸说：“那些在头脑中没有转变金钱观念的人，只看得到硬币的一面。即便他们确实赚到了一些钱，仍有可能永远看不到它的另一面，一个金钱充足的世界。”

了解了现实世界确实存在金钱过剩，以及了解了一些税法和公司法的知识并了解了支出的重要性之后，你可以开始看到一个完全不同的世界，一个很少人看到的世界。假如你的看法可以改变，那么你就会明白富爸爸总爱说的那句话：“我通过支出变得更加富有，而普通人通过支出变得更加贫穷。”你要是明白了这句话，就会了解为什么我认为在教育系统中教授财务知识十分重要。正因为这个原因，我的教育游戏《现金流》旨在帮助你发现一个别人没有看见过的世界。财务报表和《艾丽斯漫游奇境》中的那面镜子很相像。在《现金流》这个游戏中，玩家通过分析财务报表并将这些技能应用于现实生活，可以从“老鼠赛跑”的怪圈中跳出来，进入特许投资者的“快车道”。

怎样才能使“低收入高支出”行之有效?

就像富爸爸所说的:“金钱只是一个观念。”最后的那几段包含了一些非常重要的观念。假如你完全理解了“低收入高支出”的益处,那么继续下去。如果没有,请花点时间和读过本书的人讨论一下。这是本书的重点。它也解释了许多有钱人破产的原因。因此,尽你最大的努力去理解这一点,因为如果你不能真正理解而只顾创建资产、赚更多的钱并没有多大意义,最后你仍会失去。当我研究“90/10”的规律时,发现那些只拥有10%财富的90%的人都是“高收入低支出者”。那正是他们始终停留在他们已达到的地方甚至倒退的原因。

指导方针

问题在于:“怎样通过低收入高支出让你致富?”答案可以在那些智谋型投资者的身上找到,他们利用税法和公司法的优惠政策,让支出转化为收入。

举个例子:

这是一个智谋型投资者正在制定的图表：

10%的人创造了 90%的财富

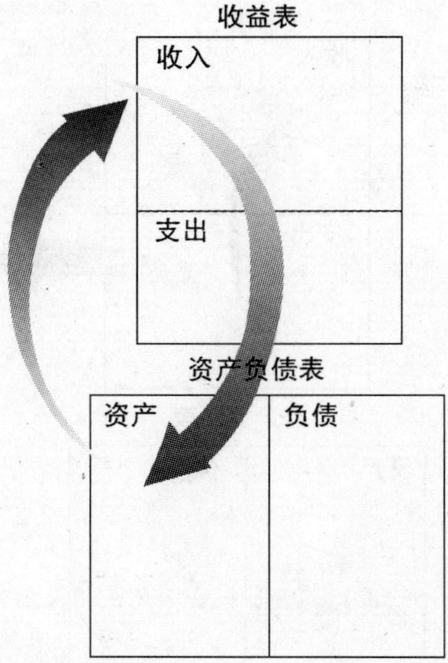

问题再次提到了桌面上："怎样通过低收入高支出致富？"

假如你开始明白这么做的过程和原因，那么你就会发现一个越来越开阔、越来越富足的天地。

将上面的图表和以下的图表进行比较：

90%的人创造了10%的价值

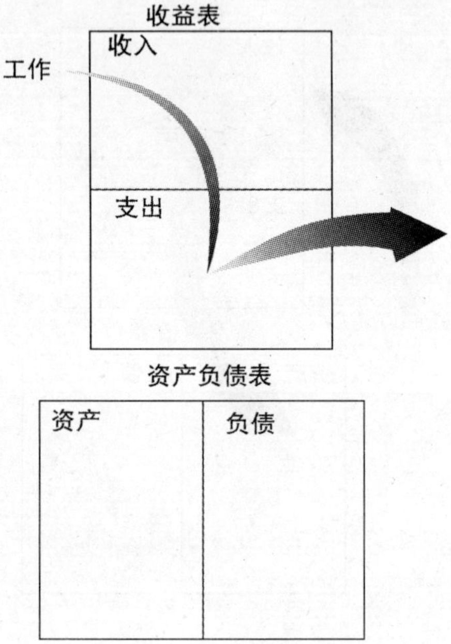

这是反映世界上大多数人财务状况的图表。换句话说，就是赚进钱之后又从支出栏花掉了并且再没有回来。这就是为什么那么多的人努力省钱、节俭，减少开支的原因。这个图表同样适用于这样一些人，他们强调“我的房子是资产”，即使这些钱已从开支栏出去并且再也没有回来，至少没有立即回来。或者有人会说：“我每个月都在赔钱，但政府会为我的赔钱给予减免税。”他们与其这样说还不如说：“我通过投资和政府的税收减免赚钱。”

富爸爸说：“在这个问题中你可以发现应掌握的最重要的一点就是，同一个月中，你的支出返还成为收入的比率是多少？”富爸爸和我在这个话题上日以继夜地探讨过。了解了他的观点之后，我看到了大部分人没有接触过的完全不同的世界。我看见了一个财富不断增值的世界，这里的人不像其他人那样，一味地努力工作、赚钱，减少开支，所以请问自己同样的问题："同一个月中，你的开支返还成为收入的比率是多少？"假如你领悟到了，你应该能够接触到并创建出一个财富不断增长的世界。如果在理解上有一定困难的话，你不妨找其他人讨论一下应该怎样才能做到。如果能理解的话，你就会觉得它值得讨论，你可能会愿意经常阅读并讨论本书。实际上本书是写来转变人们观念的，从金钱匮乏世界的思维方式转变为创造一个金钱过剩的世界的思维方式。

网络销售公司的价值是什么？

当我和网络销售公司的代表谈话时，我经常对他们说："你不知道你的网络销售公司的价值所在。"我这么说是因为许多这类公司，只看重一笔生意能带来多少利润。我经常告诫他们，重要的是他们能有多少税前收入用于投资，而不是说能挣多少钱。E象限的人做不到这一点。就我看来，这却是网络销售公司最大的优势之一。如果营运得当，一家网络销售公司会使你比单纯靠公司剩余收入致富还富有。我有几个朋友，他们在网络销售上赚了上千万美元，现在仍然破产了。我谈及这一行业时，常常提醒网络销售业的领导，他们工作的一个重要部分不只是教育人们怎样赚钱，同样的是教育人们怎样保住盈利，只有通过支出，他们才会最终变得富有。

为什么多个公司比一个公司好？

不仅网络销售业人士没有认识到他们公司的价值，我看见过许多善于创业的企业家也没有认识到他的企业的真正价值所在。发生这种情况的原因是"创建公司是为了出售"这个观念的流行。智谋型投资者了解税法和公司法，而公司业主们不了解。因此，他们不是创建公司以购买资产，而是经常建立一个公司，然后卖掉它，付完税将现金存在银行里，又重新开始。

我有几个朋友，他们创办公司只是为了出售它。有两个朋友已经卖掉了他们的公司，并得到了现款，但却在下一次的商业投机中失去了所有的钱。他们失败是由于90/10规律仍然在起作用。这两个人是来自于S象限的个人，却创建了B象限的公司，然后又将公司出售给B象限的人。购买者当然认识到了这个B象限公司的潜在价值。因此，出售公司的那些朋友最终破了产，尽管他们已经拿到了几百万美元，而他们创建的那个公司却在继续为新的所有者创造财富。

一个高明的公司所有人和投资者会尽他们最大的努力，让公司留在自己手中的时间尽可能的长，让它购买尽可能多的不变资产，付尽可能少的税款，并同时保持尽可能多地资产，就像富爸爸所说的："我创建一个公司的主要原因，是为了让它为我购买资产"。对于许多创业者来说，他们创建的那个公司是他们惟一的资产，因为他们采用的是单一公司策略，因而不能充分发挥多公司投资策略的作用（再次提一下，采用这种策略需要一批专业顾问）。这里再次指出B象限的极大优势，就是可利用适用于这一象限的税法以税前收入投资，从而使自己更加富有。实际上这是法律因你尽可能地进行投资而给予的回报。

支出的力量

这就是为什么支出既能成为资产，又能成为负债（不管你挣了多少钱）的原因。90%的人只占有10%的财富的一个原因，是他们不知道怎样去花掉他们挣的钱。富爸爸说过："有钱人有办法将垃圾变成金钱，其他人则是将金子变成垃圾。"

"为什么富人会破产？"这个问题的答案是什么呢？"这原因和穷人仍然贫穷，中产阶级在温饱线上继续挣扎的原因相

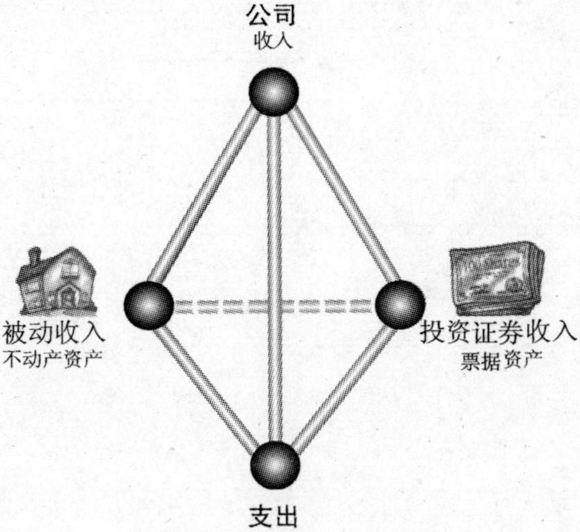

同。”有钱人、穷人和中产阶级破产，都是因为他们无法控制自己的支出。他们没有通过支出使自己变得富有，而是因为支出变得一贫如洗。

第五阶段

用财富回报社会

第42章

你做好了财富回馈的准备吗？

投资者第10个控制能力：财富回馈

最近，我的一个高中同学丹路过我所在的小镇，问我要不要一起打高尔夫球。丹是个高尔夫球高手，而我好几个月没玩了。因此刚开始我犹豫了一下。但想到打球可以一起消磨时间并重温往日情谊，而不单纯为了争夺一场高尔夫球比赛的输赢，我便答应了。

丹的高尔夫球技让我感到自己很丢脸，坐在球场中的高尔夫球车上，我们的谈话转移到了各自这段时间在做什么。当我告诉丹我已经退休，正在筹建两个公司，一家上市公司，一家私营公司的时候，他勃然大怒。愤怒使他口不择言，咒骂我贪婪，只想到自己而剥削穷人。我努力保持冷静，但是一个钟头之后，我再也忍不住了。最后我问他："是什么让你认为富人是贪婪的呢？"

他回答说："因为我整天面对那些穷人，我从没有看到富人为他们做过些什么。"丹是一个专门为那些请不起律师的人提供法律帮助的律师。"贫富差距越来越大，而这种状况并没什么改善。现在有些家庭甚至已经失去了摆脱贫困生活的希望。他们看不到梦想，而美好的梦想正是美国的基石。还有像你这样的家伙赚的钱越来越多，却还在想着要去把天上的星星摘下来做你的装饰品，你想到过穷人吗？你能想到这些吗？开公司，挣大钱……你已经变得和迈克的爸爸一样坏了……一个只知道赚钱的贪婪的富人。”

随着比赛的进行，丹的情绪平静下来，最后在比赛结束的时候，我们约定第二天在饭店的餐厅里见面，我会拿出一些正在做的东西给他看，以证明我不是他所认为的那种贪婪的富人。

第二天，我拿给丹看我的游戏。“这纸板游戏是关于什么的?”等我们坐下后，丹问我。我向他展示了那个游戏，并向他解释我的“贫穷是由于缺乏教育”的理论：“那是一种后天习得的能力,”我说，“只有在家庭中才能学会。因为学校没有教你金钱方面的知识，所以只好在家中学习了。”

“那这个游戏要教些什么呢?”丹问道。

“它教授财务知识中的专业用语和技巧,”我说，“在我看来，语言是人类拥有的最有力的工具或是财富。因为信息影响我们的大脑，而我们的大脑又改造着现实世界。许多人的问题是当他们离开了家和学校时，还从来没有学过和了解到关于金钱方面的专业用语……结果导致一生都在为钱而苦苦奋斗。”

当女服务生为我们添咖啡的时候，丹仔细研究了这个色彩丰富的游戏：“那么你计划靠这个使穷人们结束贫困喽?”他挖苦地问道。

“不,”我轻轻地笑了，“我没有那么天真乐观。我设计这个游戏，主要为了那些想成为公司老板和投资者的人。现金流管理是任何想致富的人所必备的一项基本技能。”

“那么你设计它的目的是为了那些想致富的人，而不是为了穷人?”丹的话又开始含怒了。

看着他的情绪反应，我又忍不住笑了起来：“不不不,”我说，“我设计这个游戏没有把穷人排除在外。我再强调一次，我创立这个教育计划的目标是针对那些想致富的人，不管他现在是穷还是富。”

丹的表情看起来缓和了一些，虽然只是一点点。

“确实，”我温和地说道：“我的产品是为那些想致富的人设计的。”我又重复了一次，“但首先得他们自己想变得富有，否则，不管他们是谁或者他们的经济地位如何，我的产品都帮不了他们。我的产品也不一定能帮助富人和中产阶级，除非他们自己想变得更加富有。”

丹坐在那儿不断地摇头，他的怒火又高涨了。最后他说道：“你的意思是说我用了几乎一生的时间去帮助别人之后，实际上我没有帮到他们吗？”

“不，我不是那个意思。”我说，“我不能评论你做的事情或者你的作用，何况那也不是我能评判的。”

“那你是什么意思？”丹问道。

“我是说除非人们自己想让自己摆脱困境，否则谁也帮不了他们。”我说，“如果人们对致富没有兴趣，我的产品就没有价值。”

丹坐在那里静静地领会我试图讲述的差别。“在司法界和法律援助工作中，我经常给人们提出一些建议。许多人不采纳它，”丹说道，“一二年以后我再见到他们，情况仍是老样子。他们又被关进监狱，或者再次以家庭暴力或其他什么罪名被起诉。你就是这个意思吧？除非人们真心地意识到并想要改变他们的生活状况，否则建议是不会起作用的？”

“我是这个意思，”我说，“这就是为什么最科学的食谱和锻炼都不能起到减肥的效果，除非他们真真正正地想减肥。同样的道理，让一个对这门课程根本不感兴趣的学生坐在教室里学习常常只是在浪费时间，而且会影响其他人。教一个对学习没有兴趣的人很困难。例如，我对学习摔跤没有兴趣，你就不能强迫我去学。但我对高尔夫球不一样，我愿意努力地学，每天用几个小时练习，花很多钱去学它，这一切都因为我想学。”

丹坐在那里点点头，说，“我明白了。”

“但我还没有给你看这个计划中关于致富的那方面，”我说，“我想让你看看富爸爸是怎样教育我和迈克关于慷慨和财富回报的。”

在接下来的10分钟里，我向丹说明了富爸爸计划中的第五个阶段，我向他指出慷慨和慈善是富爸爸计划中的一大部分。当我回到游戏时，我对丹说：“迈克的爸爸教给我们财富和金钱的5个不同阶段。第5阶段是在你赚钱之后有回报的义务，迈克的爸爸始终坚信，挣了钱并将它存起来是对金钱力量的误用。”

“所以，你将迈克爸爸的计划中的第5阶段放在了你的教育计划之中：”丹有点怀疑地问道，“你的教育计划不仅教会人们致富，而且还教会人们慷慨？”

我点头道：“它的确是我计划的一部分，一个非常重要的部分。”

丹和迈克与我一块长大，他知道富爸爸是谁。他听说过我从越南回来后与富爸爸一起草拟过的那份投资计划。丹意识到我是经受过怎样的磨难，才学会了做一个公司老板和投资者的。因此，当我说到在第3和第4阶段，我为一些公司投资并变得更有钱时，他没有对我发火。现在，他正在听我讲第5阶段。

“我说过，第5个阶段有可能是富爸爸计划中最重要的一个阶段，我特意将它列入这个游戏之中。”我说。

“那什么是第5个阶段？”丹问道，“你在游戏板指给我看。”

于是我就指出游戏中“快车道”上的粉色方块给他看。游戏包括两条不同的路线。一条环形路线在内部，称作“老鼠赛跑”；一条矩形路线在外部，称作“快车道”，富人们就在这里投资。“这些粉色的方块就是第5个阶段。”我指着其中一个方块说道。

“建一座少儿图书馆。”丹读着我手指指着的角落上的方块上的字，大声地念了出来。

然后我指向另一个方块。

“建一所癌症研究中心。”丹高声念道。

“这一块也是。”我说着，手指移开指向了另一个方块。

“信仰。”丹读着我手指所在处的下面一行小字，说道。

“你是把慈善方块编入快车道？”丹问道，“把布施引入巨富们的投资路线中？”

我点点头说：“是的，在快车道上有两个梦想，满足个人的奢欲和用你的额外财富为人类创造一个更好的世界。”

丹缓缓地摇头道：“你是说迈克的爸爸在教你和迈克如何致富的同时，也教你们做好慈善工作。”

我点点头，手指迅速地划过游戏板的“快车道”上那些代表慈善事业的方块，说：“富爸爸说，一个投资者应该掌握的一项最重要的技能是将他的大部分财富回馈给社会。”

“他是一个出了名的贪婪的有钱人，”丹说，“许多人对他评价很糟，认为他太贪心。”

“大多数人是那么想，”我答道，“但我和迈克了解的不同。他赚的钱越多，送出去的钱也越多，只是他从不愿引人注意。”

“这些我不知道，”丹说，“难道他晚年一直在把自己积蓄的全部的财富回报给社会吗？”

“当然不是全部，”我笑道，“他还要留一些给他的孩子们。我想强调的是许多人都抱有这种看法，认为富人们很贪婪。这种看法蒙蔽了他们的双眼，让他们看不清事实和现实，我承认的确有很多人有钱却缺乏道德，但并不是所有的富人都那么贪婪。如果你睁开眼睛看看，会发现那些巨富们为社会做出了巨大的经济贡献：看看安德鲁·卡内基通过兴建图书馆做出的回报，看看亨利·福特的‘福特基金’，洛克菲勒筹集了‘洛克菲勒基金’。我的偶像‘量子基金’创始人乔治·索罗斯，现在正投入巨额资金希望能建立一个全球化的组织，以增进国家间更多的了解。但是我们经常听到的只是政治家谈论的关于他和他的对冲基金引来的麻烦事。

“洛克菲勒不但筹建慈善基金，他还大举捐资给芝加哥大学，而且带动许多有钱的校友也向母校捐款。还有许多超级富豪们建立了他们自己的高等教育学院，比如斯坦福建立了斯坦福大学，杜克（Duke）建立了杜克大学。富翁们对高等教育总是很慷慨的。”

“范德尔比特大学就是由一个非常富有的企业家创建的。”丹补充道。

“我知道富翁们通过投资创造了工作机会，提供给人们食物和公共设施让人们生活得好一点。而你现在告诉我的是，他们常常将财富回馈给社会。”丹说。

“那正是我所说的，”我回答，“但仍然有许多人只看到某些富人贪婪的那一面，我知道有的富人很贪婪，但是也有贪婪的穷人。”

“因此你的富爸爸又把财富回报给了社会。”丹重复道。

“是的，”我回答，“据我所知在投资的所有阶段中惟有第5阶段最让他快乐的。此外，从事慈善活动使他的支出增加，收入减少，并使他穿过了那面镜子。”

“什么？”丹被弄湖涂了，有些结结巴巴的，“什么镜子？”

“没什么，”我说，“你只要知道慷慨比任何方式都让他开心就行了。”

“他做了些什么？”丹问。

“因为他自己的父亲死于癌症，所以富爸爸在基金中拔了一笔巨款来从事癌症研究工作。他还在一家小的乡村医院建立了癌症病房，这样村民们在所爱的人生病住院时，也可以接近他们。作为一个非常虔诚的教徒，他还为教堂修建了一栋教学楼，这样教堂就能为孩子们开办一所更大的周日学校。他赞助艺术事业，在为博物馆捐款的同时还收购许多有才华却暂时生活困窘的艺术家们的作品。最棒的是他建立的基金被管理得非常好，即使在他去世以后，还能继续盈利和不断捐款，所以说，在他死后，他仍然在为社会做着巨大的贡献。他的信托财产和基金在未来还会为许多有价值的事业提供资金支持。”

“他计划在活着的时候赚很多钱，也打算在死后财源滚滚。”

“他的确有这个计划。”我回答道。

“所以你的游戏《现金流》，确确实实地包括了你富爸爸教给你的所有东西。他教会你如何赚钱和如何回报社会。”丹说。

“我尽自己最大的努力将富爸爸教给我的关于财富的重要知识融入这个游戏中。回馈的重要性是他教给我的东西之一，”我答道，“他教我如何去获取财富，如何控制好回馈。”

“我希望有更多的人这样做。”丹说。

“噢，会有更多的人回馈社会的，”我说，“你只要看看在‘生育高峰期’出生的这一代人。在 60 年代他们中的许多人都是嬉皮士，而在今天他们正迅速成为百万富翁。多年来作为经济革命一部分的他们，正致力于《现金流》的管理。这些旧日的嬉皮士们和那一代中的其他人大多具有强烈的社会责任感。财富加上理想，他们将会成为世界上一支金融、政治、社会领域的生力军。我认为他们会去做那些我们的政府无力负担的慈善事业。他们中的许多富翁会完成他们在贫穷时想完成的心愿……而且今天他们的确很富有。”

“是什么让你认为他们会慷慨解囊的？”丹问道。

“因为已经发生了，”我回答道，“特德·特纳承诺向联合国捐款 10 亿美元，还指责其他像比尔·盖茨这样的人不够大方。这一挑畔提出不到三年，比尔·盖茨一人就为各项慈善事业捐款 40 亿美元……盖茨还很年轻。你能想像他在以后几十年中会有多少捐款吗？

“但这不是由于他正在和联邦政府打官司吗？”丹问道，“他捐钱不只是为了使自己形象变得良好吗？”

“嗯，许多记者爱在他们的文章中指出这一点，关于他的慷慨背后的“目的”。但是让我问你一个问题，有多少记者捐过40亿美元的款呢？”我平静地问道，“事实是，仅在1999年，比尔·盖茨就让他的全职工作人员捐款3.25亿美元。又有多少记者在1999年捐了3.25亿美元呢？所以即使他这一举动的勇气来自于特纳的激将，事实仍然是他捐了款，为社会做了贡献。事实就是这些富有的在‘生育高峰期’出生的企业家们会相互施压，让对方无法吝啬。为富不仁，会被看不起。”

“那么迈克的爸爸是一个慷慨的人，他教你和迈克学会大方。”

我点头：“即使镇上的许多人因为他的富有而批评他，他仍然暗中捐款。慷慨在让他快乐的同时也给了他独到的商业眼光。”

“我真的不知道这些，”丹轻声说道，语调中几乎是带着一种敬意，已经对富爸爸有了不同的看法，“捐款让他快乐吗？”

我点点头：“在他生命的后来那些年里，我在他身上看到了以前从没看见过的平静，他在一生中做过许多善事，也愿意继续做下去直到生命终结。他的人生是无憾的。”

“他为迈克和我感到非常骄傲，”我继续说，“他也说过他知道我更像我的穷爸爸。他了解我适合做一名教师，并希望我能把他教给我的知识传授给别人。他想要我同时像自己的两个爸爸……一个富翁同时也是一名教师。”

“你做到了吗？”丹问。

“还没有，”我答道，“还没有完全做到。他总是担心我会放弃沿着这条路走下去。他担心我不能持之以恒地将我的投资计划变成现实，那意味着我的‘财务梦想’无法实现。他总是担心我会半途而废，去做那些容易而不必要的工作。”

“坚持向前，坚持做你自己的事情，始终要忠实于自己的理想，那么你所有的梦想都会成为现实。”我轻声地说道，“那是他给我的最后一个意见。”

我仍沉浸在对往日的追忆之中，丹问道：“那你所有的梦想都成为了现实吗？”

“大部分，”我回答，“我仍想成为终极投资者，而且我们刚刚建立我们的基金。”

“什么基金？”他问道。

“当金、莎伦和我创建现金流技术公司的时候，我们的使命就是‘提高人类的财务健康。”

“那是一个非常积极的使命。”丹说着，扬起了眉毛。

“我知道你会说什么，每天我们都在完成这一使命。每天我们都会接到那些开始行动起来改善他们财务状况的人的电话、信件和电子邮件。人们使用我们的产品的良好反响使我们精神振奋。每次听到有人的经济状况改善了，我们就觉得我们又在完成自己使命的道路上前时了一步。”

“那基金呢？”丹又问。

“我们建立了‘财务教育基金’，这样就有了一个不以盈利为目的实体来进行捐赠活动。我们的学生和顾客这样眷顾我们，让我们想更多地回报他们，这个基金将尽力援助其他机构教授理财知识。”

“例如在印第安纳有一名高中教师教授《现金流》成人版和高级版给他的学生们。他帮助我们设计了一套其他教师也可以在课堂上使用的课程。今年春天他打算把他的高中学生送到小学去，教那些小学生们使用为孩子们设计的《现金流》游戏。实际上我们也在亚利桑那州的塔克森男孩、女孩俱乐部中，让年长的孩子教那些年幼的孩子玩《现金流》游戏。让孩子教育孩子的这个想法让我们相当振奋，并希望能在世界上广泛推广这个方案。这个基金可以帮助这一方案的实施。”

“罗伯特，这听起来太棒了。看见你精力充沛地做善事，我真高兴。”丹说道。

“我们仍在发展这个基金和它的项目。并去援助任何我们能提供财力支援的地方。金、莎伦和我得老天眷顾得以成功，我们希望能帮助更多的人学习理财知识，想方设法回馈社会。”

依据1986年修正的“国内税收法规”第501条第3款规定而建立和运作的“财务教育基金”，是一个从事慈善和教育事业的非盈利的公司实体，目的是扶助贫困，支援教育、慈善、科学计划和支持进行理财教育的组织。欢迎查询：

The Foundation for Financial Literacy
P. O. Box 5870
Scottsdale，AZ 85261 - 5870
网址：www.richdad.com

现金流技术公司为基金提供支持。在提供部分资金支持以外，还为基金会提供工作人员和办公地点及设施。

总结

为什么不用财富来创造财富呢……

最近在给一个投资辅导班上课的时候，有人问我："能不能向我推荐一个可投资的互联网公司?"

我答道："为什么要为别人的互联网公司投资呢？为什么你不创建你自己的公司而让别人来投资呢?"

在本书的前面提到了，有许多关于投资的书讲的是怎样购买资产。那么为什么不再花点时间考虑如何去创建一份资产呢？我这么说，是因为建立自己的资产绝不会比购买资产更困难。

这个世界10岁了

1998年10月11日，美林银行美国的几家大报纸上刊登了一幅整版广告，宣称这个世界只有10岁。为什么只有10岁呢?因为自从柏林墙拆除到现在大约有10年。一些经济历史学家把柏林墙的拆除这一重大事件作为标志，认为它标志着工业时代的结束和信息时代的开端。

直到信息时代来临，大多数人都还在以局外人的身份进行投资。既然这个世界才刚刚超过10岁，越来越多的人正在试着从内部而不是从外部投资，那么我想要问的是："为什么投资别人的公司？为什么不创建自己的公司？"我的意思是：现在是信息时代，所以为什么要做外部投资者而不是内部投资者？

三个时代

在农耕时代，富人是那些拥有能俯瞰大片肥沃农田的城堡主。我们知道他们被叫作君主和贵族。如果你没有出生在这个群体中，那么你就是平民，也就没有什么机会成为当权者。90/10的规律控制着人们的生活，因此，有10%的人因为婚姻、生育和征服的缘故能够掌权；其他的90%人成为奴隶或者农民，耕耘土地而一无所有。

在农耕时代，如果你规规矩矩、努力工作，人们会尊敬你，勤劳的观念由父母传给孩子。同时人们憎恶那些无所事事的富人们。90%的人们努力工作来供养余下的10%的人，而他们看起来什么都不做，这一观念也同样从父母传给孩子。这些观念慢慢变成普遍的思想，代代相传下来。

然后，工业时代来临。财富不再是农田而是不动产。但建筑物、工厂、仓库、矿产和工人住宅的改造仍受到土地的限制。突然之间，富饶肥沃的农田开始跌价。事实上，是一件有趣的事发生了：即岩石地的作用日益显现。肥沃土地的价值比不上不易耕种的岩石地，只是因为岩石地可以容纳像摩天大楼、工厂这些更高更大型的建筑物，并且还常常蕴藏着石油、铁和铜这类推动工业时代发展的资源。当工业时代来临的时候，许多农民的实际收益降低了，为了维持生活，他们不得不更加努力地劳作，耕种比以前更多的土地。

在工业时代，去学校学习然后找工作的观念开始流行。在农耕时代，正统的教育不是必需的，因为职业技能可以由父母传授给孩子，例如面包师教他们的孩子也做面包师，以此类推。接近这个时代末的时候，“工作”或者“一份赖以谋生的工作”的概念变得很普通。你去学校念书，得到一份赖以谋生的工作，在公司或者社会团体中拼命工作向上爬，当你退休以后，公司和政府会照顾你的生活需要。

在工业时代，那些不是贵族出身的人也可以变得有钱有权。白手起家的传奇故事驱策着野心家们。创业者们可以由一无所有成为亿万富翁。当亨利·福特决定大规模地生产汽车时，他发现在工业的发祥地底特律附近（当时只是一个小镇），有一些农民们不想要的廉价的岩石地。后来福特家族把他们的汽车王国建在了这那块廉价土地上，并在实质上成为了新贵族，每一个和他们一起做生意的人，也变成了富有的新贵族。这些新名字变得和国王与王后的名字一样响当当，就像洛克菲勒、斯坦福和卡内基。人们经常在蔑视他们的财富和权势的同时对他们肃然起敬。

工业时代仍和农耕时代一样，只有一少部分人掌握着大部分的财富。虽然在这个时代，有10%的人不是因为出身高贵，而是依靠自身能力成为富人，但90/10的规律仍然成立。它能起作用的原因是：创造和管理财富除了需要大笔资金、人力、土地、建设能力和经营管理的能力之外，还需要巨大的努力和协调能力。例如：建立一个资本密集型的汽车公司或者石油、矿业公司，要花费巨额资金、占用大片土地和雇用许多受过正规教育的具有聪明才智的人才。除此之外，你经常得长年累月地经受官僚们制定的繁文缛节的考验——比如环境保护法、贸易协议、劳动法等等。在工业时代，大多数人的生活水准有所提高，但真正的财富控制权仍在少数人的手中。

90/10的规律改变了

当柏林墙拆除和“互联网”建立以后，许多规律发生了变化。最重要的一个改变是：90/10规律的改变。虽然好像仍只有10%的人能掌握90%财富，但是成为那10%的人的道路和机会却发生了改变。网络使加入那10%的人需要花的代价发生了改变。今天不再像在农耕时代那样，你必须出身于贵族家庭，也不再像工业时代那样，需要巨额资金、土地和人才的投入才能去成为那10%的人。加入10%的代价在今天就是思想，而思想是免费的。

在信息时代，需要的只是能使你变得非常非常富有的信息和思想。因此，一个今年在经济世界名不见经传的人，有可能明年就会出现在世界级富豪的排行榜上。这类人常常后来居上，超过了那些成年累月积累财富的人。就像从没有工作过的大学生成为了亿万富翁，而高中生们又会超过与他们同时代的大学生们。

在90年代早期，我曾读过一篇文章："许多俄国人抱怨他们的政党扼杀了他们的创造力。现在他们的政党统治已经结束，许多俄国人却发现他们还是没有创造力。"我个人认为，我们所有的人都有一个独一无二的、卓越的创造性思想，它可以转化为资产。俄国人的问题，也是世界上大多数人的问题，其关键是没有富爸爸这样的人指导他们理解"B－I三角形"的作用。所以我觉得教会更多的人成为创业者，教会他们如何实施自己独一无二的构想并将它们变成能创造财富的商机，是非常重要的。如果我们这样去做，我们的财富就会随着信息化时代的前进而不断增长。

在世界历史的这个非常时期的开端，财富的90/10规律可能不再适用。人们不再必须通过花钱去挣钱，不再必须凭借广阔的土地和资源来致富，不再必须依靠处于高位的朋友来变得富有。你的家人是否是乘坐'五月花'号来到美洲大陆已不再重要，你上哪一所大学，你的性别、种族以及信仰哪一个宗教也已经无关紧要了。在今天只需要思想。就像富爸爸所经常说的：思想即财富。但是对一些人来说，最难改变的就是陈旧的观念和思想。有一句老话是："你不能教会老狗玩新把戏。"我认为更贴近的说法是："你是教不会一个因循守旧的人去接受新东西的，不论他们年轻还是年老。"

所以当有人问我"你会投资哪个互联网公司"时，我仍然回答："为什么不投资你自己的互联网公司呢?"。我不是一定要提问者去创建一个公司，我所做的一切只是要他们去换个角度思考，思考建立他们自己公司的可能性。实际上，当人们去考虑创建他们自己的B象限公司时，他们的思维就从繁重的工作和物质的限制中，转向了去获取无限财富的可能性中。获取财富的成本只是思想，而我们正处于充满思想的时代中。我不是在建议这些人们放弃他们的工作，立即去开办公司，实际上我认为盲目行动并不明智。但是，我希望他们在继续做他们的全职工作时，能够开始关注自己的事业并在业余时间开始自己的业务。

挑战旧观念

在今天的股票市场上，你经常会听到公告人说："旧经济对抗新经济。"在很大程度上，跟不上时代的人正是那些继续沿用与新经济观念相对抗的旧经济观念的人。

富爸爸不断地提醒迈克和我，金钱就是一种思想。他还告诫我们要保持高度警觉，留意我们的思想并在它们需要改进的时候及时改进它们。因为那时候我还年轻，缺乏经验，所以并没有完全领悟到他的意思。现在当我变得年长和明智后，对他"挑战旧观念"的这一忠告佩服得五体投地。就像富爸爸说过的："今天对你来说是正确的，在明天就可能成为错误。"

亚马逊网络公司，没有任何盈利和不动产，但我们每个人都看到它在股票市场上的成长速度和价值比许多公认的零售企业，如沃尔玛、希尔斯、J. C. Penny和K-Mart等更快更高。一个新的无名利的互联网零售企业比那些属于工业时代拥有稳定利润，多年经验和大量不动产的零售企业更有价值（更不要说与农业时代贵族们的财产相比了)。其原因就是它不需要数额巨大的不动产、资金和人力。在信息时代，工业时代的零售企业价值开始下跌。你常常听见人们说:“规则已经改变了”。当越来越多的互联网公司以更低的价格出售同样的产品来争夺利润的时候，我就在想未来这些传统的零售企业和他们的投资者将用什么来支撑呢?换句话说，虽然亚马逊公司今天不盈利，但是它正在介入并夺取那些现在盈利的公司的利润。在将来，工作保障、薪水增加、职员福利和投资者的忠诚会意味着什么呢?不动产的价值会发生怎样的变化呢?只有时间能回答这一切。

我认为许多新的互联网公司将会倒闭，给投资者造成上亿元的经济损失。他们倒闭是因为一家公司能生存下去的最终原因，还是利润和净现金流。但是同时也会有许多工业时代的公司因为与没有不动产的网上零售企业的价格竞争失败而倒闭。我最近听到一位传统商业领域的零售商说:“我们会使购物成为一种娱乐。”这种想法的问题在于，让购物成为娱乐的代价高昂，而许多购物者会来享受这种娱乐但仍旧在网上去搜寻和购买更为廉价的商品。

我有一个亲密的朋友，做我的旅行代理人很多年了。但是这段时间以来，她不得不向我收取订票的费用，因为航空公司已经停止为她售票付佣金。她不得不解雇了几个忠心耿耿的员工，并且还在担心我会在网上去订购价格更低的机票。也是在这段时间，有个不是旅行代理人，也不受旅游业法规约束的人创建了一个网络公司叫作“价格线”网。一夜之间，“价格线”公司的创始人杰·渥克凭借着一个创新构想进入了《福布斯》排行榜并成为了世界上最富有的400人之一，这一构想就是拍卖一件“垃圾”商品——众所周知的航线中的空位。

他干这个仅几年，但他富了。而我的朋友却在解雇员工并指望由于她的努力工作和良好服务能留住老顾客们，我完全相信她会做得很好，但是她几年前开始的希望成为她“退休安全网”的业务正变成一份没有保证的全职工作，而且当她准备退休时，这份工作可能已经没有任何价值了。

事情发生了变化

既然不必用钱去挣钱，那么为什么不走出去挣钱呢？为什么不去找投资者为你的创新构想投资并让大家都变得富有呢？答案是：因为陈旧的观念常常会阻碍你前进。

就像美林银行宣称的那样：“世界只有十岁。”那么，改变你的想法还不晚，如果你还没有开始自己的事业，就要开始去追上时代的脚步了。但有的时候，最难改变的就是陈旧的观念。下面列出的是一些有必要改进的陈腐观念，虽然它们已经传了一代又一代了：

1. “作规规矩矩的、努力工作的人。”今天的现实是：从事体力劳动最辛苦的人，报酬最低，交税最多。我不是说不要努力工作，我所说的是我们需要不断地向我们的老观念挑战，可能的话，需要重新考虑一些新的东西。考虑一下在业余时间为自己的业务努力工作吧！

   我们不应该只位于一个象限之中，而需要对“现金流象限”的四个象限都非常熟悉。毕竟我们处于信息时代，一生中只为一份工作而努力已经是陈腐的观念。

2. “悠闲的富人非常懒惰。”事实是你在工作中花费的体力劳动越少，你成为富人的机会就越大。再强调一下，我不是说不要努力工作，我的建议是：在今天我们都需要学会更多地通过智力而不是单纯靠体力来挣钱。那些钱赚得最多的人们体力劳动最少，这是因为他们是为被动收入和证券组合收入工作，而不是赚取某一份工资收入。到现在你应该明白，一个真正的投资者所做的，是将工资收入转化成为被动收入和证券组合收入。

   在我看来，今天悠闲的富人们并不懒惰，只不过是他们的钱在为他们努力地工作。如果你想加入10%的群体，你必须学会更多地靠脑力而不是体力赚钱。

3. “上学然后找份工作。”工业时代，人们在65岁退休，因为他们常常由于精疲力竭而无法搬动轮胎，也无法在流水线上把引擎装配到汽车上。今天，因为信息和技术发展如此之快，如果你在技术上已经落伍，18个月甚至更快你就会面临被淘汰。许多人说今天的学生，从学校刚一毕业，技术就已经过时了。现在看来，富爸爸的观点：“学校中学到的知识很重要，社会知识同样重要，”可能更加符合社会现实情况。我们所处在的是一个自学的社会，不再是从父母那里习得知识（比如在农耕时代）或者从学校中学到知识（比如在工业时代）。当然，从学校学到一些基础性的知识也是重要的，但我们必须看到在今天，孩子们正在教他们的父母使用计算机，许多公司也正在更多地招聘有高技术的年轻人，而不用那些有大学学历的中年人当经理。

要想继续站在时代的前端，从学校和社会中汲取知识仍然极为重要。和年轻人谈话时，我建议他们学习职业运动员和大学教授的思维方式。职业运动员明白：一旦更年轻的运动员超过了他们，他们的职业生涯就会结束。大学教授们知道：如果他们不断学习，那么年龄越大，他们的身份身价就会越高。在今天这两种观点都非常重要。

富爸爸的意见在今天更加正确

你们中那些读过我们前两本书的人知道，我是如何困难地做到了同时听取两个不同的爸爸关于财富、业务和投资的意见的。1955年，我的穷爸爸坚持说：“去学校读书，拿到好分数，毕业后找一份安全又有保障的工作。”另一方面，我的富爸爸坚持说：“关注你自己的业务。”穷爸爸认为投资并不重要，因为他相信："公司和政府会为你退休后的生活和医疗负责，并且政府对你退休后的安排是你应得到的利益的一部分，你有权享受它。"而富爸爸仍会说："关注你自己的业务。"穷爸爸坚信应该做一个规规矩矩、努力工作的人。他说："找个工作，努力工作并争取晋升。记住，公司不喜欢越俎代疱的人，它是按资历和忠实程度付给你工资的。"而富爸爸依旧会说："关注你自己的业务。"

富爸爸认为：你必须不断的向你自己的观念挑战。穷爸爸则坚信，他所受的教育非常有意义且最为重要。富爸爸认为世界在发展变化，我们需要不断地学习，他老是说："你无法避免生理上的衰老，但那并不意味着你在精神上也必须变得衰老。假如你想留住青春，只要接受更新的观念就行了。人们变得衰老和落伍是因为他们紧抓着已经过时了的'正确'观念。"

这儿是一些例子，一些过时了的"正确"观点：

1. 人类能飞吗？在1900年以前的正确答案是不能。而在今天，显而易见的，人类可以飞向任何地方，甚至是太空。
2. 地球是平的吗？在1492年以前的正确答案是"平的，"但在哥伦布发现新大陆以后，这个过去的正确答案过时了。
3. 土地是所有财富的基础吗？在工业时代以前，正确答案是"是"。而现在，答案是一声响亮的"不"。来自"B"和"I"象限的观念和知识更证明了这一点。一旦你已明白了怎么做，这个世界就充满要将他们的钱给你的富裕的投资者。
4. 挣钱要花钱吗？我经常问这个问题，答案也是"不"，在我看来，它一直都是"不"的，不管在哪个时代。我总是这么认为：不必靠花钱去挣钱，信息、观念、创新都可以帮你挣钱，并留住钱。惟一的变化在于不需要用钱和艰苦劳动去赚钱这一事实在今天比以往任何时候都更加明显了。

我不知道明天会给我们带来什么，也没有人会知道。这就是为什么富爸爸传授给我的最重要的理念之一是要挑战和更新旧观念的根本原因所在。

今天我看见那么多的朋友不仅在财务上，同时在职业技能上也落在后面，就是因为他们没有向自己的旧观念挑战。他们的观点通常是那些世代相传的从一个经济时代到另一个经济时代的非常非常陈旧的“正确答案”。现在一些高校的年轻人们不打算找工作，面是打算避开整个工业时代的工作安全保障这一想法而成为经济上独立的亿万富翁。这就是为什么我要人们考虑建立他们自己的互联网公司——独自创立也好，通过购买特许权和参加现有系统也好，而不只是找一个别人的网络公司去投资。现今的思维方式应与以往不同，它可能会挑战一些极度陈旧的“正确观点”，正是那些旧观念经常会使我们改变的过程变得非常困难。

构想不需要新意，但求更好

谨记一点，一旦你掌握了建立“B－I 三角形”的指导方针，你就能在实际中所有改变。当人们问我，我第一份成功的投资是什么时，我简单地答道：“我的漫画书业务。”或者可以说，我利用了别人要扔掉的漫画书创建了一份资产，用的就是建立“B－I 三角形”的原则。星巴克在咖啡上做了同样的文章。因此构想不一定非要新颖和独一无二，它们只需要比原来的更好。几个世纪以来一直如此。换句话说，事物不见得是高技术就更好。实际上，许多我们今天以为理所当然的事物，在昨天它对技术的要求却很高。

许多人把他们的生命耗费在抄袭他人的构想上而不去创造自己的构想。我认识两个要诡计抄袭别人构想的人，在没有得到他人允许和没有给构想的首创者应有的荣誉的情况下，利用了他人的构想去赚钱。尽管他们可能赚到很多钱，但当人们知道他们不经允许就采用他人构想的时候，他们付出的代价是失去了人们对他们的尊敬和信任。这两个人我过去和他们打过交道而现在再不来往，因为他们不经允许就使用别人的构想并据为己有。

就像富爸爸常说的："抄袭和偷窃的区别只在一线间，如果你是原创者，你必须要小心剽窃构想的小偷，他们就和入室行窃的人一样坏。"由于有越来越多的人在剽窃而不是创造，因而在你的团队中安排一名知识产权律师来保护你的创造变得更加重要了。

西方世界历史上最重要的技术变革之一发生在"十字军"东征时期。当时基督教士兵们接受了印阿计数法。印阿计数法是因阿拉伯人在侵略印度期间发现了这种计数法而得名，它取代了我们的罗马计数法。当时，没有几个人赞赏这个新的计数法给我们的生活带来的改变。但印阿计数法使人们可以更精确地远航出海、可以将建筑物建得更加宏伟、可以把时间计量得更加精确、人类的意识也因此变得更加敏锐，人们可以更加准确、抽象和批判地思考问题。它是一个重大的技术变革，给我们所有人的生活都造成了巨大的影响。

印阿计数法并不是一个新的构想，它只是一个更好的构想——除此之外，它还是别人的构想。许多在财务上非常成功的人士都不一定非常有创意，他们中的很多人经常只是模仿他人的构想，并将它转化成数百万甚至数千万的美元。时尚设计师们观察年轻人穿着怎样的流行服装，然后就大批量地生产那些服装。比尔·盖茨并不是使他成为世界首富的计算机操作系统的发明者。他只是从真正发明操作系统的计算机程序员那里把它买下来，然后许可 IBM 公司作为他们的产品进行生产。还有其他的例子。亚马逊网络公司采用了萨姆·沃尔顿的沃尔玛的构想，并将它应用于互联网，结果杰夫·贝佐斯比沃尔顿更快地变富。这就是说，谁说你需要依靠自己的创造性的构想才能致富呢？只要更好地理解“B－I三角形”，并吸收他人的好构想，就能将它们变成财富。

沿着你父辈的足迹

《搜寻杰出者》的作者汤姆·彼得斯一次又一次地在书中提到：“工作保障失效了。”但是，还是有许多人继续告诉他们的孩子：去上学然后找一份有保障的工作。许多人为财务问题苦苦挣扎，只是因为他们沿用了他们父辈的金钱观念。可我们父辈中的大多数人并不是去创建资产，而是去为钱工作，然后用那些钱买来负债，并天真地以为它们是资产。我们中许多人使劲地读书、只顾低头工作而不关注自己的业务就是因为他们的父辈这样做或者建议他们这样做。结果他们的父辈和他们同样在财务困境中挣扎，依靠工资收入为生。我在上投资培训课时，有一个非常重要的练习，是让学生们把他们目前所做的和他们的父辈所做的，或者他们父辈建议他们目前所做的事情做一个比较。许多时候，学生们会发现，他们若不是几乎完全沿着父辈的足迹在走，就是基本上在按照父辈的指示去做并陷于困境。在这一点上，我认为他们完全有权力质疑这些一直控制着他们生活的旧观念。

假如一个人真的想改变自己的生活的话，接纳更好的观念通常会是个好主意。我的富爸爸总是说：“如果你想更快地致富，只要找到那些比你现在采用的观点更好的观点就行了。”这就是为什么这些天来，我阅读企业家们的传记，听有关他们生活的录音带并以此来倾心听取他们的观点。富爸爸说过：“构想不必是新的，只要更好一些就行——富人总是在找寻着更好的构想。而穷人则经常为他们的旧观念作辩护，或是批评新的观念。”

只有偏执狂才能幸存

英特尔的主席安迪·格罗夫为他的书取名为《只有偏执狂才能成功》。他从澳大利亚前任财政部长、哈佛商学院教授约瑟夫·A·顺彼得博士那里得到了书名的灵感。在《资本主义、社会主义和民主》一书中，顺彼得博士阐述了“只有偏执狂才能成功”这一观点。顺彼得博士是现代经济学发展和变革研究之父——就好像凯恩斯是静态经济学研究之父一样。顺彼得博士认为，资本主义制度正经历着创造性地毁灭；这是一个摧毁陈旧的、效率低下的产品和服务，并取而代之以新的、更有效的产品和服务的一再重复的循环过程。顺彼得博士认为，允许使小的和低效率的公司破产的政府会幸存下来并繁荣昌盛；而保护低效率公司的政府将会落后。

富爸爸同意顺彼得博士的看法，这也是他成为资本家的原因之一。富爸爸要求迈克和我不断地向我们自己的观念挑战。因为如果我们不这样做，其他人就会做到并淘汰我们。今天，虽然世界只有10岁左右，但抱有陈旧观念的人仍会快速落伍。我们所面对的世界让我想起了一首歌《时代在变化》。其中一句唱道：，“你最好不断地游动，否则你会像石头一样沉下去。”虽然这首歌是大约40年前写的，但是它越来越反映出下一个40年的情形。换句话说，在今天你是富是穷并不意味着在不久的将来还会是这样。

你过去的成功不能代表什么

在不久的将来，那些不敢冒险、惧怕失败的人最终会失败。我的穷爸爸把失败看作一个名词，而我的富爸爸则把它看作一个动词，这个观点上的区别使他们的人生完全不同。在《未来的边缘》一书中，乔尔·巴克写道：“当巨变出现时，每个人都会回到起点。你过去的成功不能代表什么。”在这个快速变化着的世界，生活会发生越来越快的变化，你以往的成功可能完全失去意义。那就是说，即使你今天为一个好公司工作，那也不能保证明天它仍是一个好公司。因为这个缘故，格罗夫将这个观点作为他书的标题：《只有偏执狂才能成功》。

甚至职员的福利也在发生变化。信息时代不仅改变了退休金计划的规则——由固定福利养老金方案，变为固定的公积养老金方案，而且这一变革还影响其他一些职员福利计划。最近我的一个在航空公司工作的朋友说：“过去我能很容易地坐免费飞机，这是作为航空公司职工的一项福利。但是现在，由于拍卖航线空位，飞机载满了乘客才会起飞，我发现很难再使用这个我喜爱的特权了。”

两个得克萨斯人的故事

我们中大多数人听说过罗斯·佩罗和迈克尔·戴尔的名字。他们都是得克萨斯人，都在信息时代的经济体制中赚到了很多钱。但是最近一本财务杂志中的一篇文章提到，佩罗的财富实际上在减少，而同时戴尔的财富仍在继续猛增。区别在哪儿呢？不是在于行业，因为两个人都位于信息行业，我会让你自己得出结论的。

游戏规则改变了

本书即将接近尾声，我愿意给你一些有关我们今天都要面对的变革的观念，一些自从柏林墙倒塌和互联网建立以来出现的变革。《纽约时报》外事专栏作家托马斯·C·弗里得曼在他的书《凌志和橄榄树》中，描述了工业时代和信息时代的几大变革。以下是其中一些变革：

冷战时期	全球化时期
1. 爱因斯坦的 $E=mc^2$	摩尔定律

冷战期间，爱因斯坦的相对论——$E=mc^2$ 占统治地位。1945 年美国在日本投下原子弹以后，美国成为了世界经济中心，并从英国手中夺取了军事上的支配地位。20 世纪 80 年代，人人都认为日本打算在经济上打击美国，东京证券市场十分火爆。但是日本经济处于支配地位的时间却非常短暂，因为美国修正了自己的不足之处，即将 $E=mc^2$ 方程转向摩尔定律。因为摩尔定律认为芯片的力量每 18 个月会翻一番。今天美国因为它在技术和军事力量上所处的领先地位，成为世界领导力量。

假使美国仍只停留在军备竞赛阶段，我们可能会像前苏联那样成为一个分裂的国家。1987 年柏林墙拆除时，美国的资本市场迅速进入了信息时代。能这样迅速地转变，是由于美国短暂而自由的资本主义历史和长期的积累所提供的经济力量。日本和英国一样，无法迅速转变，众所周知，这是因为两个国家都和封建制度有着千丝万缕的联系——或者说都有着农耕时代君主专制体制的残留。潜意识中那些国家在等待着某个君主来领导他们。换句话说，革新被传统阻碍。这一观点对每个人和每个国家都是适用的。就像富爸爸所说的：“旧观念挡着新观念的路。”我不是在建议废除一切老传统，但是由于我们处于信息时代，因此需要改变一些已经不合时宜的旧观念。

冷战时期	全球化时期
2. 导弹的当量	调制解调器的速度

柏林墙拆除之后，$E=mc^2$ 定律被摩尔定律所代替。掌握世界的权力象征，从核弹头的当量转向你的调制解调器的速度有多快。好消息是：一个高速的调制解调器比体积庞大的导弹造价低得多；速度比重量更重要。

冷战时期	全球化时期
3. 两股力量控制世界	没有人控制

在冷战期间，有两个超级大国：美国和苏联。今天，网络

将无国界的世界和经济全球化的想法变为了现实。

今天，成千上万的控制着巨额财富的电子一族（基金管理人），用比政治家们更加强大的能量去影响世界。假如这群人不喜欢一个国家管理经济事务的方式，他们就会以“光的速度”将他们的资金移走。就在几年前，马来西亚、泰国、印度尼西亚和韩国发生了这样的事。任何国家都可能发生这样的事。在今天政治家们不再像在工业时代那样掌握实权，影响一个国家事务的常常会是全球性的电子货币。

有一次比尔·盖茨从美国穿越国界去加拿大。当海关官员问他是否有有价值的东西需要申报时，他拿出一堆用胶带包裹起来的软盘：“这些至少值500亿美元。”海关官员耸耸肩，以为他在开玩笑，便让这个世界首富不付一分钱税就越过了国界。问题在于，那一堆包在胶带里的软盘的确至少价值500亿美元，它们是微软公司的windows95原型。

目前，像盖茨这样的超级富翁常常比许多大国更有经济实力，更能影响世界。这样的势力形成的潜在危胁不得不迫使世界上最强大的美国政府将盖茨推上法庭，起诉他图谋垄断。当这个官司开始的时候，我的一个朋友说道：“最可怕的是，盖茨能付比美国政府更多的钱去请到更好的律师。”这是因为美国政府是工业时代的一个组织机构，而盖茨是信息时代的一名超级富豪。

无独有偶，乔治·索罗斯在《全球资本主义的危机》一书中写道：“许多财团比许多西方国家更有钱有势。这就是说，今天有许多财团可能只是为了让几个股东获利，而去破坏一个国家的经济。许多财团都具备这样的实力。”

在以后的几十年中，许多变革不论好坏都将会发生。自由经济最大程度地延伸，陈旧和落伍的行业会被无情地淘汰，竞争和合作则将日益增加（例如：会出现更多的像美国在线和时代华纳这样的巨额并购）。会有更多的新兴公司收购老牌公司，这些变革正在发生。因为高科技这个魔鬼已经从潘多拉的盒子中被释放出来，信息和技术现在已经廉价到每个人都可以负担。

好消息

好消息是，破天荒地第一次，90/10 的致富规律不再适用。现在越来越多的人有可能进入到无限广阔的财富世界中去。信息是无限的，不像土地和资源一样受到限制。建立在土地基础上的财富已经成为了过去式。坏消息是，抱着旧观念的人们，将会被即将到来的变革和发生在我们身边的改变，残酷无情地打击。

如果富爸爸还活着，他会说：“互联网的流行，就象 19 世纪 50 年代的加利福尼亚淘金热，区别在于你不必离开家去加入它，那么为什么不加入呢？”他还可能继续说，“在任何经济繁盛时期，会有也仅有三种人：使事情发生的人、看着事情发生的人和那些询问发生了什么事的人。”

虽然我开始将爱因斯坦的相对论列为冷战后过时的观念，但我仍然认为爱因斯坦是一个真正的理想主义者。因为在他那个时候，他就能够认识到并指出了一个在今天更显正确的观念——“想像力比知识更重要。”

真正的好消息是：有史以来第一次，互联网使更多的人能看到硬币的另一面，如果他们愿意睁开眼睛去看的话。

我经受过的最好的挑战之一，是采用我的创新构想并用那些构想去创建一份资产。虽然不会总是成功，但随着一个个新的冒险，我的技能得到了提高，我能看见一个很少有人能够看到的更广阔的世界。与以往的许多世纪相比，互联网使更多的人更容易进入财富的世界，在过去这只有少部分人能够做到。互联网使更多的人有可能采用他们的创新构想，创建能增值的资产并将他们的财务梦想变成现实。

我们只是刚刚开始

卡朋特唱过一首名为《我们只是刚刚开始》的歌，对你们中那些以为自己从头再来为时已晚的人，要记住桑得斯上校是在66岁时才重头开始创建他的肯德基王国的。而我们比桑得斯更有优势，因为我们现在处于信息时代，在这里，重要的不是你生理上有多老，而是你的精神有多年轻，正如美林银行的报告所说："世界只有10岁大。"

你最重要的投资

不论你是否同意，不论你有没有理解，也不论你有没有采用过本书中的信息，你读本书就是在进行一项重要的投资。在今天这个不断变革的世界，你能做的最重要的投资，是进行持续的教育和找寻创新的构想。因此，要坚持找寻新构想，不断挑战旧观念。

本书的重点之一是，你有能力创建一个短缺金钱的世界，也完全可以创建一个金钱富足的世界。建造一个金钱富足的世界确实需要一定程度的创造力、高水平的财务和企业知识，同时寻找机会而不是寻找安全保障，去寻求更多的合作而不是竞争。富爸爸的话引导着我不断修正自己的想法："你可以选择一个缺乏金钱的世界生活，或者选择一个金钱富足的世界生活。选择权在你的手中。"

最后的话

在本书的开头，富爸爸对普通投资者的建议是："不要作普通的。"不管你投资是为了求得安全、舒适，还是为了变得富有，请为每一个阶段制定一个计划。在信息时代，变革更快、保障更少、机会更多。你掌握的金融和投资知识对你的财富增长率极为重要。这就是富爸爸的“不要作普通的”的建议为什么在今天显得更加重要的原因。

罗伯特的教育方式

怎样创建你自己的资产以及怎样从内部和
外部购买其他的资产

在本书的前言中，我说过证券交易委员会将“特许投资者”定义为年收入20万美元以上的人。我还讲到，每年至少有20万美元的收入才可以让你进行一些全世界最好的投资，当然也有可能让你参与的是世界上最差劲的、最冒险的投资。富爸爸认为一年只挣20万美元还不够就是因为这个原因。他认为进行这一类的投资，需要特殊的技能来将好的投资和冒险性的投资区别开来。

我的教育游戏《现金流》就是为想做到以下情况的人设计的：

1. 掌控他们个人的财务。
2. 学习怎样保有他们挣到的钱。
3. 学习运用他们的构想并将其转化为资产的基本技能。
4. 学习建立年收入20万美元以上公司所需的基本技能。你可能还记得在《现金流》管理中“B－I三角形”的基本技巧。有十分之九的新建公司在最初的五年内会倒闭，原因就在于公司的所有人没能通过管理好现金流来使公司壮大。
5. 获取一些必要的理财知识，更安全地投资于世界上一些最好的投资项目。
6. 学着做一名自信的投资者，不管股市是升还是跌。
7. 训练你的思维，要认识到生活在一个金钱富足的世界中是完全可能的。
8. 提高你的理财知识，扩大专业词汇量。
9. 学会怎样通过让你的钱为你工作，而不是你为钱努力工作来解决经济问题。

10. 寓教于乐，能教你爱的人一些你希望他（她）们学习的技能。

这些是你从玩“现金流”游戏中将会得到的一些益处。游戏中包含了我建立能为我带来财富的公司的基本技巧，以及安全地投资不动产和其他公司的基本技巧。因为我正是从这些投资中得到灵感而制作了《现金流》游戏。要了解更详细的内容，你可以阅读后面关于三个不同游戏的说明。

读完本书后，显而易见的你会知道，安全和有优厚回报的投资应该是有一个自然的计划，一个为你量身定做的计划。你可以选择将你的资金交给一位金融顾问，让他依据你的计划进行投资。但是，以投资致富常常需要一套不同的个人技能，一套获取低风险、高回报投资以及获取财务成功的技能。也就是说，要知道怎样创建能增值的资产，问题就在于，接受基本的教育和获取必要的经验常常会花费很多时间，代价也惊人地高昂，特别是当你在自己的财务管理上出了错的时候。因为这个原因，我创建了这个教育性的纸板游戏，它已取得专利，商标叫作“现金流”。

三个不同的游戏

《现金流》(成人版)

《现金流》（成人版）主要教你投资的基础知识，但它还能教你更多的东西。《现金流》（成人版）会教你如何掌握你个人的经济状况，如何通过正确的现金流管理建立公司，学习怎样更自信的去投资不动产和其他业务。

这个教育性的产品是为你而设计的，如果你想促进公司的发展，提高投资技巧的话，就要学习如何运用你的构想并将它们转化成为诸如属于你自己的公司或其他的一些资产。许多小公司经营失败，就是因为所有者缺少资本和实际经验以及基本的账目处理技巧。因为无法阅读财务报表，许多投资者把投资看作是一项纯粹冒险的活动。《现金流》（成人版）就是在教授理财知识和投资的基本技巧。大约完整地玩完二次游戏你就开始理解它了。但是，我们建议你至少玩六次，那样你就可以开始掌握现金流管理和投资的基本原则。

这个游戏为那些慎重投资其财务未来的人而设计。当人们说："这个游戏太昂贵了。"我会回答；"是的，但是在公司和投资上你失去的金钱可能更多。"因为害怕在市场中犯错，许多人最大的费用是他们实际上因此而没能挣到的钱。

在你开始掌握了这个游戏的要点之后，你可以把它教给其他人。我们都知道教授课程是最好的学习方法之一，你教得越多，学到的也越多。

《现金流》（高级版）

它教你技术性投资的基础知识。在你轻松地掌握了《现金流》（成人版）的基本原则之后，下一个教育上的挑战是学习如何掌握市场的涨跌，通常称作"多变性"。《现金流》（高级版）使用了和成人版中相同的游戏板，但它除了有不同的录影带和更深内容的录音带外，卡片和记账卡是完全不同的另一套。《现金流》（高级版）教你运用合格投资者的投资技术——比如卖空、买方期权、卖方期权和双向期权，这些技术要在真正的市场中去学习可能会使你付出惨痛的代价。大部分投资者害怕市场低靡，当普通的投资者《现金流》（高级版）因此而蒙受损失的时候，合格的投资者却因为使用在《现金流》（高级版）中可以学到的技术而赚到了大钱。

在你已经掌握了成人版后，《现金流》（高级版）会使你变得相当激动，因为你学会了对市场的涨和跌作出反应。在纸板游戏中使用假钱去交易比在市场中使用真正的钞票学习这些高等的交易技术要便宜得多。虽然这些游戏不能保证你在投资上一定成功，但它们会使你增加高级投资技术中使用的经济术语量和知识。

注：《现金流》（高级版）需要使用成人版中的游戏板进行游戏。

《现金流》（儿童版）

你的孩子可能成为下一个比尔·盖茨、Body Shop 的阿妮塔·罗迪克、沃伦·巴菲特或是唐纳德·特朗普吗？如果是这样，为孩子们设计的《现金流》游戏，可以作为家庭的启蒙性财务教育游戏，它会教给你的孩子与我的富爸爸当初传授给我的相同的早期教育。很少有人知道沃伦·巴菲特的父亲是一名证券经纪人，唐纳德·特朗普的父亲是一位不动产发展商。父母对孩子在早期的影响能产生长远的财务结果。

世图财商系列之“富爸爸”丛书简介

《富爸爸，穷爸爸》是一个真实的故事，作者罗伯特·清崎的亲生父亲和朋友的父亲对金钱的看法截然不同，这使他对认识金钱产生了兴趣，最终他接受了朋友的父亲的建议，也就是书中所说的“富爸爸”的观念，即不要做金钱的奴隶，要让金钱为我们工作，并由此成为一名极富传奇色彩的成功的投资家。

216 页　　　　定价：18.80 元

《富爸爸财务自由之路》是《富爸爸，穷爸爸》的续篇。本书将所有的人分为四类：1. 雇员；2. 自由职业者；3. 公司所有者；4. 投资人。本书分析了这四类人各自的价值，并为人们指明了通往财务自由的道路。

270 页　　　　定价：23.80 元

《富爸爸投资指南》是“富爸爸”系列的第 3 本，本书结合作者的创业及投资经历更为详尽地阐述了富爸爸的财务思想和投资理念，同时为所有希望获得财务自由的人们提供了许多颇具参考价值的投资创业建议。

468 页　　　　39.80 元

* “富爸爸”丛书的第四本将于近期推出，敬请关注。

“富爸爸”系列财商教育游戏简介

如果一个人没有学过投资、金融、会计、公司法、税务等方面的词汇，那么他作为投资者去运作时就会感到很难适应。

《现金流》教育游戏的一个目的，就是想让门外汉熟悉投资词汇。在我们所设计的游戏中，玩家很快就会熟悉有关会计、商业、投资方面的词汇及其后隐藏的各种关系。通过反复玩这个游戏，玩家们会懂得通常被错误使用的词语，如“资产”和“负债”的真正定义。

《现金流》（成人版）是罗伯特·清崎发明的一套寓教于乐的教育游戏，人们可以从充满乐趣的游戏中学习到有关会计、财务、投资等方面的知识，从而启发你的财商，并从中体味到生活的酸甜苦辣。该游戏可供2～6人一同游戏，适合12岁以上人士使用。

《现金流》（儿童版）是罗伯特·清崎专为6～12岁儿童设计的教育游戏，儿童可以从快乐的游戏中学习简单的会计知识，了解“收入”、“支出”、“资产”和“负债”的概念及其关系，从小培养孩子的财务智商，帮助他们及早地做好进入现实世界，迎接人生挑战的准备。

欢迎访问“富爸爸”网站：

“富爸爸”英文网站：**www.richdad.com**

“富爸爸”中文网站：**www.fubaba.com**

- 有关“富爸爸”系列产品的介绍；
- 解答读者及游戏玩家关于图书及游戏的常见问题；
- 有关各种与“富爸爸”相关的活动的最新信息；
- 读者论坛。

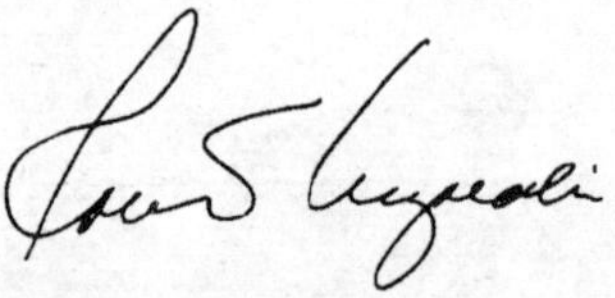

本系列英文版由 CASHFLOW® Technologies, Inc. 出版：

CASHFLOW® Technologies, Inc.
4330 N. Civic Center Plaza
Scottsdale, Arizona 85251, USA
(480)998-6971 or (800)317-3585
Fax: (480)348-1349
E-Mail: info@richdad.com

有关中文版系列产品，请致函：

世界图书出版公司北京公司
地址：北京朝内大街 137 号
邮编：100010
电话：(010)64038350, 65389275
传真：(010)64077944
电子信箱：bjwpc@public3.bta.net.cn

新世纪开启你的财务智商